Die Deutsche Bibliothek – CIP Einheitsaufnahme
Dünen, Heiden, Felsen und andere Trockenbiotope : Biotope
erkennen, bestimmen, schützen / Claus-Peter Hutter (Hrsg.).
Hans-Dieter Knapp ; Reinhard Wolf.
[Techn. Zeichn./Grafiken: Wolfgang Lang]. –
Stuttgart ; Wien : Weitbrecht, 1994
   (Weitbrecht-Biotop-Bestimmungs-Bücher)
   ISBN 3-522-72030-X
NE: Hutter, Claus-Peter [Hrsg.]; Knapp, Hans-Dieter; Wolf, Reinhard

Redaktionelle Koordination, Herausgeber und Mitautor:
Claus-Peter Hutter
Autoren:
Dr. Hans-Dieter Knapp
Dipl.-Geogr. Reinhard Wolf
Wissenschaftliche Beratung:
Dr. Jürgen Marx, Landesanstalt für Umweltschutz Baden-Württemberg, Karlsruhe
Dr. Uwe Kozina, Arbeitsgemeinschaft Umwelterziehung, Graz

© 1994 Weitbrecht Verlag in K. Thienemanns Verlag,
Stuttgart und Wien
ISBN 3 522 72030 X

Technische Zeichnungen/Grafiken: Dipl. Biol. Wolfgang Lang, Waiblingen
Umschlaggestaltung: Atelier ZERO, München
Satz: Büro Dr. Ulrich Mihr, Tübingen
Repro der Illustrationen: Eurolitho, Tarzo (Treviso)
Druck und Bindung: Manfrini R. Arti Grafiche Vallagarina S.p.A., Calliano (Trento)
Alle Rechte vorbehalten. Printed in Italy
5 4 3 2 1
Die Veröffentlichung dieses Buches dient den Biotopschutzbemühungen der Stiftung Naturschutzfonds Baden-Württemberg (70029 Stuttgart)

Mit Unterstützung der Stiftung
Naturschutzfonds

WEITBRECHT BIOTOPBESTIMMUNGSBÜCHER

Inhalt

Kleine Natur- und Kulturgeschichte der Trockenbiotope
Wald als begrenzender Faktor · Der Einfluß des Menschen auf die Naturlandschaft in Mitteleuropa .. 7

Wie Klima, Relief und Boden die natürliche Pflanzendecke bestimmen. 8
Mitteleuropa – eigentlich ein Waldgebiet. 11
Natürliche Trockenstandorte im Waldland Mitteleuropa 15
Überformung der Naturlandschaft durch den Menschen 20
Die natürliche Entstehung von Trockengebieten 23
Die pflanzengeographische Situation der Trockenstandorte und ihr Anteil an der Biodiversität. 26
Natur und Kultur geben sich die Hand 28

Leben im Abseits
Charakterbilder zu Trockenbiotopen aus unterschiedlichen Räumen. 35

Landschaft aus Sand und Wind 36
Die Welt der Enziane und Orchideen 38
Exotisch anmutende Welt 39
Wo die Hölle blüht 40
Wo Schafe Landschaften gestalten 42
Reißverschluß aus Wald und Steppe 44

Dünen, Heiden, Felsen und andere Trockenbiotope erkennen, bestimmen, schützen
Steckbriefe zu den einzelnen Trockenbiotoptypen . . . 45

Welcher Biotop ist das? 46

Gefährdung der Trockenbiotope
Der schleichende Landschaftswandel · Rote Listen als Alarmzeichen · Ödland ist nicht öde. 91

Landnutzung und Arteninventar im Wandel der Zeit . . 92
Rote Listen als Alarmzeichen 96
Das bittere Kapitel vom Umgang mit der Natur. 106

Die Aktion
Schutz und Erhaltung von Trockenbiotopen · Ansatzpunkte · Grundsätzliche Gedanken · Praktische Ratschläge 109

Biotopschutz – aber wie? 110
Landschaftspflege als praktische Biotopsicherung. . . . 117
Trockenbiotopschutz – nicht nur eine Sache von Naturschützern 121
Kleines Lexikon zum Trockenbiotopschutz 130

Anhang
Wichtige Kontaktadressen zu Fragen des Arten- und Biotopschutzes 133
Literatur 135
Herausgeber. 136
Autoren 136
Dank 136
Stichwortverzeichnis 137
Bildnachweis 141

Dünen, Heiden, Felsen und andere Trockenbiotope

Biotope erkennen, bestimmen, schützen

Claus-Peter Hutter (Hrsg.)
Hans-Dieter Knapp
Reinhard Wolf

Weitbrecht

Ob auf Sanddünen an der Nord- und Ostsee, auf Kiesbänken in noch naturnah verbliebenen Bächen, auf Trockenmauern in Gärten oder auf Heideflächen und alpinen Felsbereichen: Überall finden sich an den unterschiedlichsten Trockenstandorten erstaunliche Überlebenskünstler. Oft sind sie unscheinbar wie eine kleine Grasnelke, oft sind sie aber auch exotisch anmutend wie die Vielzahl der Orchideenarten, die auf unseren Magerrasen und Halbtrockenrasen gedeihen. Sie alle sind in Gefahr, denn unsere Trockenstandorte sind von vielen Seiten bedroht. Wegen ihres landschaftlichen Reizes gehören die Dünengebiete und der alpine Raum seit langem zum Erholungsraum des Menschen. Ein tiefgreifender Strukturwandel in der Landwirtschaft gefährdet Kleinlebensräume wie Steinriegel und Hohlwege. Heiden oder Steppenrasen verlieren ihre wichtigsten Funktionen für Flora und Fauna durch die Nutzungsaufgabe des Menschen.

Mit unseren Trockenbiotopen aber verlieren wir ein Stück wertvollster Natur. Deshalb sind wir alle aufgerufen, Maßnahmen gegen die Zerstörung zu ergreifen. Schützen kann man jedoch nur, was man kennt. Und hier setzen die BiotopBestimmungsBücher an. Sie helfen, die vielfältigsten Biotoptypen zu erkennen und geben Tips zu deren praktischem Schutz. „Dünen, Heiden, Felsen und andere Trockenbiotope" ist ein praxisorientiertes Buch, das für ein Engagement im Naturschutz und in der Landespflege Grundlagen schafft. Ich wünsche auch dem dritten Band dieser Reihe viele Leser.

Umweltminister von Baden-Württemberg
Stiftung Naturschutzfonds

Heiß brennt die Sonne auf den trockenwarmen Abhang. Die Temperatur erreicht zur Mittagszeit in Bodennähe schon mal über 50 Grad Celsius. Trotzdem oder gerade deshalb kommt das Leben an der Magerböschung nicht zum Erliegen. Im Gegenteil, jetzt, Anfang Juni, entfaltet sich die Lebewelt am Trockenhang besonders üppig. Leuchtend blauer Salbei, zartgelber Klappertopf, Sonnenröschen, Kronwicken, Glockenblumen, Wundklee, Hauhechel und Skabiosenflockenblumen scheinen zusammen mit unzähligen anderen Pflanzenarten geradezu um die Wette zu blühen. Selbst die farblich eher unscheinbaren Fruchtstände der Gräser tragen zum bunten Mosaik bei. Schmetterlinge, Wildbienen, Käfer, Heuschrecken und andere Insekten haben jetzt ebenso Hochsaison wie der Baumpieper, der vom benachbarten Schlehen- und Wildrosengesträuch aufsteigt, um dann beim Sinkflug seinen lerchenähnlichen Gesang zu trällern.

Fünf Jahre später. Wieder ist es Anfang Juni, doch viele Pflanzen und Tiere finden wir nicht mehr. Das Schlehengebüsch hat sich ebenso wie Hartriegel und Wildrosen auf dem Trockenhang breit gemacht. Nur noch an wenigen, lichten Stellen stehen einige Helmknabenkräuter. Und auch Schmetterlinge und Heuschrecken sind viel weniger geworden.

Überall in Deutschland, Österreich und der Schweiz sind solche einst durch menschliche Nutzung entstandenen Trockenbiotope auf dem Rückzug. Werden Beweidung oder regelmäßige Mahd aufgegeben, ist es nur noch eine Frage der Zeit, bis sich erst Sträucher und dann Bäume die Flächen im »Waldland Mitteleuropa« zurückerobern. Nur an den wenigen, natürlichen Waldgrenzstandorten, wie im Bereich von Dünen, Felsen und Blockschutthalden, könnten sich je nach Bodenbeschaffenheit und klimatischen Bedingungen von Natur aus die Tiere und Pflanzen der Trockenbiotope halten. Gelingt es nicht, die im Laufe unserer Kulturgeschichte durch menschliches Wirken entstandenen Trockenstandorte wie Kalkmagerrasen, Wacholderheiden und Magerwiesen durch Nutzung oder gezielte Pflege zu erhalten, gehen wertvollste Biotope verloren. Und mit ihnen Tier- und Pflanzenarten, die über Jahrtausende hinweg aus dem Mittelmeerraum oder aus den Steppengebieten Osteuropas und Asiens nach Mitteleuropa eingewandert sind.

Freizeitindustrie und Tourismus, intensive Landwirtschaft und Aufforstung, Verbauung und Überbauung bedrohen und vernichten die letzten noch verbliebenen Bereiche vieler Trockenstandorte. Und selbst dort, wo scheinbar kein menschliches Nutzungsinteresse natürliche Trockenstandorte gefährdet, sind diese exotisch anmutenden Biotopflecken aufs höchste bedroht. Luftschadstoffe, vor allem aus Industrie, Landwirtschaft, Haushalten und vom Fahrzeugverkehr, gelangen auch in die abgelegensten Winkel und bewirken durch den viel zu starken Nährstoffeintrag eine Änderung der Pflanzendecke, was wiederum Konsequenzen auf die Tierwelt hat, die von der Vegetation abhängig ist.

Viel zu lange wurde selbst in Naturschutzkreisen den Trockenbiotopen zu wenig Beachtung geschenkt. Weil Natur letztlich nur derjenige schützen kann, der sie auch kennt, will dieses Buch aus der Reihe *BiotopBestimmungsBücher* die verschiedenen Typen von Trockenbiotopen bekannter machen, Gefährdungen darstellen und Schutzmaßnahmen aufzeigen.

Die Art und Weise, wie wir mit unserem Natur- und Kulturerbe in Zukunft umgehen wollen, schließt nämlich immer auch die Frage mit ein, was wir uns selbst wert sind.

Kleine Natur- und Kulturgeschichte der Trockenbiotope

Wald als begrenzender Faktor
Der Einfluß des Menschen auf die Naturlandschaft in Mitteleuropa

Wie Klima, Relief und Boden die natürliche Pflanzendecke bestimmen

Wie ein grünes Kleid bedecken Pflanzen die Oberfläche der Erde. Hier als dunkel geschlossener Wald aus himmelragenden Bäumen, dort als grüngoldene Steppe aus windwogenden Gräsern, und andernorts als braunpurpurne Heide aus sperrigen Zwergsträuchern. Um die besondere Lebewelt der verschiedenen Trockenstandorte zu verstehen, ist es hilfreich, die Faktoren, welche die Pflanzendecke beeinflussen, näher zu betrachten.

Die Pflanzendecke Europas ist abwechslungsreich und weist eine faszinierende Vielfalt unterschiedlicher Vegetationstypen auf. Selbst für Botaniker ist es nicht immer einfach, sich in den mannigfaltigen Erscheinungsformen der Vegetation zurechtzufinden. Die Pflanzengeographie, auch Geobotanik genannt, beschäftigt sich mit der Erforschung der Gesetzmäßigkeiten, der Verbreitung und Vergesellschaftung von Pflanzen im Erdraum. Die unterschiedliche Ausformung der Pflanzendecke unterliegt nicht dem Zufall, sondern hängt von Klima, Relief und Boden ab. Die Pflanzendecke kann jedoch nicht allein aus dem Wirken gegenwärtiger Kräfte und Faktoren erklärt werden, sondern sie hat auch eine entwicklungsgeschichtliche und damit eine zeitliche Dimension. Die Vielfalt unterschiedlicher Vegetationstypen ist somit auch das Ergebnis ständig ablaufender Entwicklungsprozesse, wie z. B. der Sukzession von Pioniervegetation auf Rohböden zur Klimaxvegetation oder der Kreislauf einzelner Vegetationstypen, beginnend mit dem Jugendstadium hin zum Reifestadium, Altersstadium, Zusammenbruch und zur Regeneration, der besonders markant in der Entwicklungsgeschichte unserer Wälder auftritt. Die großräumig herrschenden, durch Wuchsformen von Pflanzen bestimmten Vegetationsformationen wie arktische Tundra, borealer Nadelwald, sommergrüner Laubwald der gemäßigten Zone, immergrüner Hartlaubwald mediterraner Klimagebiete, Grasland und Wüsten kontinentaler Trockengürtel oder tropischer Regenwald sind durch die großen Klimazonen der Erde bedingt. Diese wiederum sind abhängig vom Einfallswinkel der Sonne, also von der geographischen Breitenlage, vom planetarischen Windsystem, das die Niederschlagsmenge beeinflußt, und somit letztendlich auch von der Verteilung der Kontinente und Ozeane, die sich aus der jahrmilliardenalten Erdgeschichte unseres Planeten ergeben hat.

Selbst auf einem so kleinen Kontinent wie Europa weisen Klima und Vegetation eine erstaunliche Vielfalt auf. So sind weite Teile des Kontinents durch Waldland geprägt. In Südeuropa herrschen von Natur aus Hartlaubwälder aus immergrünen Laubgehölzen an den Küsten des Mittelmeeres vor. Es sind Gehölze, die dem besonderen Rhythmus des wintermild-feuchten, sommerheiß-trockenen Mediterranklimas mit sommerlicher Vegetationsruhe angepaßt sind. Charakterbäume dieser Zone sind z. B. der Ölbaum (Wilde Olive), der Erdbeerbaum und die Kermeseiche.

Nicht nur Bodenverhältnisse und Relief, sondern auch die Höhenlage und damit klimatische Bedingungen bestimmen die Gestalt der natürlichen Pflanzendecke. Im Hochgebirge gelangt der Wald an seine Grenzen; an trockeneren Stellen können sich Trockenbiotope entwickeln und behaupten.

Die meisten Bereiche Mitteleuropas sind von Natur aus Waldland. Kommt der Wald nicht an seine Grenzen – wie das an natürlichen Waldgrenzstandorten, z.B. bei Mooren, Küsten oder Felsbereichen der Fall ist –, ist das Endstadium der Sukzessionsabfolge immer Wald.

Wie Klima, Relief und Boden die natürliche Pflanzendecke bestimmen

Vernetzte Natur

Gehölz- und Krautflora des mediterranen Gebietes sind außerordentlich mannigfaltig. Wer die mitteleuropäischen Trockenstandorte begreifen will, muß sich die überaus große Pflanzenvielfalt Südeuropas vor Augen führen. Denn über 9000 Gefäßpflanzen sind aus dem Mittelmeergebiet bekannt und darunter eine große Zahl lichtliebender, trockenheitsertragender Pflanzen, die uns an den Trockenstandorten Mitteleuropas wiederbegegnen werden.

Daran schließt sich gegen Norden mit Abschwächung des mediterranen Winterregenklimas eine Zone sommergrüner Eichen-Trockenwälder an, die besonders auf der Balkanhalbinsel weite Verbreitung erreichen: die Zone der submediterranen Eichenwälder. Charakteristische Bäume sind z. B. Zerreiche, Flaumeiche und Eßkastanie. Die Zone dieser sommergrünen, trockenen Eichenwälder weist viele lichtliebende Trockenpflanzen auf, von denen sehr viele auch im Bereich der verschiedensten Trockenstandorte Mitteleuropas wachsen.

Auch der Wechsel von immergrünen Hartlaubgehölzen zu sommergrünen Gehölzen ist klimatisch bedingt. In der submediterranen Zone ist die sommerliche Dürrezeit etwas abgeschwächt, und der Winter tritt deutlicher als kalte Jahreszeit in Erscheinung. Begeben wir uns gedanklich vom Mittelmeergebiet weiter nach Norden: Mit der weiteren Ausprägung des winterkalten, sommerfeuchten Klimarhythmus geht die submediterrane Zone in den Bereich mitteleuropäischer, sommergrüner Laubwälder über. Auch dieser Wechsel in der Struktur der Pflanzendecke ist das Ergebnis einer allmählichen Veränderung des Klimas.

Unter den Bedingungen kühlfeuchten, gemäßigten Klimas mit winterlicher Vegetationsruhe beherrschen sommergrüne Laubwälder das Landschaftsbild. Diese uns so vertrauten Wälder ziehen sich von den Gebirgen Südeuropas durch ganz Mitteleuropa bis Mittelschweden, vom Atlantik bis zum Ural.

Innerhalb des west-östlichen Klimagefälles vom wintermilden, ozeanischen Meeresklima Westeuropas bis zum winterkalten Kontinentalklima in Ostrußland ändert sich die Zusammensetzung des sommergrünen Laubwaldes. Begleitet im Westen die immergrüne Stechpalme als Unterwuchs die herrschende Rotbuche, so tritt sie in Mitteleuropa zurück und überläßt der Rotbuche die absolute Vorherrschaft, die erst weiter östlich in den trockenen Beckenlandschaften des östlichen Mitteleuropa von Stieleiche, Hainbuche und Winterlinde gebrochen wird.

Im östlichen Europa bleibt die Buche auf die Bergstufe der Karpaten und das Krimgebirge beschränkt, während sich im Hügelland und in den weiten Tieflandebenen von Natur aus Eichen- und Winterlindenwälder finden.

Viele Tiere Mitteleuropas würden im Waldland nur wenig Lebensräume finden. So ist etwa der Osterluzeifalter auf Trockenstandorte im Bereich von Magerböschungen, Felsbandgesellschaften und naturnahen Weinbergslagen angewiesen.

Lange Winter und häufiger auftretende Spätfröste im Frühjahr schwächen die Konkurrenzkraft der Buche. Unter den kontinentaleren Klimabedingungen des Ostens sind die spätaustreibenden Eichen und Winterlinden konkurrenzstärker. Spätfröste können ihnen weniger schaden, da ihr Laub noch in den Knospen geschützt ist. Die früher austreibende Rotbuche hingegen kann dadurch während der Zeit des frischen Laubaustriebes erheblich geschädigt werden.

In Osteuropa geht die Laubwaldzone mit abnehmenden Niederschlägen nach Süden hin in Waldsteppen- und schließlich in Wiesensteppen- und Federgrassteppenzone über. Wassermangel bringt hier die Bäume an den Rand ihrer Existenzmöglichkeiten. So ist also auch die Trockengrenze des Waldes in der russischen Waldsteppe klimatisch bedingt.

Botanischer Öko-Transfer von Ost nach West

Die natürlichen Grasländer der osteuropäischen Steppen beherbergen neben dem Mittelmeerraum die größte Mannigfaltigkeit an Arten der Trockenstandorte. Sie sind vegetationsgeographisch gesehen »Hauptlieferanten« von Pflanzenarten der Trockenstandorte in Deutschland und Österreich und teilweise auch in der Schweiz sowie in den angrenzenden Gebieten.

Nach Norden bzw. Nordosten, mit kürzeren Vegetationszeiten und kühleren Temperaturen, gewinnen Nadelhölzer wie Fichte und Kiefer, weit im Nordosten dann auch Lärche zunehmend

In Anpassung an natürliche Waldgrenzstandorte und Trockenbiotope haben viele Pflanzen eine richtige Überlebensstrategie entwickelt. Dazu gehört auch die Hauswurz. Sie speichert in ihren dickfleischigen Blättern Feuchtigkeit und kann so selbst zwischen Gesteinsritzen gedeihen.

an Bedeutung im natürlichen Waldbild. Mit weiterer Verschärfung dieser Standortfaktoren geraten Bäume an die Grenzen ihrer Wachstumsmöglichkeiten. Die polare Waldgrenze markiert so den Übergang von der borealen (nördlichen, kühlgemäßigten) Nadelwaldzone zur arktischen Tundrenzone. Das Klima verursacht hier einen auffallenden Wechsel in der großräumigen Vegetationsstruktur.

Ein für die Pflanzendecke wesentliches Merkmal des Klimas wird als Humidität (Feuchtigkeitsfaktor) bzw. Aridität (Trockenheitsfaktor) bezeichnet. Dieses Begriffspaar beschreibt den Klimacharakter nach dem verfügbaren Wasserangebot, das aus dem Verhältnis von Niederschlag und Verdunstung resultiert. In humiden Klimaten fallen mehr Niederschläge als verdunsten; es herrscht Wasserüberschuß, der über Bäche und Flüsse abfließt. In ariden Klimaten hingegen überwiegt die Verdunstung, so daß periodischer oder ständiger Wassermangel herrscht.

Überlebensstrategien

Der Wassermangel zwingt Pflanzen zu sparsamstem Umgang mit Wasser und hat im Laufe der Evolution die erstaunlichsten Anpassungen im Bau und in der Lebensweise von Pflanzen hervorgebracht. Pflanzen an Trockenstandorten haben so in Anpassung an ihre Umgebung Strategien des Überlebens entwickelt.

Nun kennt die Natur keine starren Regeln. So gibt es innerhalb der großen Klimazonen erhebliche Abweichungen von der klaren und regelmäßigen Abfolge klimatisch bedingter Vegetationsformationen. In den Gebirgen etwa erfolgt eine Umkehr der zonalen Abfolge der Vegetation in eine vertikale Zonierung. So gehen die Laubwälder mit zunehmender Höhe in Nadelwälder über, und diese machen an der oberen Waldgrenze Zwergsträuchern und Krautpflanzen des Hochgebirges Platz. Die vertikale Abfolge der Pflanzendecke wird durch Veränderung des Klimas mit zunehmender Höhe eines Gebirges hervorgerufen. Die Höhe ist somit neben dem Klima ein zweiter wesentlicher Faktor für deren Differenzierung. Vegetationsunterschiede können aber auch bereits auf ein und derselben Höhenstufe vorkommen. Bestimmend hierfür sind Relief, also die Geländeoberfläche, sowie die Exposition eines Hanges. So sind an sonnig exponierten Südhängen in der Regel ganz andere Pflanzen anzutreffen als an schattigen Nordhängen. Beide Faktoren sind für den kleinräumigen Wechsel der Pflanzendecke somit ebenfalls entscheidend.

Im mitteleuropäischen Waldland sind extreme Reliefbedingungen Voraussetzung für natürliche Auflichtungen des Waldes. Und für die Zusammensetzung der Pflanzendecke an Waldgrenzstandorten ist wiederum die Beschaffenheit des Bodens von entscheidender Bedeutung. Auf Kalkfelsen wachsen andere Pflanzen als auf Granit, auf kalkreichen Lehmböden sieht die Pflanzendecke anders aus als auf ausgewaschenen Sanden.

Die chemische und physikalische Beschaffenheit des Bodens bestimmt die Artenzusammensetzung der Vegetation innerhalb der großen Vegetationszonen. Buchenwälder auf Kalkgestein und Buchenwälder auf Sandstein werden zwar gleichermaßen von der Rotbuche bestimmt und erscheinen damit als »Buchenwald«, die Arten der Strauch- und Krautschicht jedoch sind gänzlich unterschiedlich. Während Kalk-Buchenwälder durch eine Vielzahl typischer Laubwaldpflanzen wie Buschwindröschen, Leberblümchen, Goldstern, Frühlings-Platterbse, Waldmeister, Maiglöckchen, Teufelskralle, Haselwurz, Türkenbund, Schlüsselblume und viele andere gekennzeichnet sind, ist der Unterwuchs in Buchenwäldern saurer Standorte extrem artenarm und spärlich. Oft finden sich dort nur ein paar Halme der Drahtschmiele oder Polster des Weißmooses.

Im Bereich waldfreier Vegetation sind die bodenbedingten Unterschiede in der Regel noch sehr viel deutlicher ausgeprägt als in Wäldern. Kalktrockenrasen gehören zu den artenreichsten Vegetationstypen Mitteleuropas überhaupt, während Sandtrockenrasen und Heiden zu den artenarmen Pflanzengemeinschaften zählen.

Mitteleuropa – eigentlich ein Waldgebiet

Kleine Waldgeschichte der Nacheiszeit im Zeitraffer

Auch Trockenstandorte haben eine Geschichte. Und die hängt eng mit der Waldgeschichte zusammen. Rein klimatisch wäre Mitteleuropa größtenteils heute Waldland. Aber das war nicht immer so. Denn die Pflanzendecke ist nicht nur Ausdruck der gegenwärtig auf sie einwirkenden ökologischen Faktoren Klima, Relief und Boden, sie ist letztendlich auch das Ergebnis einer jahrtausendelangen Entwicklungsgeschichte und zugleich Ausgangssituation für künftige Entwicklungen, die wir angesichts unserer nur kurzzeitigen Denk- und Lebensweise nicht erahnen können. Denn eine gegenwärtige Pflanzendecke repräsentiert nicht mehr als die Momentaufnahme in einem über geologische Zeiträume sich erstreckenden Wandlungsprozeß. Ohne Berücksichtigung der bisherigen Entwicklungsgeschichte können Zustand und Differenzierungen der jeweiligen Vegetation nicht befriedigend erklärt werden.

Die Aufklärung der Entwicklungsgeschichte von Landschaft und Pflanzendecke zeigt sich immer wieder als geradezu aufregendes Forschungsfeld. Hauptmethode der Vegetationsgeschichtsforschung ist die Pollenanalyse. Aus den in Seeablagerungen und Mooren konservierten Pollen von Gehölzen, spezifischen Zeigerpflanzen und Kulturpflanzen lassen sich heute vielfache Rückschlüsse auf die Zusammensetzung der Pflanzendecke vor Jahrtausenden ziehen, die wiederum die Entwicklungsgeschichte der Vegetation rekonstruieren helfen.

Die mitteleuropäische Flora wurde entscheidend durch die Vereisungen im erdgeschichtlichen Zeitalter des Quartärs, der jüngsten Formation der Erdgeschichte (Beginn vor etwa 1,8 Millionen Jahren), geprägt. In mehreren Kaltzeiten des Pleistozäns (seit etwa 100 000 Jahren) rückten gewaltige Gletschermassen vom skandinavischen Schild nach Mitteleuropa vor. Zugleich stießen Gebirgsgletscher der Alpen und Karpaten von Süden her bis weit in die Vorländer hinein. Sie vernichteten hier zunächst die artenreiche und üppige »arktotertiäre« Waldvegetation und verdrängten in den folgenden Kaltzeiten die gemäßigten Floren der zwischeneiszeitlichen Warmzeiten.

Die jüngste Kaltzeit wird für das nördliche Mitteleuropa als Weichsel-, für den Alpenraum und Voralpen als Würm-Glazial bezeichnet. Es erreichte seine größte Ausdehnung vor etwa 60 000 Jahren. Ganz Nordeuropa, das Baltikum, weite Teile Norddeutschlands und das Alpenvorland waren von mächtigen Gletschermassen bedeckt. An der Front des Inlandeises wurden beim Rückzug der Gletscher langgestreckte Endmoränen abgelagert, und im Vorland lagerten sich mitunter mächtige Schichten von Geröll, Kies und Sand ab, die von den abfließenden Schmelzwässern transportiert wurden.

Die nicht vergletscherten Bereiche Mitteleuropas waren mit Tundrenvegetation aus niedrigwüchsigen Gräsern und Kräutern, aus Zwergsträuchern, Moosen und Flechten bedeckt. Das ark-

Nach der letzten Eiszeit war Mitteleuropa in weiten Teilen von einer Tundrenvegetation bedeckt. Allmählich hat sich der Wald das Land zurückerobert. Dies gelang aber nicht in felsigen Bereichen, weshalb wir heute dort natürliche Trockenstandorte finden.

Auch im Bereich der während und nach der Eiszeit entstandenen Binnendünen findet der Wald Begrenzungsfaktoren. Nur wenige Bäume besiedeln die oft jahrtausendealten Binnendünen, wenn diese durch menschliche Tätigkeit nicht zerstört wurden.

tische Klima mit sehr kurzer Vegetationszeit von nur wenigen Wochen im Jahr ließ Bäumen nämlich keine Chance. Nur einige Sträucher von gedrungenem, dem Boden angeschmiegtem Wuchs konnten in dem eisigen Klima auf kargen Frostschuttböden überleben. Auch die Tierwelt entsprach den extremen Lebensbedingungen der Kaltzeit. Rentiere und Lemminge, Schneehühner und Polarfüchse lebten von der spärlichen Nahrung der Tundra.

Mit dem etappenweisen Rückzug des Eises breitete sich die Tundra dem zurückweichenden Gletscherrand folgend nach Norden und Süden aus. Nach den letzten Gletschervorstößen der sogenannten »Nordrügenstaffel« wurde die Landschaft des heutigen norddeutschen Raumes vor etwa 13 000 Jahren eisfrei. Das Inlandeis hatte eine reich differenzierte Glaziallandschaft mit mannigfachen Ablagerungen, von feinsten Tonpartikeln bis zu kubikmetergroßen Findlingsblöcken, und vielfältigen Reliefstrukturen sowie zahllose Gewässer hinterlassen. Alpenvorland und norddeutsches Jungmoränengebiet weisen daher manche Gemeinsamkeiten auf.

Mit langsamer Erwärmung des Klimas wuchsen auch wieder erste Bäume in den klimatisch begünstigten Beckenlandschaften Mitteleuropas. Kiefer und Birke breiteten sich dank ihrer Anspruchslosigkeit und mit Hilfe der fast zahllosen, leichten und flugfähigen Samen in die Tundra aus und schlossen sich in der Allerödzeit zu ersten lichten Wäldern zusammen. Mit der jüngeren Tundrenzeit brach aber nochmals eine Kältewelle über Mitteleuropa herein, welche die Bäume auf wettergeschützte Sonderstandorte zurückdrängte. Auf weiten Flächen bestimmten Krähenbeere, Bärentraube, Preiselbeere und andere Zwergsträucher das Bild der spätglazialen Tundrenlandschaft.

Vor etwa 10 000 Jahren setzte sich die großklimatische Erwärmung dann endgültig durch. Sie ermöglichte die allmähliche Wiederbewaldung Mitteleuropas und leitete damit die Nacheiszeit (Postglazial) ein. Aus Refugien (Überdauerungsgebieten) in Südeuropa kehrten nach und nach Gehölze und Krautpflanzen zurück, die durch Gletscher und Glazialklima hier ausgestorben waren. Die Wiederausbreitung erfolgte in unterschiedlichen Zeiträumen entsprechend der klimatischen Ansprüche und der Ausbreitungsstrategie der einzelnen Arten. Nicht allen vormals in Mitteleuropa heimischen Arten gelang die Rückkehr. Die Zusammensetzung der mitteleuropäischen Flora wurde so in der Nacheiszeit gewissermaßen neu gemischt.

Die spätglazialen Zwergstrauchtundren wurden von präborealen (also vorwärmezeitlichen) Kiefern-Birken-Espenwäldern und diese mit weiterer Erwärmung vor etwa 10 000 Jahren von borealen (frühwärmezeitlichen) Hasel-Kiefernwäldern abgelöst. Lichtliebende Tundren- und Kältesteppenpflanzen wurden auf Sonderstandorte verdrängt, unter deren extremen Bedingungen sie sich teilweise bis heute als »Glazialrelikte« erhalten konnten. Dazu gehören z. B. die Mehlprimel und der Moor-Steinbrech in den Mooren des Alpenvorlandes und des norddeutschen Tieflandes. Auch einige Felspflanzen des Südharzes werden als Relikte angesehen, so z. B. Felsen-Schaumkresse und Alpen-Gänsekresse.

In weiten Moorlandschaften fanden Elche als pflanzenfressende Großsäuger hinreichend Futter. In den Wäldern ästen Hirsche und jagten Wölfe. Und auch Bären fanden hinreichend Beute. Vor etwa 7500 Jahren gelangte in den Mittelgebirgen die Fichte zur Vorherrschaft. In ihrem Gefolge breiteten sich zahlreiche Pflanzen der nördlichen Nadelwaldzone aus. Dazu gehören vor allem Moorpflanzen wie Moosbeere und Sumpfporst, Blasenbinse und Moortarant, Sonnentau- und Wollgrasarten. Farne und Bärlapparten, Zwergsträucher und Hochstauden fanden als typische Elemente borealer Taigawälder mit der Fichte Platz in der mitteleuropäischen Flora.

Im Hügelland und Tiefland breiteten sich mit dem feuchter und wärmer werdenden Klima und der damit verbundenen Bodenreifung Laubgehölze in der Waldvegetation der Mittleren Wärmezeit (Atlantikum), also vor 7500 bis 5000 Jahren, aus. Ulme und Linde, Eiche und Ahorn überzogen Mitteleuropa allmählich mit einem dichten grünen Waldkleid. Mit den Laubbäumen kehrten auch die Krautpflanzen des Laubwaldes zurück; Frühlingspflanzen und Sommerblüher, die dem Vegetationsrhythmus des sommergrünen Laubwaldes angepaßt sind.

Efeu, Hopfen und Geißblatt schlangen sich als Kletterpflanzen bis in die Kronen der Bäume. Hartriegel und Heckenkirsche, Schneeball und Holunder, Pfaffenhütchen und andere Sträucher bildeten den Unterwuchs der reich strukturierten Eichenmischwälder des Atlantikums. Durch Klima und Boden in ihrer Zusammensetzung differenziert, herrschten sie auf nahezu allen Mineralböden des Hügel- und Tieflandes. Nur in kontinentaleren Beckenlandschaften wie im Böhmischen Becken, Nordharzvorland und Thüringer Becken und auf sehr armen Sandböden behielt die Kiefer auch im Eichenmischwald eine führende Rolle. In den Hochlagen der Mittelgebirge entwickelten sich im feuchten Klima ausgedehnte Versumpfungsmoore, und in den Urstromtälern des Tieflandes löste der kräftige Anstieg des Meeresspiegels großflächige Versumpfungen aus, die eine Entfaltung von Erlenbruchwäldern, Schilfröhrichten und Seggenrieden ermöglichten.

Bis zur Mittleren Wärmezeit (Atlantikum) vollzog sich die Entwicklung von Landschaft und Pflanzendecke allein unter dem Einfluß von Klima und Boden in Wechselwirkung mit der Tierwelt in einer von Menschen nahezu unberührten Naturlandschaft. Der Einfluß jungpaläolithischer Rentierjäger des Spätglazials (vor 10000 Jahren) und mesolithischer (vor ca. 10000 bis 5000 Jahren) Jäger, Sammler und Fischer hinterließ noch keine nachhaltigen Spuren in der Pflanzendecke.

Seit dem Ende der Mittleren Wärmezeit veränderten dann jedoch die Menschen mehr und mehr die Landschaft. Vor etwa

Oben: Der filigran wirkende Schmetterlingshaft besiedelt sowohl natürliche als auch von Menschenhand geschaffene Trockenstandorte.
Rechts: Eine Vielzahl von Trockenbiotopen entstand in Mitteleuropa durch das Wirtschaften von Menschen. Weidendes Vieh sorgte dafür, daß der Wald allmählich aufgelichtet wurde. Wenn wir solche Flächen sehen, müssen wir uns bewußt werden, daß bei Wegfall der Bewirtschaftung oder einer ähnlichen Nutzung der Wald allmählich wieder zurückkehrt.

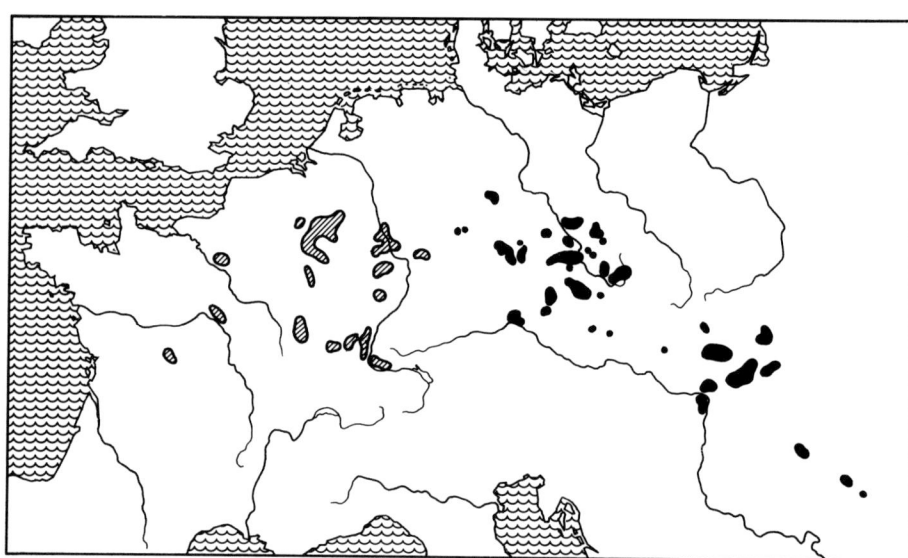

Nur in wenigen Bereichen konnte der Wald in Mitteleuropa Felsbereiche erobern. Dies zeigt die Abbildung mit der schematisch dargestellten Verbreitung bodensaurer Eichenfelswälder: subatlantische (schraffiert) und subkontinentale (schwarz) Verbreitung.

5000 Jahren erschienen in den wärmebegünstigten fruchtbaren Beckenlandschaften die ersten jungsteinzeitlichen Ackerbauern. Sie kamen aus dem Donauraum und dem Balkan nach Mitteleuropa, rodeten den Eichenmischwald zur Anlage von Siedlungen und Äckern und bauten Getreide an. Mit der Zeit gelangten viele Ackerwildkräuter aus Vorderasien nach Mitteleuropa, die bis zum Wandel der bäuerlichen Landwirtschaft zur industriemäßigen Agrarproduktion ständige Begleiter bäuerlicher Kultur in Mitteleuropa waren.

Etwa gleichzeitig mit der Ausbreitung bäuerlicher Kultur und Herausbildung der ersten Kulturlandschaften in der Späten Wärmezeit (Subboreal) drang die Rotbuche in die Mittelgebirge und Gebirgsvorländer vor. In den Hochlagen der Mittelgebirge folgte ihr die Tanne. In den großen Flußtälern kam es bei Überschwemmungen – ausgelöst vor allem durch umfangreiche Rodungen in der Bronzezeit – zur Ablagerung von Auenlehm, verbunden mit der Entfaltung von Hartholz-Auewäldern aus Eichen, Ulmen, Eschen.

Während der Späten Wärmezeit kam es erstmals in der Landschaftsgeschichte Mitteleuropas zur Überlagerung natürlicher Entwicklung durch anthropogene, d. h. vom Menschen ausgelöste Prozesse. Durch weidendes Vieh wurden Wälder aufgelichtet, konnten sich Lichtbaumarten und lichtliebende Vegetationsformen wie Magerrasen, Zwergstrauchheiden, Trockenrasen entfalten und zu einem festen Bestandteil mitteleuropäischer Kulturlandschaft werden.

Vor etwa 3000 Jahren wurde das nacheiszeitliche Klimaoptimum überschritten. Unter dem Einfluß des kühler und feuchter werdenden Klimas der Nachwärmezeit (Subatlantikum) konnte sich die Rotbuche in den Mittelgebirgen und Hügelländern weiter durchsetzen. Die vier Jahrtausende hindurch herrschenden Eichenmischwälder wurden von Rotbuchenwäldern abgelöst. Dies war der bislang bedeutendste nacheiszeitliche, klimatisch bedingte Vegetationswandel in Mitteleuropa. Seit Ende der Späten Wärmezeit war die Buche zwar auch im norddeutschen Tiefland vorhanden, sie blieb hier aber während des Älteren Subatlantikums auf kleine Einzelvorkommen beschränkt und gelangte erst in historisch junger Zeit zur Vorherrschaft. Die Buchenwälder des nordostdeutschen Küstengebietes sind als Vegetationstyp erst knapp tausend Jahre alt.

Das kühler und feuchter werdende Klima der Nachwärmezeit löste außerdem im Alpenvorland, in den Mittelgebirgen sowie im nordwestdeutschen und küstennahen nordostdeutschen Tiefland verstärktes Moorwachstum aus. Diese natürliche Tendenz wurde durch rodungsbedingte Veränderungen des Landschaftswasserhaushaltes unterstützt. Die gegenüber geschlossener Waldlandschaft geringere Verdunstung offener Kulturlandschaft führte zu Wasserüberschuß.

Im vergangenen Jahrtausend wurde die Naturlandschaft auf geringe Reste zurückgedrängt, die einstige Waldlandschaft ist auf ein Viertel der ursprünglichen Fläche reduziert und in ihrer Struktur erheblich verändert. Mit der Öffnung der Waldlandschaft durch den Menschen und der Herausbildung von Kulturlandschaften konnten sich lichtliebende, wärmeanspruchsvolle Pflanzenarten und Vegetationstypen ausbreiten, die in der natürlichen Waldlandschaft auf wenige Sonderstandorte wie Felsklippen, Bergsturzwände, Flußtalränder und Steilküsten beschränkt waren oder überhaupt nicht vorkamen.

Natürliche Trockenstandorte im Waldland Mitteleuropa

Wie konnten eigentlich Trockenrasenpflanzen Platz in der von dichtem Waldkleid überzogenen mitteleuropäischen Naturlandschaft der Mittleren Wärmezeit finden?
Waldfeindliche Wirkungen des Klimas innerhalb der Laubwaldzone sind in erster Linie vom Relief abhängig. Der Bereich, in dem Wald an die Grenzen seiner Existenzmöglichkeiten gelangt und in offene, waldfreie Vegetation übergeht, wird als »Waldgrenzstandort« bezeichnet. Südexponierte Steilhänge in trockenwarmen Beckenlandschaften, felsige Bergkuppen und Schluchten stellen solche reliefbedingten Waldgrenzstandorte im geschlossenen Waldland Mitteleuropa dar.
Extreme Oberflächengestaltung ist das Ergebnis reliefformender Vorgänge während der jüngsten Erdgeschichte. Durch diese Vorgänge wurden Gesteine z. B. zu schroffen Steilformen ausgearbeitet. Natürliche Waldgrenzstandorte innerhalb der mitteleuropäischen Laubwaldzone sind also wesentlich in der geologischen Entwicklung der Oberflächengestalt begründet.
An Waldgrenzstandorten – und damit Bereichen, wo sich gegebenenfalls natürliche Trockenstandorte entwickeln können – sind in der Regel mehrere Faktoren zugleich extrem ausgebildet, Klima und Boden wirken komplex auf die Vegetation. Für die Ausbildung von Waldgrenzen ist jedoch derjenige Faktor entscheidend, der unter den jeweils gegebenen Bedingungen den Grenzwert für das Gedeihen von Wald überschreitet. Nach dem ausschlaggebenden »Minimumfaktor« werden z. B. Kältegrenze, Naßgrenze, Trockengrenze, Versalzungsgrenze und mechanisch bedingte Waldgrenze unterschieden.
Die Vegetationsstruktur an Waldgrenzstandorten kann sehr unterschiedlich sein. Mit allmählicher Verschärfung waldfeindlicher Standortbedingungen werden die Bäume vom Hochwald zur baumfreien Vegetation immer kleiner, im Extremfall bilden sie eine geschlossene Front kleiner Bäume (Zwerg-, Busch- und Legform), die den »Wald« gegenüber baumfreier Vegetation abschließen. Eine kontinuierliche Änderung der Standortbedingungen kommt in der Natur nur selten vor. Waldgrenzen dieses Quasi-Kontinuum-Typs sind entsprechend selten.
Häufiger sind Waldgrenzen des Diskontinuum-Typs. Innerhalb eines Waldes treten unvermittelt Bedingungen auf, die Baumwachstum ausschließen. Der geschlossene Wald bildet eine scharfe Grenze gegen baumfreie Vegetation. Waldgrenzen dieses Typs sind in der Regel relief- oder mechanisch bedingt, sind Ausdruck eines Sprunges in den Standortbedingungen.

Am häufigsten ist in Mitteleuropa die Auflösung des Waldes in ein eng verzahntes Mosaik mit anderen Vegetationsformen. Die Waldgrenze erscheint dann diffus; sie tritt nicht als linienhafte Struktur in Erscheinung, sondern wird durch Baumgruppen und Einzelbäume bestimmt, die Ausdruck mosaikartiger Verzahnung waldfähiger und waldfeindlicher Standortbedingungen sind. Extrembedingungen an Waldgrenzstandorten spiegeln sich aber nicht nur in der Struktur der Grenzwälder, sondern auch in der Form der Bäume wider. Ihre jeweilige Optimalform entwickeln Bäume ohne Konkurrenz anderer Bäume unter günstigsten Klimabedingungen und ausreichender Wasser- und Nährstoffversorgung. Dies kommt in der Natur nur äußerst selten vor, da natürlicherweise Bäume meist im Bestand als Wald wachsen. Beispiele für Optimalform von Bäumen gibt es etwa in durch Viehweide geprägten Hudewäldern, aber auch in Parks und Garten.

Die schematische Darstellung zeigt Vegetationsstrukturen, wie sie sich an typischen Waldgrenzstandorten finden.

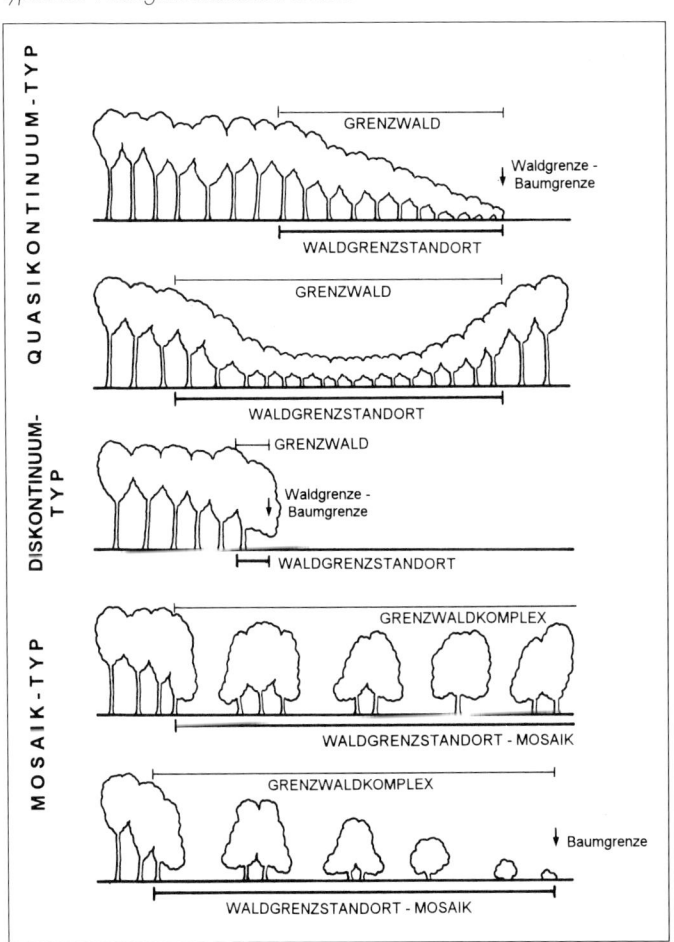

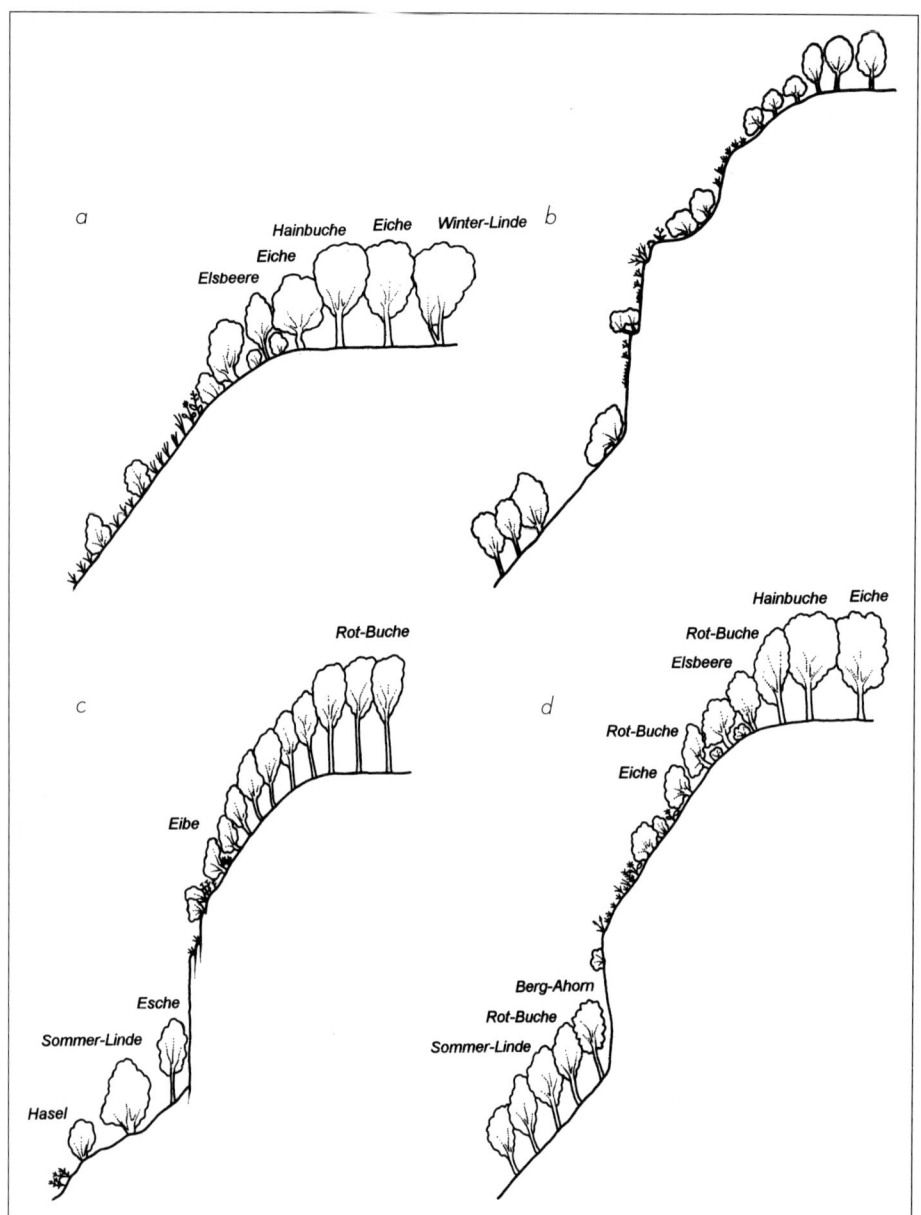

Schematisierte Profile verschiedener Waldgrenzstandorte:
a subkontinental-colliner Vegetationskomplex an Waldgrenzstandorten auf Muschelkalk (anthropogene Waldgrenze)
b subozeanisch-submontan-colliner Vegetationskomplex an Waldgrenzstandorten auf kalkfreien Gesteinen
c subozeanisch-perialpiner Vegetationskomplex an Muschelkalkbergstürzen (Beispiel West-Thüringen)
d subozeanisch-(subkontinental)-colliner-(submontan) Vegetationskomplex auf Muschelkalk

Eine Normalform entwickeln Bäume, die im Bestand unter gegenseitiger Konkurrenz aufwachsen, und eine Fahnenform zeigen Bäume am Rande geschlossener Bestände, insbesondere an künstlichen Waldrändern. Aber auch an natürlichen Waldgrenzen des Diskontinuum-Typs kann diese Form beobachtet werden, z. B. am Rande von Felswänden und Gewässern.
Bei der Steilhangform kommt zur einseitig ausgebildeten Krone eine gebogene Stammbasis hinzu. Bei Windflüchtern sind Stamm und Äste durch Windwirkung zu leewärtigem Wachstum gezwungen, die Krone ist von der Waldgrenze abgewendet zum Bestand hin gerichtet. Windflüchter sind eine sehr typische Baumform an windgeformten Waldgrenzen an Meeresküsten und in Hochgebirgen.
Zwergform zeigen Bäume, die aufgrund extrem ungünstiger Standortbedingungen weit unter ihrer normalen Größe bleiben, aber dabei wie ein richtiger Baum aussehen, d. h. in Stamm und Krone gegliedert sind. Sie erinnern etwas an Bonsai-Bäume und kommen an Waldgrenzen im Bereich von Felsstandorten vor.

Natürliche Trockenstandorte im Waldland Mitteleuropa

Zu den eindrucksvollsten Bewohnern der natürlichen Trockenstandorte im Hochgebirge gehört der Bartgeier, der durch intensive Wiedereinbürgerungsprogramme sowohl in der Schweiz als auch in den französischen und deutschen Alpen allmählich wieder nach Mitteleuropa zurückkehrt.

Natürliche Trockenstandorte im mitteleuropäischen Waldland finden wir von den Meeresküsten bis zum Hochgebirge, selbst in Flußauen und Feuchtgebieten kann es Trockenstandorte mit entsprechender Pflanzenwelt und damit auch einer spezialisierten Tierwelt geben.

Natürliche waldfreie Bereiche

Steilküsten und Dünen an den Meeresküsten von Nord- und Ostsee sind natürliche, waldfreie Sonderstandorte. Sie entstehen durch die Küstendynamik im Wechselspiel von Abtragung und Neulandbildung immer wieder neu und werden auch immer wieder von neuem durch lichtliebende Pflanzen besiedelt. So finden sich in solchen Bereichen je nach den standörtlichen Gegebenheiten Trockenstandortspezialisten wie Strandroggen, Sanddorn, Tataren-Lattich und Filzige Pestwurz. Die Sandsteinfelsen von Helgoland sind ebenso waldfreie Sonderstandorte wie die Kreideklippen auf Rügen und die Geschiebemergelkliffs der schleswig-holsteinischen und mecklenburg-vorpommerschen Ostseeküste.

Aber auch im Binnenland gibt es ausgedehnte Dünengebiete, insbesondere in den Sanderlandschaften Norddeutschlands, die durch Ablagerung von Schmelzwassersanden und deren

Bei der Buschform hingegen ist kein richtiger Stamm ausgebildet, die Krone verzweigt sich wie bei Büschen von der Basis des Stammes an. Diese Form ist besonders an Trockengrenzen des Waldes zu beobachten. Die Legform schließlich ist an Waldgrenzen mechanisch beeinflußter Grenzstandorte anzutreffen, so auf Blockhalden und in schneereichen Gebirgslagen.

Natürliches Mosaik unterschiedlichster Biotoptypen

Überall dort, wo an Bergkuppen, in tief eingeschnittenen Flußtälern und an Gebirgsrändern Fels ansteht, lichtet sich der Wald zu natürlich offenen Felsfluren und Trockenrasen. An diesen Waldgrenzstandorten sind Wald, Buschwald, Gebüsch, Staudenfluren, Zwergstrauchheiden und Felsrasen in mannigfacher Form miteinander verzahnt und verwoben, in Abhängigkeit vom Gestein und Boden, von Höhenlage und Klima. Diese Waldgrenzstandorte gehören zu den interessantesten und artenreichsten Pflanzenstandorten Mitteleuropas. Hier begegnen sich Elemente unterschiedlicher pflanzengeographischer Regionen Eurasiens, wie Steppenpflanzen aus Osteuropa und Südsibirien, Buschwaldpflanzen aus dem Mittelmeerraum und Zwergsträucher aus dem hohen Norden.

Die Kreideklippen auf Rügen gehören zu den imposantesten Beispielen natürlicher Waldgrenzstandorte und damit auch zu einem beeindruckenden Beispiel für Trockenstandorte.

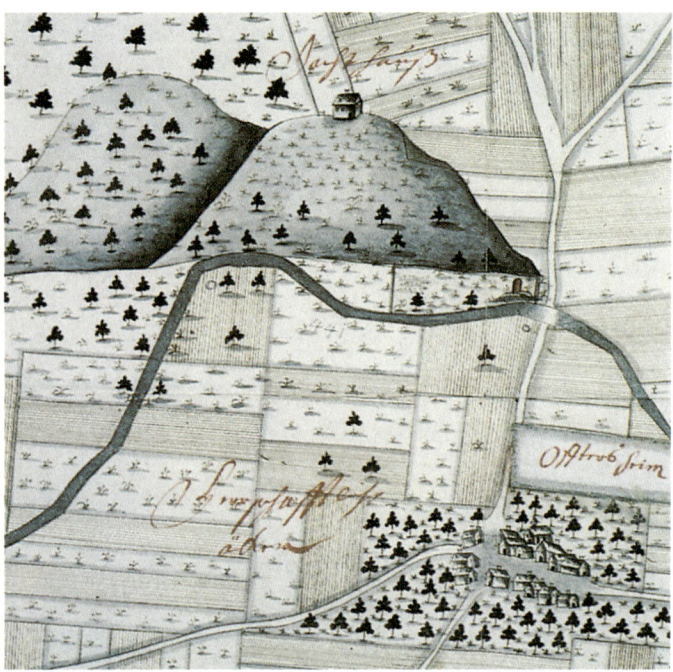

Den Menschen galten die mächtigen Binnendünen bei Oftersheim am Oberrhein seit jeher als Öd- und Unland. Deshalb wurde immer wieder versucht, durch Aufforstung diese letzten natürlichen Lebensräume nutzbar zu machen.

Aufwehung zu Dünen (in Zeiten geringer Vegetationsbedeckung) entstanden sind.

In den Stromauen von Elbe und Oder stellen Schotterterrassen und Kiesbänke sowie Flußprallhänge interessante Trockenstandorte am Rande der von Wasser geprägten Aue dar. Und im Kleinformat finden sich solche Kies-, Schotter- und Sandbereiche mit oft faszinierender Pflanzen- und Tierwelt an Bach- und Flußläufen sowohl im alpinen Bereich als auch im Mittelgebirge und im Flachland. Es sind periodische Trockenbereiche, deren spezifische Fauna und Flora sich bei niedrigem Wasserstand entwickeln. Werden hohe Sand- und Schotterbänke von Fluß oder Bach aufgeschüttet und bleibt danach der Wasserstand lange niedrig, können diese Trockenbiotope mitunter jahrelang existieren. Hier leben dann je nach der Artenzusammensetzung der jeweiligen Umgebung die unterschiedlichsten Lebensraumspezialisten. Flachblättrige Mannstreu, Echter Haarstrang und Brenndolde sind typische Stromtalpflanzen solch wechseltrockener Standorte.

Steigen Gewässer nach langanhaltenden Regenfällen an, wird der Trockenbiotop wieder vom aquatischen Leben eingenommen. Der Trockenlebensraum auf Zeit ist dann verschwunden, bis die Natur – wenn sie in unverbauten Fließgewässern eine

Feuchter und zugleich trockener Lebensraum: Kiesbänke in Flußauen entwickeln sich bei längerem Niedrigwasserstand durch die Wasserdurchlässigkeit schnell zu Trockenstandorten auf Zeit. Mit dem nächsten Hochwasser ist dieser Biotop dann wieder für einige Zeit dahin.

Natürliche Trockenstandorte im Waldland Mitteleuropa

Der Ziesel ist ein typischer Bewohner von Trockenstandorten und besiedelt zum Beispiel die pußtaähnlichen Steppenbereiche Niederösterreichs. Nördlich der Alpen ist der Säuger noch nicht zu finden.

Chance erhält – wieder neue Trockeninseln hervorbringt. Werden und Vergehen sind für diese Standorte charakteristisch.

In den Lößlandschaften des mitteldeutschen Trockengebietes und des pannonischen Beckens, z.B. bei Halle an der Saale oder im Weinviertel Niederösterreichs, finden Steppenpflanzen Osteuropas wie Niederliegende Radmelde oder Stengelloser Tragant günstige Existenzbedingungen in Lößschluchten und lößüberdeckten Steilhängen.

Die Kalkhügelländer in Mittel- und Süddeutschland, im Schweizer Jura und am österreichischen Ostalpenrand sind außerordentlich reich an natürlichen Waldgrenzstandorten. Dies ermöglicht Lebensräume mit einer bunten Vielfalt lichtliebender Trockenpflanzen innerhalb des mitteleuropäischen Waldlandes. Die Bergsturzwände und erodierten Steilhänge der Muschelkalklandschaften in Thüringen und Franken, in Hessen und Südniedersachsen, die Gipskarstlandschaften am Südrand des Harzes und des Kyffhäusers, die Schichtstufen der Jurakalkfelsen der Schwäbischen und Fränkischen Alb und die Felsschluchten des Schweizer Jura sind Trockenstandorte mit herausragender Pflanzenwelt. Denn hier begegnen sich Pflanzen des Mittelmeerraumes und submediterranen Südeuropas (z.B. Echte Kugelblume, Heideröschen und Berggamander), Steppenpflanzen osteuropäisch-südsibirischer Steppenzonen (z.B. Adonisröschen, Violette Schwarzwurzel, Erdsegge und Federgras) und Gebirgspflanzen des Alpenraumes (z.B. Blaugras, Berg-Distel und Rindsauge) zu einem einzigartigen Komplex mitteleuropäischer Kalktrockenrasen.

Aber auch die Waldgrenzstandorte auf kalkfreien, zu sauren Böden verwitternden Gesteinen sind von besonderem botanischem Interesse. In tief eingeschnittenen Flußtälern am Rande der Mittelgebirge sind auf Granit und Schiefer, auf Gneis und Porphyr Eichen- und Kiefern-Felswälder und Felsfluren mit botanischen Kostbarkeiten ausgebildet. Die Felstäler von Rhein, Mosel und Ahr im Rheinischen Schiefergebirge, das Tal der Bode im Harz, das obere und das untere Saaletal, das Durchbruchtal der Elbe durch das Böhmische Mittelgebirge sind außerordentlich reich an natürlichen Trockenstandorten. Natürliche Felsfluren ähnlicher Zusammensetzung trifft man auch an den Felsklippen der Basaltberge im Hegau sowie in Hessen im Grabfeld. Die natürlichen Trockenstandorte mit ihren botanischen Kostbarkeiten sind unter Fachleuten seit langem bekannt. Aber den vielen Trockenbiotopen, die durch menschlichen Einfluß entstanden sind und die sich oft »vor der eigenen Haustüre« finden, wurde hingegen viel zu lange nur wenig Beachtung geschenkt.

Kleine Natur- und Kulturgeschichte der Trockenbiotope

Überformung der Naturlandschaft durch den Menschen

Die Landschaften Mitteleuropas sind, von kleinsten Ausnahmen abgesehen, bis in die abgeschiedensten Winkel mehr oder weniger vollständig vom Menschen geprägt. Im Verlauf von Jahrtausenden hat sich der Mensch seinen Lebensraum erobert, ausgebaut, die natürliche Gunst der Natur nach Möglichkeit ausgenutzt und sich dabei Schritt für Schritt nahezu jeden Quadratmeter in irgendeiner Weise nutzbar gemacht. Tiere und Pflanzen sind dabei aus ihren angestammten Lebensräumen verdrängt worden; zum Teil wurden sie als Feinde angesehen und bekämpft, zum Teil verschwanden sie nahezu unbemerkt infolge der Umgestaltung ihrer Lebensbereiche. Bär, Wolf und Luchs sind besonders markante Beispiele von Tieren, die in unserer heutigen Nutzlandschaft keinen Platz mehr haben, dem Storch wird das Leben – wo er wegen der Vernichtung von Sümpfen und Feuchtwiesen nicht schon längst verschwunden ist – zunehmend schwerer gemacht, und die Zahl der Insektenarten, denen durch gezielten Gifteinsatz ihr Lebensrecht aberkannt worden ist, geht in die Hunderte und Tausende.

Bei diesem Besiedlungsprozeß der Menschheit sind selbst lebensfeindliche Naturlandschaften wie die Hochregionen der Alpen, die Küstengebiete, die Moorlandschaften Norddeutschlands und großflächige, versumpfte Talauen entlang des Rheins, der Donau und anderer Flüsse in die wirtschaftlichen Überlegungen und Ausweitungsbestrebungen einbezogen worden. Skilifte in Hochregionen, wohin sich einst nur einige Hirten hinverirrten, Viehweiden in eingedeichten Koogen der Nordseeküste und risikoreiche Gewerbegebiete in Flußauen mit Hochwassergefahr sind Beispiele für die Erschließung der Landschaft in Bereichen, wo der Mensch ohne Einsatz aufwendiger Technik nicht existieren könnte. »Macht Euch die Erde untertan!« – diesen Leitspruch hat die Menschheit zu allen Zeiten so verstanden, daß sogar jenseits der Grenzen jeglicher Wirtschaftlichkeit die Natur ausgebeutet wurde, um die scheinbaren Bedürfnisse des Menschen zu befriedigen. Tiere wurden dabei nie als Mitgeschöpfe betrachtet, sondern meist als Feind, höchstens als jagd- oder nutzbare Wesen angesehen; Pflanzen, soweit nicht zu irgendeinem Zweck nutzbringend, waren »Unkraut«.

Andererseits hat eine ganze Reihe von Tier- und Pflanzenarten auch profitiert von der Rodung des Waldes, von der Anlage von Stau- und Baggerseen, von der Bewirtschaftung von Äckern, Wiesen und Weiden. Die besonderen Lieblinge vieler Naturfreunde, die Orchideen beispielsweise, wachsen zumeist nicht in dunklen Wäldern. Sie haben sich von natürlichen Extremstandorten wie »Steppenheidewäldern« an Steilhängen ausgebreitet, auf Schafweiden und auf magere Wiesenstandorte in den Mittelgebirgen. Auch zahlreiche Tierarten, zum Beispiel die Heidelerche, deren Name schon Auskunft über ihren bevorzugten Lebensraum gibt, sind auf die Nutzung der Landschaft angewiesen. Mensch und Natur, das läßt sich verallgemeinern, sind in vielfacher Weise aufeinander angewiesen, und zwar wechselseitig.

Die Siedlungsgeschichte Mitteleuropas zeigt, daß der Mensch von den fruchtbaren, klimatisch begünstigten, gut erreichbaren und leicht zu bewirtschaftenden Gebieten immer weiter in die Grenzregionen menschlicher Existenzmöglichkeiten vorgedrungen ist. Von den Gebieten mit natürlichen Standortvorteilen aus wurden die weniger attraktiven Gebiete besiedelt, weshalb Wissenschaftler vom Altsiedelland, von der Ausbauphase und schließlich von späten Rodesiedlungen sprechen.

Altsiedellandschaften sind beispielsweise die Bördenlandschaften Norddeutschlands, lößüberwehte Ebenen Süddeutschlands, das Hügelland der Nordschweiz oder die Wachau an der Donau. Von diesen Zentren drang die Besiedlung in die weniger fruchtbaren Randgebiete und schließlich in die Mittelgebirge vor. Typische Rodesiedlungen sind zum Beispiel die Waldhufendörfer des Schwarzwaldes und des Bayerischen Waldes; selbstverständlich gehören auch die Dörfer der abgelegenen Alpentäler in aller Regel zu dieser Spätbesiedlungsphase.

Ausgespart wurden eigentlich nur zwei ganz extreme Bestandteile der Naturlandschaft: Kernbereiche der Moore und Fels-

Der Mensch hat fast alle Lebensräume gestaltet und überformt. Durch die Anlage von Deichen an Nordsee, Elbe und Weser beispielsweise wurden künstliche Trockenstandorte geschaffen.

Überformung der Naturlandschaft durch den Menschen

Oft gehen natürliche und künstliche Trockenstandorte ineinander über. Die Überformung der Naturlandschaft durch den Menschen hat auch neue, naturnahe Lebensräume hervorgebracht. Dies zeigen diese Magerrasen, die mit den natürlichen Trockenstandorten auf dem Kalkfelsen eng verzahnt sind.

landschaften. Vor allem Felsen, außer Höhlen, die von altsteinzeitlichen Jägern genutzt wurden, hat der Mensch zu allen Zeiten gemieden. In den Mooren ist er oft so weit vorgedrungen, daß unter heutigen Gesichtspunkten eine Wiesen- oder gar Ackernutzung an der Unmöglichkeit maschineller Pflege scheitert. Wo früher mit der Sense gemäht und das Heu mit dem Tragetuch nach Hause getragen wurde, ist heute kein Bauer mehr bereit zu arbeiten; außerdem wäre es unter den heutigen wirtschaftlichen Rahmenbedingungen völlig unsinnig, sich in den Randbereichen von Mooren abzumühen und wenige Kilometer daneben bestes Grünland brachfallen zu lassen. Auch mit noch soviel Aufwand ist dort, wo stehendes Wasser nicht abgeleitet werden kann oder wo Felsen anstehen, ein wirtschaftliches Arbeiten zum Scheitern verurteilt. Landwirtschaftliche Nutzung ist unmöglich, ertragbringende Waldwirtschaft ebenfalls.

Wie ein Fels in der Brandung der Nutzlandschaft

Während in Mooren und deren Randbereichen aufwendige Entwässerungsprojekte zu einer Verbesserung der Nutzbarkeit geführt haben, sind Felslandschaften mit noch so viel Aufwand nicht in Wirtschaftsland zu überführen. Lediglich kleinflächig konnte man Felsen zum Beispiel in Weinberglandschaften einbeziehen. Kunstvolle Terrassenanlagen zwischen Felsen erlauben an Rhein, Mosel und Neckar oder auch im Rhônetal und in den Seitentälern kleinflächigen Rebanbau und begünstigen die Rebe dort durch die Wärmespeicherkapazität der Felsen, sofern andere Faktoren (Boden, Feuchtigkeit, Temperatur) ebenfalls günstig sind. Im Südschwarzwald bei Furtwangen wurden zwischen 1960 und 1975 tonnenschwere Granitblöcke – Verwitterungsreste anstehender Felsen – aus Viehweiden und Mähwiesen beseitigt mit dem Ergebnis, daß aus einer vorher abwechslungsreichen Landschaft mit zahlreichen Nischen für Pflanzen heute großflächig mit dem Traktor bewirtschaftbare Fettwiesen entstanden sind.

Nun könnte man annehmen, die Tier- und Pflanzenarten, die im Lauf der Landschaftsgeschichte die natürlichen Trockenstandorte besiedelt und dort ihr Optimum oder wenigstens eine Nische gefunden haben, seien mit dem Vordringen des Menschen verschwunden bzw. vollständig ausgerottet worden. Dem ist aber nicht so, vielmehr haben es zahlreiche Arten geschafft, sich mit der menschlichen Nutzungsweise zu arrangieren. Viele haben sogar enorme Vorteile von der Landbewirtschaftung – solange man ihre Minimalansprüche respektiert – und haben sich erst infolge der Rodung des Waldes und der Landnahme ausgebreitet. So haben zahlreiche Ackerunkräuter – heute sagt man »Wildkräuter«, aber für den Bauern von früher waren es zusammen mit Disteln, Flughafer usw. ernsthafte Konkurrenten! – erst mit dem Ackerbau ihren Lebensraum gefunden: Kornrade, Venusspiegel, Adonisröschen, Feldrittersporn, Kornblume, Klatschmohn und Acker-Stiefmütterchen sind »Kulturpflanzen«, oder bes-

Weidende Ziegen sieht man nur noch selten. Werden Magerstandorte wie Weiden uninteressant und unterbleibt die regelmäßige Pflege, so verbuschen diese künstlich entstandenen Trockenstandorte wieder.

ser gesagt »kulturbegleitende Pflanzen«. Beachtet man ihre Minimalansprüche, nämlich ein paar Quadratmeter ungedüngten Feldrand, dann gedeihen sie auch in der heutigen »landwirtschaftlichen Betriebsfläche«, so der Fachausdruck der Statistiker und Agrar-Fachleute für die Feldflur, prächtig.

Auch die Küchenschelle ist eine solche Pflanze: Ursprünglich beheimatet in den Steppengebieten Südosteuropas, hat sie Mitteleuropa wohl erst im Zusammenhang mit der nacheiszeitlichen Vegetationsarmut als Lebensraum besiedelt. Ihre Lebensraumansprüche Licht, Wärme und unterentwickelte Böden waren in der nacheiszeitlichen, tundraähnlichen Landschaft erfüllt, und geringe Konkurrenzkraft gegenüber hochwachsenden Pflanzen war die Ursache dafür, daß die Pflanze erst in der Nacheiszeit die Möglichkeit zur weiteren Ausbreitung hatte. Mit zunehmendem Aufkommen von Wald wurde sie verdrängt, und man kann davon ausgehen, daß die Küchenschelle – wie auch viele andere Pflanzen der Halbtrockenrasen – zu Beginn menschlicher Besiedlungstätigkeit in Mitteleuropa nur an kleinen Reliktstandorten inselhaft überlebt hat.

Geobotaniker gehen davon aus, daß es vor allem Kalkfelsen und deren unmittelbare Umgebung, Steinschutthalden, lückiger Buschwald an Steilhängen usw., waren, die letzter Rückzugsraum für lichtliebende Pflanzenarten inmitten des Waldlandes waren. Die Waldrodungen vom Zeitpunkt der Seßhaftwerdung der Jäger und Sammler vor etwa fünf Jahrtausenden bis ungefähr 1700 hat der Küchenschelle und anderen Pflanzen neue Chancen der Ausbreitung gegeben. Gebiete, die ihre Lebensraumansprüche erfüllen konnten, wurden wiederbesiedelt – natürlich nicht in kürzester Zeit, aber doch im Verlauf der Jahrhunderte. So ist die Küchenschelle in Mitteleuropa zu einer Charakterpflanze trockener Kalkmagerrasen und oft auch beweideter Heideflächen geworden und in Süddeutschland weit verbreitet. Daß sie heute wieder zu den extrem gefährdeten Pflanzen gehört, liegt daran, daß die für sie optimalen Standorte wirtschaftlich uninteressant geworden sind und einer Veränderung, nämlich der Verwachsung, unterliegen, die der Pflanze keinerlei Überlebensmöglichkeit erlaubt. Auf Schafweiden, entlang von Waldrändern und an Böschungen, wo noch bis etwa 1970 mit der Sichel das Gras für die »Kuh des kleinen Mannes«, also für die Ziege, gemäht worden ist, kann die Küchenschelle nur überleben, wenn das Gras kurzgehalten wird.

Mehr und mehr aber kommt es, wo geeignete Standorte nicht gar aufgeforstet worden sind, mangels Nutzung zu höherwachsendem und schließlich verfilzendem Graswuchs. Wenn dann schließlich auch noch Sträucher wie Heckenrose, Schwarzdorn oder Hartriegel aufkommen, schlägt der Küchenschelle die letzte Stunde. Denn nach einigen Jahren, in denen sie im Halbschatten noch überdauert, aber keine Blüten mehr ausbildet, bleibt sie schließlich endgültig aus. Zahlreich sind die weiteren Ursachen für den Rückgang: höher werdendes Gras infolge Nachlassens der Beweidung oder des Stickstoffeintrags durch die Luft, Beschattung durch aufkommendes Gebüsch, Eintrag von Dünger von benachbarten Feldern usw. So bleibt der schönen Pflanze nichts anderes übrig, als sich wieder in Nischen zurückzuziehen, wo sie sozusagen auf »bessere Zeiten« wartet, um sich dann erneut ausbreiten zu können.

Pußtabereiche in Niederösterreich und Ungarn werden durch intensive Landwirtschaft immer mehr eingeengt.

Die natürliche Entstehung von Trockengebieten

Trockengebiete, wie Naturkundler Dünen, Felsen, Trockenrasen, Heiden, Schafweiden und andere Gebiete oder Standorte, in denen nicht vorrangig auf Feuchtigkeit angewiesene Tiere und Pflanzen leben, bezeichnen, sind in Mitteleuropa in aller Regel kleine, in das Mosaik der Kulturlandschaft eingestreute Inseln. Man trifft sie selten als zusammenhängende Großlandschaften an. Meist handelt es sich bei Trockengebieten nicht um erstrangiges Wirtschaftsland, sondern um Gelände, das von Beginn seiner Nutzung an als »zweitklassig« angesehen worden ist. Es ist hilfreich, die naturkundlichen und die kulturgeschichtlichen Entstehungsfaktoren dieser Trockenbiotop-Inseln einmal näher zu beleuchten.

Geologische und geomorphologische Faktoren

Im Laufe von Jahrmillionen wurden die Landschaften Mitteleuropas sowohl durch tektonische Kräfte (Verbiegungen, Verwerfungen) als auch durch die ständige Arbeit der Elemente Wind und vor allem Wasser geformt. Die Alpen wurden fast 5000 Meter über den Meeresspiegel emporgehoben, die Gesteine vielfach gequetscht und verbogen und schließlich durch die Erosions- und Abtragungsarbeit zahlloser Rinnsale, Bäche und Flüsse zum heutigen Gebirge gestaltet. Was abgetragen wurde, liegt als Schotter in den während der Alpenauffaltung abgesunkenen »Randsenken« in Oberschwaben und in der Poebene. Der Bodensee ist der letzte Rest des sich verfüllenden Trogs nördlich der Alpen. Feineres Material wurde und wird durch die großen Flüsse Rhein, Donau, Rhône usw. dem Meer zugeführt, wo es in riesigen Flußdeltas neues Land entstehen läßt. Die Mittelgebirge Deutschlands, zum Beispiel der Harz, sind zum Teil wesentlich älter als die Alpen und infolgedessen bereits weitaus stärker abgetragen, was sich heute in weniger schroffen Landschaftsformen ausdrückt.

Bei der Abtragung, die Tag für Tag und überall an der Einebnung jeder Erhebung arbeitet, wird – von vulkanischen und tektonischen Erscheinungen abgesehen – nur die oberste dünne Haut des Globus angegriffen. Verwitterungszone nennt man diese dünne Schicht, in die das Wasser eindringt, im Winter gefriert und auf diese Weise feinste Spalten zu Klüften aufweitet oder an der die chemische Verwitterung ansetzt. In der Regel ist die Zone der Verwitterung und der Bodenbildung nur einige

Selbst kleinste, nährstoffarme und äußerst trockene Gesteinsnischen werden von einer speziell angepaßten Vegetation erobert.

Meter dick, es gibt jedoch genügend Beispiele – vor allem in Trockengebieten –, wo der jungfräuliche Gesteinsuntergrund nur wenige Dezimeter oder im Extremfall nur wenige Zentimeter unter der Oberfläche ansteht. So kann man beispielsweise auf der aus Weißjura bestehenden Hochfläche der Schwäbischen Alb mit dem Spaten kaum ein Loch für einen Pfosten oder eine Baumpflanzung ausheben. Gesteinsbrocken und Fels liegen schon in Spatentiefe. Und pflügt der Bauer auf den Feldern, dann klappert es wie in einer Mühle, die Pflugschar stumpft schnell ab, und nach einem Regenguß liegen Unmengen freigespülter Steinbrocken auf dem Feld. Die heutigen Maschinen sind eher für diese Arbeit geeignet. Früher, als mit Kühen ein Holzpflug gezogen wurde, sammelten die Bauern alle Steine auf und häuften sie an den Feldrändern zu langen sogenannten Steinriegeln oder Steinrasseln auf.

Die Gesteine unseres Untergrundes haben ganz verschiedene Eigenschaften, es gibt harte, splittrige und weiche, tonige, mergelige, kalkhaltige oder aber quarzitisch-sandige, wasserdurchlässige und -undurchlässige, widerstandsfähige und gegen Frost oder fließendes Wasser empfindliche Gesteine. Jeder

Auch in Sandgrubenbereichen werden mitunter durch die Tätigkeit des Menschen künstliche Trockenstandorte geschaffen...

kann derartige Beobachtungen auf einer Wanderung machen; es lohnt sich, darauf zu achten. Denn gerade die unterschiedliche Reaktion des Gesteins auf Abtragung und das Verhalten des fließenden Wassers machen den Reiz einer Gegend aus! So gibt es in Landschaften auf Kalkgestein Trockentäler, in denen das Wasser heute in den Untergrund versickert und die Täler auf eiszeitliche Schmelzwasserströme schließen lassen; in Ton- und Mergelschichten überwiegen breit ausgemuldete Täler, in Sandsteingegenden schließlich schroffe, enge Täler mit steilen Flanken. Der Gesteinsuntergrund prägt also maßgeblich die Geomorphologie, d.h. die Oberflächenformen der Landschaft. In Mitteleuropa überwiegt die Abtragung durch fließendes Wasser. Frost- und Windeinflüsse sind aber daneben nicht zu unterschätzen. Aus diesem Grund ist die Abtragung an Hängen und in der Nähe von Fließgewässern in der Regel stärker als in gewässerabgelegenen Ebenen oder gar in Talauen, wo die Ablagerung von weiter oberhalb abgetragenen Gesteinspartikeln die Abtragung übertrifft.

Es wäre nun etwas zu einfach anzunehmen, Feuchtgebiete seien in den Tallagen anzutreffen, Trockengebiete hingegen auf den Höhen. Ganz abwegig ist die Einteilung dennoch nicht, denn dort, wo die Abtragung am größten ist, also an Hängen und auf Bergkuppen, sind die Verwitterungshorizonte geringmächtig, und das Gestein des Untergrunds kann unmittelbar Einfluß nehmen auf die Vegetation. Dort, wo wasserdurchlässige, schlecht von Wurzeln erschließbare Gesteine dicht unter der dünnen Bodenkrume liegen, ist die Neigung zur Ausbildung von Trockengebieten groß. Aber auch in Tallagen gibt es Trockenbiotope. Man denke nur an trockengefallene Kiesinseln oder Sandbänke in noch naturnahen Bach- und Flußläufen bei Trockenperioden.

Böden und Grundwasser

Böden als das Verwitterungsprodukt von Gesteinen sind die Unterlage und Ernährungsbasis für die Pflanzen. Nährstoffreiche Böden vermögen eine wüchsigere Pflanzendecke zu versorgen als arme Böden; beeinflußt wird der Mineralgehalt der Böden vom Ausgangsgestein. Daneben kommt es maßgeblich auf die Durchfeuchtung an: Böden, die keine Verbindung zum Grundwasser haben und Regenwasser schnell in den Untergrund abgeben, zum Beispiel in verkarsteten Kalkgegenden (Schwäbische Alb), sowie Böden, die durch den Wind leicht ausgetrocknet werden oder nach winterlichem Frost und nachfolgender Lockerung schnell so fest werden, daß sie kaum zu

Die natürliche Entstehung von Trockengebieten

... die dann etwa in Niederösterreich, Ungarn und ganz selten auch in Süddeutschland vom exotisch anmutenden Bienenfresser besiedelt werden.

bearbeiten sind, zum Beispiel in den stark tonhaltigen Böden des Gipskeupers, taugen nicht für den Acker- oder Gartenbau; sie sind schwachwüchsigem Wald oder anderweitiger karger Vegetation vorbehalten. In den von nacheiszeitlichen Lößüberwehungen geprägten Gegenden beiderseits des Neckartales nördlich von Stuttgart haben unsere Vorfahren nur dort den Wald gerodet, wo der Löß in ausreichender Stärke liegt und Ackerbau lukrativ machte. Wo auf windexponierten Kuppen der Löß nicht abgelagert oder bereits abgespült worden ist, ließen sie den Wald stehen. Das Mosaik aus Feldern und Wäldern spiegelt bis heute die Unterschiede in den Bodenqualitäten wieder.

Besonders gut sind die Abhängigkeiten zwischen Boden, Wasserhaushalt und Vegetation in Gebieten mit hohem Grundwasserstand, zum Beispiel in den Talauen größerer Flüsse, zu sehen: Kies und Sandgruben zeigen, daß der Grundwasserspiegel nur wenige Dezimeter unter der Erdoberfläche ansteht, und dennoch wächst in der Umgebung nur schüttere Vegetation. Da die Niederschläge durch Kies und Sand sofort in den Untergrund abfließen, ist es Pflanzen mit geringer Wurzeltiefe kaum möglich, diese Standorte zu besiedeln.

Klimatische Bedingungen

Niederschläge sind bekanntlich von Gebiet zu Gebiet höchst unterschiedlich. Großräumig gesehen gibt es niederschlagsreiche und -arme Gebiete. Meist ist hierfür die Stellung zu den Bergländern ausschlaggebend: Niederschläge fallen dort reichlich, wo sich Wolken an Gebirgen, Mittelgebirgen oder selbst an bescheideneren Höhenzügen stauen; bei uns in Mitteleuropa ist dies fast ausschließlich deren Westseite. In der windabgelegenen Zone hingegen werden deutlich weniger Niederschläge gemessen. Kleinräumig macht sich vor allem die Himmelsrichtung bemerkbar: Hänge in Südexposition sind in aller Regel trockener als Hänge gegen Norden oder Westen. Das Vegetationsmosaik ist unmittelbar von der zur Verfügung stehenden Wassermenge abhängig, wobei auch noch die jahreszeitliche Verfügbarkeit eine Rolle spielt.

Selbstverständlich haben auch die Temperatur, sowohl deren Minima und Maxima als auch der Umstand, ob der Temperaturverlauf ausgeglichen ist oder häufig wechselt, Einfluß auf die Vegetation. Dauer und Höhe der Schneelage sowie die Dauer von Trockenperioden sind weitere Faktoren.

Zusammenspiel der Faktoren

In den Landschaften Mitteleuropas ist keiner der oben genannten Faktoren für sich allein wirksam; alle Faktoren überlagern sich in ihren Wirkungen. So ist eine Gegend in ihrer Oberflächengestalt, ihr Pflanzenkleid und in Folge auch die Tierwelt in erster Linie ein Ergebnis naturgegebener Wirkfaktoren. Direkt davon hängt auch die Nutzbarkeit der Landschaft durch den Menschen ab, die kulturlandschaftliche Überprägung bestimmt fernerhin das Aussehen der Landschaft. Naturkundlich geschulte und offenen Auges durch die Natur gehende Leute können an der Vegetation einschätzen, welche Faktoren den Untergrund bestimmen; das Pflanzenkleid hat Indikatorfunktion für Geologie, Wasserhaushalt und Klima: Kalkliebende und -fliehende Pflanzen, tief- oder flachwurzelnde, Trockenheit ertragende oder auf ständige Durchfeuchtung angewiesene Pflanzen bilden ein Mosaik nach mehr oder weniger strengen Regeln. Die Mosaikbausteine werden von Wissenschaftlern als Pflanzengesellschaften beschrieben. Diese gibt es in mehr oder weniger reinen Ausprägungen und in Übergangsformen; alle sind jedoch von den Gesetzmäßigkeiten der Wirkfaktoren abhängig.

Die pflanzengeographische Situation der Trockenstandorte und ihr Anteil an der Biodiversität

Biodiversität umfaßt die gesamte Formenmannigfaltigkeit des Lebens in der Biosphäre. Sie schließt sowohl die innerartliche genetische Variabilität und die Artenvielfalt von Pflanzen und Tieren ein als auch die Vielfalt ihrer Lebensformen und Verhaltensmuster. Auch die Vielfalt der Arealtypen ist Ausdruck biologischer Diversität. Die geographische Verbreitung der Pflanzen spiegelt in besonderer Weise ihr ökologisches Verhalten wider. Biologische Vielfalt schließt auch die Mannigfaltigkeit der Ökosysteme und ökologischen Prozesse wie Sukzession, Degradation und Regeneration mit ein.

Trockenstandorte repräsentieren einen ganz wesentlichen Teil der biologischen Diversität Mitteleuropas, sowohl in bezug auf reine Formenmannigfaltigkeit als auch in bezug auf Prozesse. Trocken- und Halbtrockenrasen etwa gehören zu den artenreichsten Pflanzengesellschaften Mitteleuropas. Sie bieten mehreren hundert Gefäßpflanzenarten Lebensraum, enthalten zahlreiche Moose und auch einige Flechten. Sie sind Lebensraum von über eintausend Tierarten. Insbesondere Insekten finden hier aufgrund des Blütenreichtums geeignete Lebensbedingungen. Besonders artenreich sind Käfer, Schmetterlinge und deren Raupen, Fliegen, Bienen, Grabwespen, Heuschrecken und Ameisen vertreten.

Trockenstandorte sind wie ein Schmelztiegel unterschiedlicher pflanzengeographischer Elemente. Federgras, Küchenschelle und Adonisröschen sind kontinentale Pflanzen osteuropäisch-südsibirischer Steppen. Sie dringen nur mit isolierten Vorkommen an trocken-warmen Sonderstandorten bis in das mitteleuropäische Waldland vor. Solche Bereiche sind z. B. das untere Odertal, das Böhmische Mittelgebirge, das Mitteldeutsche Trockengebiet, das Grabfeld sowie das Tauberland im Norden Baden-Württembergs und die angrenzenden Gebiete im bayerischen Teil Frankens. Pflanzen der osteuropäischen Waldsteppenzone sind eine ganz wesentliche Komponente der Pflanzenwelt an Trockenstandorten. Knäuel-Glockenblume und Berghaarstrang, Diptam und Hirschwurz, Geflecktes Ferkelkraut, Kreuz-Enzian und Blut-Storchschnabel sind typische Arten trockener Waldränder und Waldauflichtungen.

Strandroggen, Tatarenlattich und Salzkraut haben ihre Hauptverbreitung in den Wüstensteppen und Halbwüsten Mittel- und Zentralasiens und kommen heute auch an den Meeresküsten Europas vor, wo kleinräumig ähnlich extreme, von Trockenheit und Salzeinfluß geprägte Standortbedingungen herrschen. Sie wachsen in unmittelbarer Nachbarschaft mit ozeanischen Sandpflanzen wie Silbergras, Bauernsenf und Vogelfuß, deren Verbreitung das westliche Europa und den Ostseeraum umfaßt.

Der größte Teil mitteleuropäischer Trockenrasenpflanzen hat seine Hauptverbreitung im Mittelmeergebiet und in der submediterranen Eichenwaldzone in den Bergländern Südeuropas. Flaumeiche, Kornelkirsche und Wolliger Schneeball, Berg-Gamander und Purpur-Steinsame, Hufeisenklee und Kronwicke sind Beispiele submediterran-südmitteleuropäischer Pflanzen xerothermer Waldgrenzstandorte.

Blaugras, Scheiden-Kronwicke, Felsenbirne und Berg-Distel gehören einem Arealtyp an, dessen Hauptverbreitung in den Alpen liegt, oft mit verwandten Sippen in den Karpaten und balkanischen Gebirgen. Im südlichen Mitteleuropa steigen sie an geeigneten Waldgrenzstandorten aber weit in das Hügelland hinab und treffen dort mit Steppenpflanzen und Pflanzen submediterraner Buschwälder und Felsfluren zusammen.

Trockenstandorte sind Schmelztiegel unterschiedlicher pflanzengeographischer Elemente. So entstammt die Küchenschelle ursprünglich den osteuropäisch/südsibirischen Steppenlandschaften.

Vorposten eurasischer Steppen: die Steppenheide

Die Vegetation an trockenwarmen Waldgrenzstandorten mitteleuropäischer Kalkhügelländer findet seit den Anfängen geobotanischer Forschung das besondere Interesse der Botaniker. Rudolf Gradmann hat in seinem 1898 erstmals erschienenen Werk *Das Pflanzenleben der Schwäbischen Alb* den Begriff »Steppenheide« geprägt. Er wurde, wie kaum ein anderer Begriff, zum Gegenstand jahrzehntelangen Meinungsstreits zwischen abstrakter pflanzensoziologischer Systematik und vergleichend pflanzengeographischer Betrachtungsweise. Als Steppenheide bezeichnete Gradmann trockenheitsertragende, gehölzarme Pflanzengemeinschaften an waldfeindlichen Extremstandorten der Schwäbischen Alb. Angrenzende Buschwälder, die den Kontakt zur zonalen Waldvegetation herstellen, nannte er »Steppenheidewald«.

Steppenheide und Steppenheidewald werden von Gradmann als Relikt einer waldsteppenähnlichen Vegetation angesehen, die seit dem Spätglazial nach Mitteleuropa einwanderte, im Verlauf der postglazialen Klima- und Vegetationsgeschichte auf trockenwarme Landschaften eingeschränkt und schließlich auf extreme Kalkfelsen verdrängt wurde.

»Die echte, urwüchsige Steppenheide ist kein Wald und ist keine Wiese, auch kein 'Trockenrasen'; sie paßt überhaupt nicht in das übliche Schema und beweist damit dessen Unvollkommenheit. Sie besteht immer aus einem bunten Gemisch von Hochstauden, niederen Kräutern, Halmgewächsen, Moosen und Flechten mit spärlich eingestreuten Sträuchern und oft auch einzelnen krüppelwüchsigen Bäumen, wobei der Pflanzenwuchs den Boden niemals vollständig bedeckt. Da und dort schaut das nackte Erdreich oder das Felsgestein hervor; niemals kommt es zu einem geschlossenen Rasen.« So charakterisiert Gradmann die »echte Steppenheide« der Schwäbischen Alb als eine der ausgeprägtesten und urwüchsigen Grundeinheiten der Albvegetation. Seine Schilderung gehört heute zu den klassischen Vegetationsbeschreibungen aus der Frühzeit vegetationskundlicher Forschung.

So heißt es: »Die Holzgewächse, auch unsere Waldbäume, treten meist nur in Buschform auf und immer in größeren Abständen. Wo sie sich eng zusammenschließen, hört die Steppenheide auf und fängt der Wald an. Am stärksten beteiligt sich Eiche, Linde, Haselstrauch, Mehlbeere; aber auch die Buche fehlt nur selten. Aber die Baumgestalten sind häufig abgestanden, wipfeldürr; verwitterte und ausgebleichte Äste ragen in die Luft hinaus. Der Wuchs ist untersetzt, knorrig unregelmäßig, der Stamm kurz und dick, bis zum Boden herab beastet; einzelne Äste kriechen selbst auf dem Boden oder dem Felsgestein hin…«

Eine typische Steppenheide mit Steppenheidenwaldsaum.

Der Begriff Steppenheide hat sich als Formationsbezeichnung trotz zahlreicher Kritiken eingebürgert und wird von Botanikern auch in neueren Arbeiten noch verwendet.

Die in den Grundzügen schon von Gradmann erkannten pflanzengeographischen Komponenten werden von Hermann Meusel in seinem Buch über die *Vegetationsverhältnisse der Gipsberge im Kyffhäuser und im südlichen Harzvorland*, das 1939 erschien und inzwischen ebenfalls zu den klassischen Werken deutscher Pflanzengeographie zählt, klar herausgearbeitet. Er charakterisiert die mitteleuropäische Steppenheide zusammenfassend als »verarmte Ausbildungsform der eurosibirischen Hügelsteppe, die umrankt wird von den Vorposten der submediterranen und dealpinen Zwergstrauch- und Grasheideformation«. Spätere Forscher zergliedern den Komplex der Steppenheide in seine strukturellen Komponenten, unterscheiden Buschwald aus gedrungen-wüchsigen Bäumen, Waldmantel aus Sträuchern, xerothermen Saum aus hochwüchsigen Stauden und Trockenrasen bzw. Felsfluren aus Gräsern, Zwergsträuchern und Krautpflanzen.

Die pflanzengeographische Stellung natürlicher Steppenheide läßt sich folgendermaßen charakterisieren: In der zonalen Vegetation der Kalkhügelländer (z. B. Schwäbische Alb, Fränkische Alb, Schweizer Jura, Mainfranken, Thüringen, Süd-Niedersachsen) Mitteleuropas vollzieht sich der großräumige Übergang von ozeanischen Buchenwäldern zu mehr kontinentalen Eichen-Hainbuchen-Lindenwäldern. West- bis mitteleuropäisch verbreitete Buchenwaldpflanzen erreichen hier ihre Kontinentalitätsgrenze, osteuropäische Laubmischwaldpflanzen klingen hier westwärts aus. Die natürliche Waldgesellschaft an Kalkstein-Steilhängen dieser Landschaften ist der Orchideen-Buchenwald.

Diese zonale Waldvegetation lichtet sich an reliefbedingten Extremstandorten mit trockenwarmem Kleinklima zu dem von Gradmann und Meusel trefflich beschriebenen Steppenheidekomplex auf. Buschwald, Staudensaum und Felsrasen bilden ein eng ineinander verwobenes Vegetationsmosaik an Waldgrenzstandorten auf Kalkgestein. An solchen Grenzstandorten können sich in der mitteleuropäischen Laubwaldzone lichtliebende Arten behaupten, deren Hauptverbreitung in der submediterranen Flaumeichenwaldzone oder in den osteuropäisch-südsibirischen Waldsteppen- und Steppenzonen liegt. Die Arten erstgenannter Gruppe zeigen innerhalb mitteleuropäischer Kalkhügelländer ein Süd-Nordgefälle der Verbreitung, die der zweiten erreichen hier die Ozeanitätsgrenzen ihrer Verbreitung.

Die Durchmischung dieser unterschiedlichen pflanzengeographischen Komponenten und die strukturelle Differenzierung in Buschwald, Saum und Rasen ist eine spezifische Erscheinung edaphisch-kleinklimatisch bedingter Waldgrenzstandorte innerhalb des mitteleuropäischen Waldlandes. Eine Analyse der charakteristischen Arten xerothermer Säume zeigt, daß es sich fast ausschließlich um Arten mit subozeanischer oder subkontinentaler Ozeanitätsamplitude ihrer Gesamtverbreitung handelt, z.B. Diptam, Blut-Storchschnabel, Schwalbenwurz, Origanum, Hirschwurz, Berg-Haarstrang, Bergaster, Schwarzwurzel, Graslilie, Duftender Salomonsiegel und viele andere. Unter stärker kontinentalen Klimabedingungen Osteuropas gedeihen diese Arten unter dem Schirm von Bäumen in der Waldsteppe; Staudensäume können sich aufgrund angespannten Wasserhaushaltes nicht ausbilden. Steppenwald geht unmittelbar in Trockenrasen über. Unter den subozeanischen Klimabedingungen Mitteleuropas hingegen formieren sich diese Arten zu Staudensäumen, die standörtlich, floristisch und entwicklungsgeschichtlich eng mit den angrenzenden Buschwäldern und Felsrasen verbunden sind.

Natur und Kultur geben sich die Hand

Halbtrockenrasen (und ähnliche Biotoptypen) als Ergebnis jahrzehnte- bzw. jahrhundertelanger Nutzung

Es gibt Beispiele, wo eifrige, allzu eifrige Naturschützer auf brachgefallenem Ackerland einen blumenbunten Trockenrasen »anlegen« wollten. Sie holten Samen von Kräutern und Gräsern bestehender Trockenrasen, säten sie aus, mähten die aufkommenden Bestände eifrig und waren dann nach einigen Jahren doch enttäuscht, daß etwas ganz anderes entstand als das, was sie sich vorgestellt hatten. Woran liegt das?

Die Voraussetzungen für einen Trockenbiotop haben in diesem Fall einfach nicht gestimmt. Übertrieben ausgedrückt, kann man ein Trockenbiotop nicht in einer Talaue »anlegen«, ebensowenig macht es Sinn, kalkliebende Pflanzen auf quarzitischen Untergrund (Sand) zu verpflanzen. Viele Pflanzen haben sehr hohe Ansprüche an ihren Untergrund: Kalkgehalt, pH-Wert, Durchfeuchtung, Tiefe des durchwurzelbaren Bodens und andere Voraussetzungen müssen stimmen, wenn die Pflanze gedeihen soll. In Trocken- wie in Feuchtgebieten überwiegen die Spezialisten mit besonderen Ansprüchen, »Allerweltspflanzen« sind im großen und ganzen auf stark nährstoffhaltige und somit auch gedüngte oder auf andere Weise vom Menschen stark beeinflußte Standorte beschränkt.

Doch zurück zum Beispiel des »künstlichen Trockenrasens«. Solche Versuche müssen scheitern, wenn der Nährstoffgehalt des Bodens zu hoch ist – was bei jahrelanger Ackernutzung zu erwarten ist –, ebenso, wenn noch Samen konkurrenzstärkerer Pflanzen im Boden sind, wenn die Besonnung nicht stimmt oder wenn andere Voraussetzungen fehlen. Im Gegensatz zu Feuchtgebieten, wo der Möglichkeit des »Artenschutz-Managements« weniger Grenzen gesetzt sind, können Trockenrasen weder »verpflanzt« noch auf andere Weise als durch jahrzehntelange Nutzung als Weide mit der entsprechenden Selektion der Pflanzen durch Schafmaul und -klaue oder regelmäßiger Mahd neu begründet werden.

Nahezu alle Trockenrasen sind das Ergebnis eines viele Jahrzehnte dauernden Prozesses. Im Normalfall stand am Anfang Wald. Dieser wurde gerodet, in der Regel, um Ackerland aus solchen Flächen zu machen. Vielleicht ging dies auch einige Jahre gut, bis sich dann herausstellte, daß sich wegen karger Bodenverhältnisse, wegen Trockenheit und vor allem wegen

Nährstoffmangel Ackerbau nicht rentierte. So kam es zur Feld-Gras-Wirtschaft, einer Wirtschaftsform, die in Mitteleuropa seit dem Seßhaftwerden der Menschen bis ins 19. Jahrhundert hinein, ja teilweise bis in die ersten Jahrzehnte des 20. Jahrhunderts betrieben wurde: Ackerbau wurde solange ausgeübt, wie es einigermaßen ging, dann überließ man die Fläche einige Jahre dem Weidevieh, bis sich durch den Kot der Tiere und die Bodenruhe wieder soviel Nährstoffe im Boden angereichert hatten, daß etliche Jahre Ackerbau lohnend erschienen. Weite Teile Mitteleuropas – außer den besonders fruchtbaren Landstrichen – dürften so genutzt worden sein. Ja, man ging sogar noch weiter und bezog den Wald mit ein. Von manchen Mittelgebirgen, zum Beispiel vom Harz, vom Spessart und von der Schwäbischen Alb, ist überliefert, daß auf einige Jahre Ackerbau und Wiese ein Menschenalter Buschwald folgte, bis wieder erneut Ackerbau an die Reihe kam.

Aus dieser relativ einfachen Wirtschaftsweise ohne jegliche künstliche Zugabe von Dünger entwickelte sich die Dreifelderwirtschaft, die in ganz Mitteleuropa über Jahrhunderte hinweg gebräuchliche Wirtschaftsform. Sommerfrucht, Winterfrucht und Brache wechselten sich im Dreijahresrhythmus ab, im 18. und 19. Jahrhundert kam langsam die »angeblühmte Brache«, d. h. die Klee-Einsaat, auf. Neben dem Zweck, daß sich die Böden in jedem dritten Jahr erholen konnten, waren auch andere Gründe für die Dreifelderwirtschaft ausschlaggebend: Das fehlende Feldwegenetz machte zum Beispiel eine großflächige Anbauweise mit zeitgleicher Aussaat und zeitgleicher Ernte erforderlich, da die Bauern sonst gezwungen gewesen wären, sich je nach Aussaat- bzw. Erntezeitpunkt gegenseitig durch die Äcker zu laufen und zu fahren. Aber auch während der Dreifelderwirtschaft war Dünger Mangelware, und außer Zugviehmist und dem begehrten Schafdung gab es keine Möglichkeit der Nährstoffzugabe.

Zuviel des Guten

Erst mit dem Aufkommen mineralischer Dünger – im 19. Jahrhundert war dies zum Beispiel Gips – konnten andere Wirtschaftsformen in der Landbewirtschaftung Einzug halten. Jahrzehntelang waren Gips, Kali, hin und wieder auch phosphathaltiges Gesteinsmehl, die einzige Möglichkeit, die Bodenfruchtbarkeit »künstlich« zu beeinflussen. Ab etwa 1950 kam schließlich der »Kunstdünger« auf, d. h. Mischungen teils mineralischer Bestandteile, teils industriell erzeugter Zusatzstoffe samt Stickstoff.

Bis heute, wo der speziell auf jede Bodenart abgestimmte Mineraldünger im Sack oder offen auf dem Traktor-Anhänger auf die Äcker gefahren wird, hat sich die Feldflur wesentlich geändert. Jeder Quadratmeter Acker wird bewirtschaftet, Hecken, Böschungen, Einzelbäume am Feldrand mußten den Traktoren wei-

Nur noch selten sieht man solche reichgegliederten Landschaften mit einem Mosaik aus Trockenrasen und Magerweiden. Sie sind meistens Ergebnis eines langandauernden Prozesses, bei dem am Anfang Wald stand, der gerodet wurde. Später wurden die Flächen beweidet.

Oben: Mit der Anlage von Steinriegeln, Trockenmauern und anderen Elementen wurde der Lebensraum von Zauneidechse und anderer Trockenstandortbewohner ausgedehnt.
Links: Die alten Steinriegel, die sich insbesondere in früheren Weinbaulagen finden, sind nicht nur ein Zeugnis des Fleißes früherer Generationen, sondern von Menschenhand geschaffene Wärmespeicher und damit interessante Trockenstandorte.

chen, kleine Feldstreifen wurden zu rechteckigen Ackerschlägen zusammengelegt. Diejenigen Pflanzen, die den Dünger, vor allem den Stickstoff, nicht ertrugen, starben aus, was dennoch überlebte, wurde als »Feind« von Getreide, Mais oder Rübe mit Selektiv-Herbiziden – im Volksmund Gift genannt – totgespritzt. Die heutigen Maschinen, die Mitte des 20. Jahrhunderts die Kuhgespanne ablösten, haben ihr übriges beigetragen: Aus Flächen, auf denen Gestein, Boden, Feuchtigkeitsverhältnisse und Lokalklima das Wachstum bestimmten, sind Einheitsflächen geworden, auf denen – egal, ob Sand- oder Kalkboden, trocken oder feucht – je nach Belieben Mais, Rüben oder Getreide mit jeweils maximalem Ertrag erwirtschaftet werden kann. Und nachdem man auch bei schlechtestem Wetter mit dem PS-starken Traktor auf den Acker fahren kann, ist die Zeit da, wo sich der Landwirt von der Natur weitgehend unabhängig gemacht zu haben scheint!

Abhängigkeit der Nutzungsformen von den naturgegebenen Voraussetzungen

Die Nutzbarkeit eines Landschaftsausschnittes hängt unmittelbar von den natürlichen Wirkfaktoren ab: Weinbau ist nur bei einer Jahresdurchschnittstemperatur über 8 °C möglich, Ackerbau bzw. Grünlandwirtschaft richten sich ebenfalls nach den klimatischen Bedingungen – vor allem im Hinblick auf die Reifezeit des Getreides. Die Auswirkungen des Gesteinsuntergrundes sind nicht so augenscheinlich. Beste Beispiele für derartige Abhängigkeiten sind vielleicht der Tabak- und der Spargelanbau. Hierfür sind leichte Böden, am besten sandiger Löß, Voraussetzung; das Klima allerdings spielt ebenfalls eine entscheidende Rolle. Wo zu den Faktoren Gesteinsuntergrund und Boden der Faktor Trockenheit hinzukommt, werden der Nutzbarkeit einer Landschaft erst recht enge Grenzen gesetzt. Die Böden können noch so hohen Mineral- bzw. Nährstoffgehalt haben und noch so tief durchwurzelbar sein, ist keine ausreichende Wasserversorgung vorhanden, wird landwirtschaftliche Nutzung erschwert, von Bewässerung abhängig, oder aber ganz unmöglich.

Unsere Vorfahren haben den Wald gerodet, um ackerbaulich nutzbare Flächen zu gewinnen. Sie haben bei dieser Erschließungsarbeit streng auf die Nutzbarkeit geachtet und Standorte, denen ihre Pflüge infolge mangelnder Bodenqualität nicht gewachsen oder die zu steil waren, dem Wald belassen. Nicht nur, weil sich die Ansprüche im Lauf der Zeit steigerten, sondern auch deshalb, weil die Erschließung örtlich zu weit getrieben wurde, sind Trockengebiete gerodet worden, die heute unter wirtschaftlichen Gesichtspunkten nicht mehr nutzbar sind. Neben der Rodung ist jedoch auch die bis in die Mitte des 19. Jahrhunderts allerorten übliche Übernutzung der Wälder als Viehweide zu bedenken. Oft war der Viehtrieb und der Weidedruck so stark, daß keinerlei Jungwuchs hochkommen konnte und der Wald nach Absterben der stehenden Baumgeneration zur offenen Viehweide wurde. Man darf ohne weiteres davon ausgehen, daß weite Teile unserer Mittelgebirge während des Mittelalters weitgehend entblößt und als Viehweide genutzt waren. Waldbezeichnungen wie »Abendweide«, »Schweinkopf«, »Molkereikopf« im Nordschwarzwald stammen aus dieser Zeit. Landeskundler gehen davon aus, daß der heute zu über 90 Prozent bewaldete Höhenzug des Schwarzwaldes im Mittelalter in den Hochlagen weitgehend entblößt war und weniger als 30 Prozent Waldbedeckung aufwies. Schafe, vor allem aber Rinder, wurden den ganzen Sommer über wie auf einer Alm auf den Höhen gehalten. Nach Jahrzehnten gezielter Aufforstung und planmäßiger Forstwirtschaft sind heute nur noch die Kammlagen, zum Beispiel Feldberg, Belchen, Schliffkopf und Hornisgrinde, nicht wieder vom Wald eingenommen.

In anderen Mittelgebirgen verlief die Entwicklung ähnlich. Dort, wo die Beweidung mit Großvieh oder mit Schafen bis in die jüngste Zeit funktioniert hat oder gar bis heute beibehalten wurde, ist die Verbreitung von Heiden, Wacholderheiden, Halbtrockenrasen und ähnlichen Formen am größten. Abhängig war die Dauer der Beweidung weniger von natürlichen Voraussetzungen, als vielmehr von den Verdienstmöglichkeiten in der Umgebung. Wer in der aufkommenden Industrie in der Rheinebene einen Arbeitsplatz fand, verließ gerne seinen Platz als Viehhüter auf den unwirtlichen Höhen des Schwarzwaldes!

Intensive und extensive Nutzung

Begriffe wie »intensive Bewirtschaftung« oder »Extensivnutzung« gehen vielen Leuten leicht über die Lippen, werden aber oft unterschiedlich verwendet. Unter »intensiver Nutzung« versteht man gemeinhin eine landwirtschaftliche Nutzung unter Einsatz von Dünger und technisch aufwendigen Betriebsmitteln, bei »extensiver Nutzung« steht die Nutzung der vorgefundenen naturgegebenen Voraussetzungen im Vordergrund. Unter diesen Aspekten ist nahezu jeglicher Ackerbau der intensiven Nutzung, jegliche Beweidung der extensiven Nutzung zuzurechnen. Auch eine Schafbeweidung, bei der Schafe mangels ausreichender Fläche sonst verschmähte Pflanzen anknabbern oder ganz fressen und bei der die Weide hinsichtlich der Wuchshöhe einem Fußballplatz gleicht, gilt als Extensivnutzung. Will man also zum Ausdruck bringen – was für die Erklärung vieler Trockenstandorte notwendig ist –, daß die eine oder andere Tier- oder Pflanzenart ein oftmaliges Beweiden erträgt oder gar zur Bedingung hat, so ist der Ausdruck »intensive Beweidung« nur korrekt, wenn er sich auf die Art und Weise der Nutzung bezieht. Die Beweidung wird von Naturwissenschaftlern dennoch grundsätzlich der »Extensivnutzung« zugerechnet.

Wo gibt es großflächige Trockenbiotope?

Die Hauptverbreitungsgebiete mitteleuropäischer Trockenbiotope liegen in den Steppen Osteuropas und im Mittelmeergebiet. Dort wirkt die geringe Niederschlagssumme waldbegrenzend, hier sind Klimarhythmus mit sommerlicher Dürrezeit und das an schroffen Steilformen reiche Relief Ursache für die große Mannigfaltigkeit von Pflanzen trockenwarmer Standorte.

Osteuropäische Steppenvegetation erstreckt sich bis an den Ostrand der Karpaten und reicht über die Hügelsteppen Siebenbürgens, über die pannonische Pußta und die Trockengebiete der Südslowakei bis Mitteleuropa.

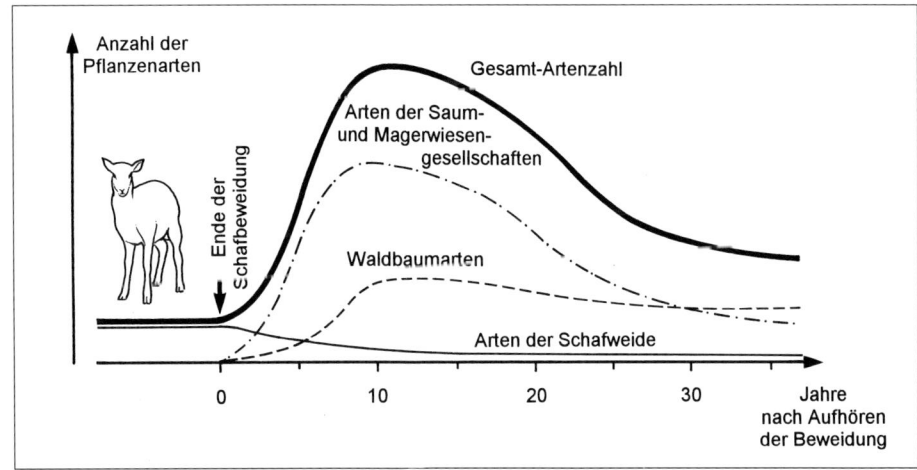

Mit dem Ende der Beweidung ergibt sich für eine Übergangszeit von 10–20 Jahren eine erhöhte Artenzahl im Bereich von Saum- und Magerwiesengesellschaften. Mit Fortschreiten der Verbuschung und der Wiederbewaldung stellt sich dann jedoch ein artenarmer Vegetationskomplex ein.
Die Pflanzenarten der Schafweide gehen schon nach kurzer Zeit zurück.

Die Lüneburger Heide gehört zum Hauptverbreitungsgebiet der Sandmagerrasen und Zwergstrauchheiden. Die Aufnahme zeigt ein vom Naturschutz frisch abgeplaggtes Gebiet. Damit wird die seit der Eisenzeit ausgeübte Nutzungsform nachempfunden, um die typische Pflanzenwelt zu erhalten.

Entsprechend der unterschiedlichen Gesamtverbreitung verhalten sich Pflanzen trockenwarmer Standorte auch in Mitteleuropa unterschiedlich. Sie zeigen spezifische Verbreitungsmuster und Standortamplituden. Regionale Verbreitungsschwerpunkte osteuropäischer Steppen- und Waldsteppenpflanzen sind die niederschlagsarmen Trockengebiete der östlichen Mark Brandenburg einschließlich der Uckermark und unteren Oder mit verarmten Ausstrahlungen bis Südost-Rügen sowie das Mitteldeutsche Trockengebiet, das vom Nordharzvorland über das untere Saalegebiet bis in das Thüringer Becken reicht. Besonders reich differenziert sind hier die Trockenrasen der Gipsberge am Südrand des Kyffhäusers.

Im böhmischen Becken, im Trockengebiet des thüringisch-fränkischen Grabfeldes, in Niederösterreich, in Trockentälern der Zentralalpen gibt es ebenfalls Vorkommen kontinentaler Steppenrasen.

Die stärker von submediterranen Buschwaldelementen geprägten Halbtrockenrasen sind auf die Kalksteinlandschaften des Schweizer Jura, des Ostalpenrandes, der Fränkischen und Schwäbischen Alb und der Muschelkalklandschaften in Franken, Hessen und Thüringen konzentriert und erreichen mit der Nordgrenze des Kalkhügellandes gegen das pleistozäne Tiefland die Nordgrenzen ihrer Verbreitung.

Felstrockenrasen auf sauren Gesteinen kommen in Sandsteinhügelländern und an Mittelgebirgsrändern Mittel-, West- und Süddeutschlands vor.

Hauptverbreitungsgebiet von Sandmagerrasen, Zwergstrauchheiden und Dünen sind die ausgedehnten Sandgebiete im Norddeutschen Tiefland von der Niederlausitz bis zur Ostseeküste, von der Lüneburger Heide bis zu den Nordseeinseln.

Künstliche Trockenstandorte sind nahezu über ganz Mitteleuropa verbreitet. Lediglich in den Hochlagen der Mittelgebirge und in den regenreichen ehemaligen Moorlandschaften Nordwestdeutschlands gibt es keine ausgesprochene Trockenvegetation. So sind Pflanzen und mit ihnen die davon abhängigen Tierarten trockenwarmer Standorte ein fester Bestandteil im ursprünglichen mitteleuropäischen Waldland geworden. Ein Teil von ihnen siedelt an natürlichen Waldgrenzstandorten, ein größerer Teil hat sich aber erst im Gefolge anthropogener Waldauflichtung und Waldzerstörung unter dem Einfluß von Ackerbau, Weidewirtschaft und Weinbau ausgebreitet. Reliefverändernde Eingriffe haben in den vergangenen Jahrzehnten eine Vielzahl künstlicher Trockenbiotope entstehen lassen.

Trockenstandorte vor der eigenen Haustür

Die tägliche Erfahrung zeigt uns – von einigen Regionen abgesehen – kein geschlossenes Waldland, und die wenigen von Natur aus waldfreien Standorte liegen zumeist in abgelegenen Naturschutzgebieten. Unsere tägliche Umwelt wird geprägt von Stadt- und Industrielandschaften, von Verkehrswegen und Verkehr. Selbst in mehr ländlichen Gegenden trifft das gezeichnete Bild der einstigen Waldlandschaft nicht mehr zu. Nur in einigen Nationalparken und Naturwaldreservaten im Bayerischen Wald, in der Sächsischen Schweiz oder in Jasmund auf Rügen können wir heute eine Vorstellung davon gewinnen, wie Mitteleuropa ohne jahrtausendelange Tätigkeit des Menschen als Naturlandschaft aussehen würde. Die uns real umgebende Siedlungs-, Industrie- und Agrarlandschaft ist das Ergebnis jahrtausendelanger Auseinandersetzung des Menschen mit der Natur. Sie ist durch wirtschaftliche Nutzung von Naturressourcen durch den Menschen geformt.

Wo gibt es hier Trockenstandorte? Wenn wir mit offenen Augen danach Ausschau halten, begegnen wir ihnen regelrecht auf

Schritt und Tritt, ja fast vor der eigenen Haustür. Zwischen Gehwegplatten und Pflastersteinen sprießen trittfeste Trockenpflanzen: Mastkraut, Liebesgras und Vogelknöterich sind weit verbreitet. Aus den Fugen alter Gemäuer wächst es grün heraus. Mauerraute, Zimbelkraut, Gelber Lerchensporn und Goldlack sind Beispiele typischer Mauerfugenpflanzen, die auch an solch extremen Standorten gedeihen können.

Und selbst aus Betonspalten und Asphaltrissen bricht Grün hervor. Auf Kieshaufen und an frisch geschobenen Böschungen auf Bauplätzen siedeln sich oft vorübergehend Trockenpflanzen an, Klatschmohn in flammendem Rot, Sandschaumkresse als weißer Schleier, Ackersenf mit blassem Gelb und viele andere Arten. Eisenbahndämme und Straßenböschungen sind oft die einzigen größerflächigen Trockenstandorte in Ballungsgebieten. Frühlingskreuzkraut, Salbei und Esparsette, Königskerzen und Wegwarte, Rainfarn und Johanniskraut beleben in bunter Blütenpracht das oft eintönige Grau der Stadtlandschaften.

Unter den durch Bodenversiegelung, Wassermangel, erhöhte Einstrahlung, Bodenverdichtung und mechanische Störungen gekennzeichneten extremen Lebensbedingungen der Ballungsgebiete konnten sich Pflanzen ansiedeln und ausbreiten, die sich in ihren natürlichen Verbreitungsgebieten an ähnliche Streßbedingungen angepaßt und entsprechende Überlebensstrategien entwickelt haben. Oft sind es Pflanzen der Trockensteppen und Halbwüsten Osteuropas und Mittelasiens, die sich an trockenen Ruderalstandorten mitteleuropäischer Stadtlandschaften ausgebreitet haben. Wanzensame und Salzkraut beispielsweise sind kontinentale Halbwüstenpflanzen, Kompaßlattich ist in osteuropäischen Lößsteppen zuhause. Ein besonders konkurrenzstarkes Gras an nährstoffreichen Trockenstandorten ist die Quecke.

Seit etwa 1965 hat sich die Wehrlose Trespe an solch künstlichen Trockenstandorten in Mittel- und Westeuropa stark ausgebreitet. Dieses dürre- und kälteharte, anspruchslose, ausdauernde und stark wüchsige Gras kontinentaler Klimagebiete Eurasiens hat innerhalb weniger Jahrzehnte fast unbemerkt Flugplätze und Autobahnen, Großstädte, Dörfer und Bahnhöfe, Industrieanlagen und Truppenübungsplätze erobert. *Senecio inaequidens*, eine auffallend bis in den Herbst hinein gelb blühende Kreuzkrautart aus Südafrika hat sich seit einigen Jahren urbane Trockenstandorte auf Gleisanlagen, an Autobahnen und Straßenrändern im wintermilden Klimagebiet des westlichen Mitteleuropa bis in das Rheinland hinein als Nische ausgesucht.

Steinbrüche und Kiesgruben bieten zahlreichen Trockenpflanzen geeigneten Lebensraum innerhalb der vom Menschen intensiv genutzten Industrielandschaft.

Naturnahe Trockenbiotope finden sich oft nicht weit von der eigenen Haustür entfernt. Wo Wege noch nicht asphaltiert sind, können sich in Mittel- und Seitenstreifen von Wegen Trockenstrukturen entfalten.

Lebendige Kultur- und Naturdenkmale

In manchen ländlichen Gegenden gibt es aber auch noch Halbtrockenrasen und Heiden als Überreste früherer Landnutzungsformen. Es sind meist Relikte der historischen Kulturlandschaft vorindustrieller Zeit. Diese vorindustrielle Kulturlandschaft war ein Ergebnis der Landnutzung seit dem Mittelalter. Bis zum Ausgang des Mittelalters war der Wald in Deutschland auf etwa ein Viertel seiner ursprünglichen Fläche zurückgedrängt, waren die Grundzüge der Verteilung von Wald und Offenland bereits herausgebildet. Wo vordem Wälder rauschten, wurden Äcker mit Weizen und Roggen, Hafer und Gerste, Lein und Hanf bestellt. Die Haustiere weideten auf den Brachen der Dreifelderwirtschaft, in den verbliebenen Wäldern und auf nicht ackerfähigen Standorten; sowohl auf Feuchtstandorten als auch auf flachgründigen, steinigen, trockenen Felsböden, Kiesbänken, trockenen Steilhängen und Berglehnen.

Unter dem Einfluß der Beweidung mit Haustieren, insbesondere von Schafen und mancherorts Ziegen, entwickelten sich in allen

Ganz links: Viele, die das Pizzagewürz Oregano verwenden, denken nicht daran, daß diese Gewürzpflanze – auch Dost oder Wilder Majoran genannt – an so mancher trockenen Magerböschung noch wächst.

Links: Viele Trockenrasen-Orchideen mediterran-submediterraner Herkunft verdanken wir vermutlich der früheren Weinbaukultur. So sind Standorte der Bocks-Riemenzunge meistens Hinweise auf frühere Weinbaunutzung.

Unten: Die Weinbaukultur – wie hier im Wallis – hat zur Verbreitung vieler südeuropäischer Pflanzenarten beigetragen.

Teilen Mitteleuropas Weiderasen ganz spezifischer floristischer Zusammensetzung. Das bunte Bild unterschiedlichster Weiderasen ist durch Klima, Relief und Boden bedingt. Gemeinsam ist ihnen allen, selbst bei ganz voneinander abweichender Artenzusammensetzung, die Struktur als Rasen, der von Gräsern bestimmt wird, mit mehr oder weniger hohem Anteil an Kräutern und einzelnen Gehölzen. Unter dem Tritt von Hufen und Klauen und unter den Zähnen der Weidetiere haben sich kurzgrasige oder von Zwergsträuchern dominierte Vegetationsstrukturen herausgebildet. Typisch für fast alle Weiderasen ist das Vorkommen von Pflanzen, die wegen Giftigkeit oder Bitterkeit, wegen Stacheln oder Dornen vom Vieh verschmäht werden. Diese Weide»unkräuter« breiten sich in überweideten Rasen stark aus. Hierzu gehören u.a. Wacholder, Wildrosen, verschiedene Disteln, Schwalbenwurz und Feld-Mannstreu.

Die Heiden Nordwestdeutschlands und die Sandmagerrasen Brandenburgs sind ebenso unter dem Einfluß weidender Haustiere entstanden wie die Steppenrasen der Uckermark und des Mitteldeutschen Trockengebietes, die Kalktriften der Rhön und der Schwäbischen Alb sowie die Borstgrasrasen der Eifel und des Schwarzwaldes.

Neben der Weidewirtschaft trug der Weinbau ganz wesentlich zur Verbreitung von Pflanzen trockener Standorte in Mitteleuropa bei. Die im Mittelmeergebiet beheimatete Weinrebe wurde bereits von den Römern nach Mitteleuropa gebracht und angebaut. Später widmeten sich die Klöster mit besonderer Aufmerksamkeit dem Anbau und der Verbreitung der Weinreben. Wegen ihrer Frostempfindlichkeit und der Wärmebedürftigkeit zum Ausreifen der Weinbeeren kommen im mitteleuropäischen Waldland nur trockenwarme Sonderstandorte für den Anbau in Betracht.

Mit Abkühlung des Klimas seit dem 16. Jahrhundert wurden die Weinberge in klimatisch ungünstigen Lagen aufgegeben. Heute künden dort nur noch alte Flurnamen, überwachsene Mauern sowie alte Weinbergbegleitpflanzen vom früheren Anbau des Weins. So ist das Vorkommen einiger mediterran-submediterraner Trockenrasen-Orchideen in Mitteleuropa auf den mittelalterlichen Weinbau zurückzuführen. Beispiele hierfür sind Bocks-Riemenzunge, Helmknabenkraut, Brandknabenkraut und Hummel-Ragwurz.

Die heutigen Weinbaugebiete am Oberrhein, in Baden, Württemberg und in der Rheinpfalz, in Rheinhessen ebenso wie in Franken, Thüringen, Böhmen, im Rhônetal, im Bereich des Genfer Sees und Niederösterreich kennzeichnen die wärmsten und mildesten Landschaften mit hoher Konzentration von Trockenrasenpflanzen und damit auch einer spezialisierten Tierwelt wie Mauerfuchs, Schlingnatter, stellenweise Mauer- und seltener Smaragdeidechsen.

Leben im Abseits

Charakterbilder zu Trockenbiotopen aus unterschiedlichen Räumen

Landschaft aus Sand und Wind

Charakterbild: Dünen – Beispiel Ostseeküste

Es ist drückend heiß an diesem Sommertag. Rund um uns karge Sandhügel. Stünden da noch ein paar Palmen und würde eine Kamelkarawane über den Dünenkamm ziehen, so wäre die Illusion perfekt, und wir würden uns vorkommen wie in der Wüste. Irgendwie hat die Landschaft um uns herum wüstenähnlichen Charakter. Man könnte meinen, die Dünen, ob an Nord- und Ostseeküste oder im Binnenland, sind Vorposten der Wüsten Asiens und Nordafrikas. Und wie jene ist auch die »Mini-Sahara« um uns herum trotz der Kargheit voller Leben. Leben, das sich an diese ganz extremen Bedingungen angepaßt hat.

Dünen bestehen aus Sand, der vom Wind umgelagert und aufgeweht wird. Sie entstehen, wenn offenliegender Sand vom Wind erfaßt und fortgeweht wird, gleich ob an der Meeresküste oder im Binnenland. In den Sandwüsten der Erde sind viele tausend Quadratkilometer Fläche mit Sanddünen bedeckt. Im mitteleuropäischen Binnenland entstanden Dünen, als die von Schmelzwassern abgelagerten, noch nicht von Pflanzen festgelegten Sande vom scharfen Wind des arktischen Klimas der Späteiszeit erfaßt und zu Dünen aufgeweht wurden. Spätglaziale Binnendünen sind besonders in der Mark Brandenburg, in Mecklenburg und auch entlang des Elbtales oder des Rheintales zu finden (z.B. Mainzer Sand, Sandhausen bei Heidelberg).

Mit der Bewaldung der Landschaft wurden diese Dünen durch Vegetation festgelegt. In gesetzmäßiger Abfolge entwickelte sich schließlich Wald und reifte Boden auf dem nährstoffarmen, trockenen Dünensand. Eine zweite Phase natürlicher Dünenbildung begann mit dem Meeresspiegelanstieg in der Mittleren Wärmezeit. Der im Zuge des Küstenausgleichs zu Haken angespülte Sand wurde vom Wind zu Dünen aufgeweht, die weite Strecken der Nord- und Ostseeküste säumen.

Infolge der Waldzerstörung durch den Menschen kam es wiederholt zur Wiederbelebung der Dünenbildung im Binnenland. Aus der Bronzezeit, aus dem Mittelalter und der frühen Neuzeit sind mehrere Phasen intensiver Sandverwehungen bekannt. Mit der Regeneration der Pflanzendecke wurden die aktiven Dünen festgelegt, und es entwickelten sich junge Böden.

Heute gibt es in Mitteleuropa natürlich aktive Dünen nur an den Küsten der Nord- und Ostsee. Auf der Leba-Nehrung im polnischen Slowinski-Nationalpark erreichen sie bis über 40 m Höhe, auf der Kurischen Nehrung gibt es Wanderdünen gewaltiger Ausdehnung. An der deutschen Ostseeküste sind die eindrucksvollsten Dünen im Nationalpark Vorpommersche Boddenlandschaft zu beobachten.

Der von den Meereswellen am Strand angespülte Sand wird vom Wind erfaßt und landeinwärts geweht. Im Windschatten kleiner Hindernisse – Treibholz, Steinchen, einzelne Pflanzen – bleibt Sand liegen, bildet selber ein Hindernis für nachfolgenden Sand, der so zu kleinen Primärdünen heranwächst. Strandroggen und Strandhafer sind die ersten Dünengräser, die im windbewegten Sand Wurzeln schlagen und zum Festhalten des Sandes beitragen. Sie vertragen es, von Sand überweht zu werden, wachsen immer wieder durch, legen Wurzeln und Ausläufer in mehreren Stockwerken übereinander an. Dünengräser und Düne wachsen einander bedingend in die Höhe. Filzige Pestwurz, Stranddistel und Strand-Platterbse sind typische Pflanzen dieser aus reinem weißen Sand bestehenden Weißdüne. Auch sie ertragen die ständige Überwehung mit Sand, sind in ihrem Bau an die Trockenheit, den mechanischen Streß des Treibsandes und das salzhaltige Aerosol des Meeres angepaßt. Sie bleiben in ihrer Gesamtverbreitung auf Meeresküsten beschränkt, sind meist aber mit nah verwandten Arten in kontinentalen Wüsten weiter verbreitet.

Kommt der Sand im Windschatten jüngerer Weißdünen zur Ruhe, können sich verschiedene Gräser und einjährige und ausdauernde Kräuter sowie Moose und Flechten ansiedeln, und es kann sich erster Rohboden entwickeln. Die ausläufertreibende Sandsegge, das büschelige Silbergras und der horstige Steppen-Schwingel sind charakteristische Gräser dieser Graudüne. In den sehr lückigen Dünenrasen bedecken Polster von Sand-Thymian und die Rosetten des Kleinen Habichtskrautes den gerade festgelegten Sand. Dazwischen blühen im Frühjahr Bauernsenf und Stiefmütterchen, später Grasnelke und Sandknöpfchen. Die meisten dieser Dünenpflanzen haben sehr ähnliche Gesamtverbreitung, zeigen ähnliches ökologisches Verhalten als typische Sandpflanzen ozeanischer Klimagebiete Europas.

Wird der ruhende Sand erneut aktiviert, können sich Zwergsträucher ansiedeln. Heidekraut und Krähenbeere, selten auch Bärentraube, bilden zusammen mit Kriechweide und Ginster natürliche Zwergstrauchheiden an Meeresküsten. Läßt die mäßige Zufuhr frischen Sandes nach, altert die Heide und gibt Gehölzen Raum. Birke und Kiefer, Strauchweiden und Vogelbeere wachsen zu Dünengehölzen heran, die als Dünen-Kiefernwälder aus gedrungenwüchsigen Kiefern über längere Zeit stabil sein können. Bei fortschreitender Bodenreifung siedeln sich Eichen und schließlich Buchen an.

Landschaft aus Sand und Wind

Natürliche Dünen der Meeresküste sind ein Trockenstandort mit außerordentlich starker Dynamik, die durch treibenden Sand hervorgerufen wird. Die Pflanzendecke weist dicht nebeneinander eine extreme Spanne von der fast vegetationslosen Vordüne bis zum Buchenwald auf. Mit Ausblasungssenken und Heidemooren sind oft auch Feuchtstandorte in den Komplex der Düne eingeschlossen.

Durch Küstenschutzmaßnahmen einschließlich der Anpflanzung von Gehölzen ist die natürliche Dynamik dieses sensiblen Ökosystems vielerorts gestört. Ziel im Nationalpark Vorpommersche Boddenlandschaft ist es u. a., ungestörter natürlicher Dynamik Raum zu geben. Der Trockenstandort Düne erneuert sich so immer wieder von selbst. Dünen gehören zu den wenigen natürlichen, waldfeindlichen Trockenstandorten Mitteleuropas.

Leben im Abseits

Die Welt der Enziane und Orchideen

Charakterbild: Kalkmagerrasen – Beispiel Rhön

Kalkmagerrasen sind ein landschaftsprägender Vegetationstyp an Steilhängen und Berglehnen der Muschelkalklandschaften in Thüringen und Franken ebenso wie im Muschelkalkbereich des Neckars und seiner Nebenflüsse. Früher waren sie in den Kalkhügelländern Mittel- und Süddeutschlands und der Schweiz weiter verbreitet und häufig aus aufgegebenen Weinbergen hervorgegangen. Für den Ackerbau zu steinig, zu flachgründig und zu trocken, zu steil und zu abgelegen von den Dörfern wurden sie als Schafweide genutzt.

Anstelle vormaliger Kalkbuchenwälder entwickelte sich unter dem Tritt und Verbiß weidender Schafe eine der artenreichsten Pflanzengesellschaften Mitteleuropas. Weit über hundert Pflanzenarten sind in beweideten Kalkmagerrasen bekannt. *Gentiano-Koelerietum* wird diese Pflanzengesellschaft genannt, nach zwei charakteristischen Arten, nach *Gentiana germanica*, dem Deutschen Enzian, und nach *Koeleria pyramidata*, dem Schillergras. An den Muschelkalkhängen der Thüringischen Rhön gibt es noch ansehnliche Reste dieser einstmals weit verbreiteten Pflanzengemeinschaft.

Neben den narbenbildenden Gräsern – Schillergras, Zittergras, Flaumhafer, Straußgras, Ruchgras, Schaf-Schwingel – bestimmen zahlreiche Kräuter das bunte Bild dieser Weiderasen. Fingerkraut und Hornklee, Küchenschelle und Windröschen, Salbei und Himmelschlüssel im Frühling, gefolgt von Knabenkräutern und Ragwurz, von Gold- und Silberdistel, von Deutschem Enzian und Fransen-Enzian. Die Silberdistel gilt als Charakterpflanze der Rhön. Sie wird auch als Rhöndistel bezeichnet und ist mit ihren großen, silbrig glänzenden Blütenköpfen eine Zierde der Weiderasen im Spätsommer und Herbst.

Allein über dreißig Orchideenarten wurden in der Thüringischen Rhön nachgewiesen. Ein großer Teil davon siedelt in den Kalkmagerrasen der Hutungslandschaft. Die meisten dieser Trockenrasenorchideen fehlen an natürlichen Waldgrenzstandorten der mitteleuropäischen Kalkhügelländer. Es handelt sich überwiegend um Knollengeophyten, die auf tiefgründige, feinerdereiche Böden angewiesen sind. Diese aber sind in Mitteleuropa von Natur aus mit Wald bestanden, und so konnten sich viele lichtliebende Trockenrasenpflanzen südeuropäischer Verbreitung erst nach künstlicher Auflichtung der Wälder in sekundären Trockenrasen in klimatisch begünstigten Landschaften des mitteleuropäischen Laubwaldgebietes ausbreiten.

Für den Fortbestand dieser artenreichen und buntblumigen Weiderasen ist die Dynamik der Nutzung von Bedeutung. In der Vergangenheit wechselten Phasen intensiver und extensiver Beweidung, wurden zuweilen auch Teile beackert oder ganz aufgelassen. Die Weidetiere führten mit dem Verbiß von Gehölzjungwuchs einen beständigen Kampf gegen das Wiedervordringen des Waldes. Nur dornige und stachelige Sträucher werden von den Schafen gemieden, und so entwickeln sich auf Weiderasen immer auch Gebüsche aus bewehrten Sträuchern. Wacholder mit stechenden Nadeln, Wildrosen mit stacheligen Ranken, Schlehen, Weißdorn, Wildbirne und Berberitze bilden sperriges Gebüsch, in dessen Schutz dann Mehlbeere, Hasel und Eschen, schließlich auch Buchen aufkommen.

Die buschbewachsenen Weiderasen, die Kalkheiden mit dunklen Wacholdersäulen in der Thüringischen Rhön sind Relikte einst weitverbreiteter altdeutscher Kulturlandschaft. Ihr Fortbestand ist an Beweidung durch Schafe gebunden. Eine große Zahl der Pflanzen und diese Weiderasen selbst stehen auf Roten Listen. Ziel des 1990 eingerichteten Biosphärenreservats Thüringische Rhön ist es, die besondere Vielfalt dieser alten Kulturlandschaft zu pflegen.

Die Silberdistel und der Deutsche Enzian sind mit anderen Arten zusammen Charakterpflanzen der Rhön.

Exotisch anmutende Welt

Charakterbild: Orchideen-Halbtrockenrasen – Beispiel Muschelkalklandschaften Thüringens

Orchideen-Halbtrockenrasen sind eine auffallende Pflanzengesellschaft in den Muschelkalklandschaften Thüringens, im Fränkischen und anderer Kalkhügelländer Mitteleuropas. Sie bedecken Böschungen und vor allem ehemalige Weinberge als lockere Rasen aus hochwüchsigen Gräsern. In Thüringen waren sie vor allem auf den relativ flach geneigten Hängen des Oberen Buntsandsteins am Fuße der Muschelkalksteilhänge verbreitet. Sie wurden einschürig gemäht und zur Heugewinnung genutzt. Sie lieferten zwar keine Höchsterträge, aber vorzügliches, duftiges Heu mit einem hohen Anteil an Heilkräutern. Die Aufrechte Trespe ist das vorherrschende hochwüchsige Gras, daneben bilden Wiesenrispe und Flaumhafer die schüttere Grasnarbe, in der zahlreiche Kräuter Platz finden. Im Frühjahr blühen Himmelsschlüssel und Wiesen-Küchenschelle, im Frühsommer vor der Mahd Wiesensalbei, Esparsette, Akelei und Flockenblume. Besonders auffallend aber ist der Reichtum dieser trockenen Mähwiesen an Orchideen. Beschreibungen um 1900 berichten über Massenvorkommen von Helm- und Purpurknabenkraut, von Fliegen-Ragwurz, Händelwurz und Bocks-Riemenzunge in ehemaligen Weinbergen an der mittleren Saale. Auf den brachgefallenen Weinbergen entfalteten sich diese Arten zunächst außerordentlich stark. Sie fügten sich auch der Trockenrasengesellschaft ein, die sich bei Mahdnutzung auf den ehemaligen Weinbergen, Brachflächen und Schaftriften entwickelte und in der ersten Hälfte des 20. Jahrhunderts das Landschaftsbild des mittleren Saaletales wesentlich bestimmte.

Unterbleibt die Mahd, siedeln sich Sträucher an und dringen Gebüsche vor. Im Laufe der Gehölzsukzession verschwinden die Orchideen und andere lichtliebende Arten, die in den extensiv genutzten Trockenrasen Existenzmöglichkeiten gefunden hatten. Auch bei intensiver Nutzung, Düngung und mehrmaliger Mahd verschwinden die Orchideen. Ihr Fortbestand in den Trockenrasen ist an extensive dynamische Nutzung gebunden. Das bedeutet Wechsel von Mahd und Auflassung, Verletzung der Grasnarbe und Regeneration. In der Natur gibt es keinen Stillstand. Auch Orchideen-Trockenrasen sind nicht konstant in ihrer Zusammensetzung. Im Wechselspiel von Standort und Störung in Form von Nutzung vollziehen sich Ausbreitung und Einschränkung der Populationen empfindlicher Pflanzenarten.

Purpurknabenkraut

Wo blumenbunte Vielfalt herrscht, kann auch eine artenreiche Insektenwelt leben. Hier zwei Blutströpfchen (Gemeines Widderchen).

Leben im Abseits

Wo die Hölle blüht

Charakterbild: Orchideen-Halbtrockenrasen – Beispiel Kocher-, Jagst- und Taubertal

Orchideen-Halbtrockenrasen im Bereich von Kocher-, Jagst- und Taubertal (nördliches Baden-Württemberg) sind in aller Regel eine Form des Brachlandes, und zwar nicht mehr genutztes Weideland oder ehemalige Weinberge auf Kalkboden, die aber noch nicht so in Verbuschung übergegangen sind, daß die Beschattung durch Sträucher und Bäume ein wesentlicher Standortfaktor wäre. Der Untergrund ist oft so karg, daß das Kalkgestein an der Oberfläche ansteht. Felsbänder durchziehen die Halbtrockenrasen an Hängen, und splittrige Gesteinsbrocken bedecken die Böschungen und verhindern so eine geschlossene Pflanzendecke.

In den Sommerwochen kann es an diesen Hängen so heiß werden, daß uns Menschen der Aufenthalt nahezu unmöglich ist – nicht ohne Grund gibt es Hänge, die den Flurnamen »Hölle« tragen! Man fragt sich, wie Pflanzen diese extreme Hitze und Trockenheit über Wochen überhaupt ertragen können.

Nur wenige Pflanzen sind diesen extremen Bedingungen angepaßt, dazu gehören Orchideenarten wie das Helmknabenkraut. Es ist am ehesten in diesen extrem trockenen Halbtrockenrasen zu finden und kann über die Trockenzeit aus seiner Knolle Reserven schöpfen. Das auf den ersten Blick ähnliche Purpurknabenkraut liebt schon eher etwas den Schatten und zieht sich in lichte Krüppel-Kiefernwälder, die hin und wieder an diesen Hängen wachsen, zurück. Hummel-, Bienen- und Fliegenragwurz gedeihen in solchen Bereichen ebenfalls – nicht selten hat es den Anschein, daß sie ihre Blütenstände um so prächtiger ausbilden, je karger die Verhältnisse sind.

Doch nicht nur Orchideen sind Bewohner solcher Bereiche, auch andere Pflanzen ertragen die Hitze und Trockenheit. So etwa die Graslilie (Ästige Graslilie, seltener Traubige Graslilie), die für wenige Tage im Hochsommer mit ihren kleinen weißen Blüten einen zarten weißen Schleier über die Trockenhänge legt.

In den Trockengebieten des Tauberlandes kommt wie in den Orchideen-Halbtrockenrasen im östlichen Österreich der Österreichische Lein hinzu. Seine auffallende blaue Farbe ist eine Zierde der Trockenhänge. Die Dornige Hauhechel, die jedermann schmerzlich in Erinnerung hat, der meint, die aparten rosa Blüten zu einem Strauß pflücken zu müssen, gehört ebenfalls auf diese Halbtrockenrasen.

Nicht alle Orchideen-Halbtrockenrasen weisen allerdings derart extreme Standortvoraussetzungen auf. Es gibt auch etwas wüchsigere Flächen, die entweder durch flüchtige, d. h. nicht zu intensive Beweidung offengehalten wurden oder aber durch Mahd. Die sogenannten »Mähder« der Schwäbischen Alb gehören in diese Kategorie, ein landschaftlich ebenso reizvolles wie ökologisch interessantes Landschaftselement, das jedoch immer seltener wird. Im Zuge der Umstellung der Landwirtschaft wird immer weniger Frischgras und Heu benötigt – und wenn, dann saftiges Gras von guten Böden und nicht das kurzhalmige, kräuterreiche Heu der Magerwiesen. Die Grasdecke der Mähder ist weniger lückig als das der eigentlichen Halbtrockenrasen, die Verhältnisse sind dennoch so ärmlich, daß es nur zu einem Schnitt im Spätsommer reicht. Reich blühende Aspekte im Frühsommer sind die Folge; wenige Fuhren Gülle oder einige Sack stickstoffhaltigen Düngers erledigen allerdings die Pracht und leiten zu den üblichen Fettwiesen und »Grasäckern« über.

Die klassischen Ausformungen der Halbtrockenrasen werden von der Aufrechten Trespe *(Bromus erectus)* geprägt, die daher in Fachkreisen auch Mesobrometum genannt werden. Es sind lückige, niedere Kraut- und Grasbestände, aus denen das höherwachsende, namengebende Gras hervorwächst.

Typische Muschelkalklandschaft im Taubergebiet.

Leben im Abseits

Wo Schafe Landschaften gestalten

Charakterbild: Wacholderheiden – Beispiel Schwäbische Alb

Quer durch Südwestdeutschland, beginnend an der Nahtstelle zum Schwarzwald auf der Baar ungefähr bei Donaueschingen und endend im Osten am Ries bei Nördlingen, zieht sich wie ein Riegel das Mittelgebirge der Schwäbischen Alb. Mit der Auffaltung der Alpen vor etwa 30 Millionen Jahren und dem gleichzeitigen Einsinken Oberschwabens wurde das Schichtenpaket des Weißjura nach Süden gekippt. Die Kräfte für diese Vorgänge entstammen dem Zusammentreffen der afrikanischen und der eurasischen Platte und haben weite Teile der Oberflächengestalt Mitteleuropas beeinflußt. So kommt es, daß die Schwäbische Alb von Norden, zum Beispiel aus der Umgebung von Stuttgart, als über 300 Meter hohes, schroffes Mittelgebirge aufragt, während sie gegen Süden zur Donau geradezu unmerklich ausläuft. Den Autofahrern ist die Alb vielleicht von der Autobahn Stuttgart – Ulm – München bekannt: In zwei Stufen, unterbrochen durch ein Hochtal, quält sich der Verkehr auf der Autobahn aus dem nördlichen Vorland auf die Albhochfläche, wohingegen die Trasse im weiteren Verlauf von ihrem Scheitelpunkt aus, der Europäischen Hauptwasserscheide zwischen Rhein und Donau, stetig und flach gegen das Donautal bei Ulm abfällt.

Schon von der Autobahn aus, erst recht aber von den zahlreichen Haupt- und Nebenstraßen auf der Albhochfläche, fallen die Wacholderheiden auf. Man kann sie als das bedeutendste Element im Landschaftspuzzle der Schwäbischen Alb bezeichnen. Sie treten uns als säulenartige Wacholderbüsche vereinzelt oder als dichter Bestand in Schafweiden, sowohl an den Steilhängen der Täler als auch auf der flachgewellten Hochfläche, meist umrahmt von Laubwäldern und angrenzend an Felder und Wiesen, entgegen.

Wer auf der Schwäbischen Alb Urlaub macht oder sie sonst als Wanderziel aufsucht, lernt die Heidelandschaft lieben. Sie ist gekennzeichnet durch Abwechslungsreichtum, idyllische Landschaftsbilder und durch Besonderheiten der Tier- und Pflanzenwelt. Wer Glück hat, begegnet sogar noch einem der wenigen Schäfer mit seiner Herde.

Damit ist die Entstehungsgeschichte der Wacholderheiden angesprochen. Seit Jahrhunderten ist die Schwäbische Alb traditionelles Gebiet der Wanderschäfer. Den Sommer über werden die Albheiden »befahren«, wie die Schäfer sagen, im Herbst treten sie mitsamt der Herde die Wanderung nach Oberschwaben, in das Neckar- oder ins Rheintal an, wo die Herden den Winter über Talwiesen oder Obstwiesen abweiden, wenn nicht zu hoher Schnee zum Aufenthalt im Stall zwingt. Die Schafbeweidung war bis zur Mitte des 20. Jahrhunderts wesentlich intensiver als heute. Alte Bilder der Alblandschaft zeigen deutlich größere Heiden, die außerdem wesentlich kahler waren als heute und weniger Gesträuch – auch wesentlich weniger Wacholder! – aufwiesen. Der Verfall der Woll- und Fleischpreise durch ausländische Konkurrenz bzw. Änderung des Verbrauchergeschmacks haben seit etwa 1950 zu einem ständigen, drastischen Rückgang der Herden und damit zu einem zunehmenden Verwachsen vieler Heiden geführt. Das, was wir heute auf der Schwäbischen Alb bewundern, sind also nur noch letzte Reste der einstigen, viel ausgedehnteren Heide- und Weidelandschaft. Nur noch rund ein Drittel der einstigen Weideflächen kann man heute als offene Heide bezeichnen. Der Wacholder, heute gleichsam Charakterpflanze der Heiden, war sogar den Schäfern immer ein Dorn im Auge und wurde als Weideunkraut ständig bekämpft. Mit der Schäferschippe stachen sie die von den Schafen verschmähten jungen Pflanzen aus, um die ungeliebte Konkurrenz für Gräser und Kräuter zu beseitigen.

Tierhalter und Landschaftspfleger zugleich

Wer einem Schäfer begegnet, wird ihn oft in typischer Haltung auf einen Stock mit Metallspitze gestützt sehen. An einem fast zwei Meter langen Haselnußstecken ist unten die metallene Schippe und ein geschwungener Haken befestigt. Der Haken dient dazu, Schafe einzufangen. Gezielt hakt der Schäfer nach dem Hinterfuß eines Tieres seiner Herde, hält es damit fest und kann es dann zum Schneiden der Klauen oder zu anderen Verrichtungen von der Herde aussondern. Die Schippe hingegen ist heute kaum mehr in Gebrauch, und es soll Schäfer geben, die den eigentlichen Sinn kaum mehr kennen: Zahllose junge Wacholderkeimlinge sind typisch für eine Schafweide; sie sind sozusagen das Unkraut der Heide und werden von den Schafen nicht gefressen. Diese und andere Gehölzkeimlinge hat früher der Schäfer selbst in mühsamer Handarbeit während des Schafehütens ausgestochen und so die von ihm gepachtete Heide von Gebüschaufwuchs freigehalten. Was er übersehen hatte und was zum Busch oder Baum heranwachsen konnte, wurde von der Gemeinde als Eigentümer und Verpächter durch beauftragte Bauern mit Beil und Säge entfernt und wahrschein-

Wo Schafe Landschaften gestalten

Wacholderheide auf der Schwäbischen Alb.

lich im Ofen oder im Backhaus verbrannt. Heute, in einer Zeit, in der die wenigen verbliebenen Schäfer riesige, bis 1000 Tiere zählende Herden betreuen müssen und deshalb kleine, isoliert liegende Heiden nicht mehr beweiden können, werden die »unveräußerlichen Bestandteile der Alblandschaft«, wie der Geograph Robert Gradmann die Wacholderheiden der Alb einst tituliert hat, immer mehr zum Pflege- und gleichzeitig zum ökologischen »Sozialfall«.

Ohne maschinelle Pflege durch die Naturschutzverwaltung und den Einsatz ehrenamtlicher Helfer von Naturschutzorganisationen, ohne die maßgebliche öffentliche Bezuschussung von Schafställen als Anreiz für Schäfer ist die Heidelandschaft nicht zu retten. Die Schäferschippe hat längst ausgedient; mit ihr ist die Verwachsung nicht mehr aufzuhalten.

Doch nicht allein das Landschaftsbild ist das Besondere der Wacholderheiden, auch der Tier- und Pflanzenwelt muß das Augenmerk gelten. Am bekanntesten ist wahrscheinlich die Silberdistel, daneben sind aber als Wahrzeichen auch der Deutsche und der Fransenenzian zu nennen. An den Rändern, im Halbschatten von Gebüschen, finden sich Orchideen, zum Beispiel Helmknabenkraut, Purpurknabenkraut, Wohlriechende Händelwurz, Fliegen- und Hummelragwurz, um nur einige häufigere zu nennen, aber auch die Küchenschelle. Allesamt sind die Pflanzen durch Selektion gefördert worden; dem Tritt des Schafhufes können sie widerstehen, vom Schafmaul werden sie wegen Stacheln oder Bitterstoffen verschmäht.

Schließlich gibt es sowohl auf der Albhochfläche – in Wahrheit ist es keine Hochfläche, sondern eine von Trockentälern durchzogene hügelige Landschaft –, vor allem aber am nordseitigen Trauf und zu beiden Seiten des Donautales zwischen Tuttlingen und Sigmaringen zahlreiche Felsen, ja ganze Felsbänder, die weitere Trockenstandorte mit floristischen Kostbarkeiten, wie z. B. der Felsen- oder Pfingstnelke, aufweisen. Brutplätze von Turmfalke, Wanderfalke, Uhu und Kolkrabe finden sich in diesen Felsmassiven, was deren ökologische Bedeutung und Schutzbedürftigkeit unterstreicht.

Reißverschluß aus Wald und Steppe

Charakterbild: Trockener Waldtrauf – Beispiel Sandgebiet

Wer Kalklandschaften gewohnt und von deren reicher Flora und Fauna verwöhnt ist, mag eine Landschaft mit sandigem, kalkarmem oder gar kalkfreiem Untergrund langweilig finden, gerechtfertigt ist dieses Urteil aber nicht. Sicher, die Vielfalt an Arten einer Kalkgegend erreicht eine Sandgegend nicht, dennoch hat auch sie ihre Reize.

Wir wollen in einer Sandlandschaft – gleichgültig, ob in den Ebenen des norddeutschen Tieflandes, in den Sandgegenden der Keuperlandschaft Süddeutschlands oder sonstwo – an einen sonnigen Waldtrauf gehen und uns dort umschauen.

Die Kiefer, in verschiedenen Gegenden auch Forche, anderswo Forle oder Föhre genannt, ist einer der auf Sandböden spezialisierten Waldbäume. Hainbuche und Eiche – sowohl die Trauben- als auch die Stieleiche – sind oft mit der Kiefer vergesellschaftet. Der Waldmantel wird oft von einem lückigen Gebüsch aus Hainbuche, Haselnuß und Feldahorn gebildet; Schwarzdorn, Hartriegel oder Wildrosen sind hier weniger typisch, diese Straucharten lieben mehr den kalkhaltigen Untergrund.

Dort, wo ein mehr oder weniger breiter Saum zwischen Waldtrauf und Weg oder Feldrand liegt, findet eine kalkfliehende Pflanzengesellschaft den ihr zusagenden Lebensraum. Typisch sind Geflügelter Ginster und Heideginster, Heidekraut, Johanniskraut, Tausendgüldenkraut, Sandrapunzel und verschiedenenorts auch Heidelbeere. Unter den Gräsern fällt oft die Drahtschmiele, kenntlich an ihren wellendrahtartig geformten Rispen, auf.

Alles in allem eine bunte Pflanzengemeinschaft, die allerdings gegen Düngereintrag höchst empfindlich ist. Wo Einflüsse vom nahen Ackerland überwiegen, wo der Düngerstreuer beim Wenden am Ackerrand nicht abgeschaltet wurde, da kommen schnell Rainfarn, Brennessel oder Kratzbeere auf und verwandeln die wegen ihrer Kargheit selten gewordenen und dennoch reizvollen Säume in wenigen Jahren zu »Allerweltsflächen«. Damit würde aber ein Lebensraum für eine ganz spezialisierte Tierwelt verloren gehen. Dazu gehört etwa die Kreiselwespe, die in den sandigen Untergrund ihre Höhlen gräbt und ihre Nachkommen mit frischer Beute wie Schwebfliegen und echte Fliegen füttert. Auch der Sandlaufkäfer ist ein solcher, an den sandigen Lebensraum angepaßter Überlebensstratege. Viele Arten haben vom sandigen Lebensraum ihren Namen erhalten. So die Gelbfüßige Sandbiene, die Sandwespe und eine Vielzahl anderer Insekten. Solche sandig-trockenen Waldträufe bilden aber auch für eine große Zahl von Schmetterlingen unersetzliche Lebensräume.

Oben: Hervorragend an die karge Lebewelt der sandigen Bereiche angepaßt: der Sandlaufkäfer.

Links: Kartäuser-Nelke und Geflügelter Ginster bevorzugen unter anderem die Sandgegenden im Keuperbereich Süddeutschlands.

Dünen, Heiden, Felsen und andere Trockenbiotope erkennen, bestimmen, schützen

Steckbriefe zu den einzelnen Trockenbiotoptypen

Welcher Biotop ist das?

Über Jahrhunderte waren die Menschen Bestandteil der von ihnen geschaffenen und erhaltenen Kulturlandschaften Mitteleuropas. Eingebunden in die Regelmechanismen des Naturkreislaufs wurden von den Landwirten gerade auch verschiedene Trockenbiotope mitgestaltet. Durch Beweidung etwa entstanden die Wacholderheiden, und durch regelmäßige Mahd entwickelten sich artenreiche Magerwiesen. Auch andere Trockenstandorte entstanden durch menschliches Wirtschaften. Dazu gehören die unzähligen Naturstein-Trockenmauern, die insbesondere in den Weinbaugebieten – oft aber auch als Umfassungs- und Stützmauern inmitten der Dörfer und Städte – im Laufe von Generationen aufgeschichtet wurden. Steinriegel, wie man sie in den heutigen und ehemaligen Weinbaugegenden in Deutschland, Österreich und der Schweiz findet, sind ebenso eindrucksvolle Beispiele dafür, wie sich Natur und Kultur die Hand geben.

Eine Vielzahl von Tieren und Pflanzen profitiert so von den zusätzlich zu den natürlichen Trockenstandorten geschaffenen Trockenbiotopen. Ihr Lebensraumspektrum wurde durch den wirtschaftenden Menschen erweitert. Heute hat ein Großteil der Bevölkerung keine Beziehung mehr zur Natur- und Kulturlandschaft. Welche Kinder haben noch Gelegenheit, einen Schäfer mit seiner Herde zu sehen, bei einer Heuernte mitzumachen, geschweige denn die blumenbunte Vielfalt eines Trockenrasens mit seinen gaukelnden Schmetterlingen, mit dem Zirpen der Grillen, dem Schnarren der Heuschrecken, dem Summen und Brummen von Bienen, Hummeln und Schwebfliegen sowie mit dem Gesang von Heidelerche und Baumpieper zu erleben?

Natürliche Trockenstandorte wie Dünen oder Felsen werden heute meist nicht mehr wegen ihres eigentümlichen, natürlichen Reizes, sondern von einer immer mehr und mehr ausufernden Freizeitindustrie nur noch im Hinblick auf ihre Nutzbarkeit für traditionelle und immer ausgefallenere Sportarten wie Paragliding, Drachenfliegen usw. betrachtet. Und sogar Menschen, die sich selbst als umweltbewußt einschätzen, kennen nicht mehr den Unterschied zwischen einer Magerwiese und einem Trockenrasen, einem Halbtrockenrasen und einer Steppenheide.

Nachdem sich die Erkenntnis von der Notwendigkeit eines umfassenden Biotopschutzes immer mehr durchsetzt, brauchen wir jetzt ein neues Naturbewußtsein, das breites Wissen über die verschiedenen Biotope, deren Entstehung, mögliche Gefährdung und Schutzbedürftigkeit einschließt. Trockenbiotopen muß dabei als Lebensräumen einer überaus großen Vielfalt an Tieren und Pflanzen besondere Beachtung geschenkt werden.

Der nachfolgende Bestimmungsteil ermöglicht, die verschiedenen Trockenbiotope im Gelände zu erkennen, deren Pflege- und Erhaltungszustand sowie mögliche Gefährdungen einzuschätzen. Entsprechende allgemeinverständliche Biotop-Steckbriefe und Portraits der Lebensräume mit ihren typischen Arten liefern allen Einsteigern in den Biotopschutz handbuchartig die wichtigsten Grundinformationen. Städte, Gemeinden, Fachbehörden, Landwirte und alle anderen Grundstücksbesitzer können sich so Erstinformationen über die Einordnung und die Bedeutung von Trockenbiotopen beschaffen. Naturschutzgruppen, Planern und den mit der Biotoperfassung betrauten Personen wird mit einem komprimierten Überblick die Einschätzung der einzelnen Trockenstandorte erleichtert.

Bei der Bestimmung von Lebensräumen muß jedoch immer beachtet werden, daß Natur keine Grenzen kennt. Zwischen den verschiedenen Biotoptypen gibt es eine Vielzahl von Übergängen und Zwischenformen. Unterschiedliche Bodenverhältnisse, Grundwasserhorizonte, kleinklimatische Faktoren, Pflege- und Nutzungsintensität und andere Ursachen können bewirken, daß Biotopstrukturen unmittelbar zwischen anderen Biotopen vorkommen.

Weil die Natur mit ihren fließenden Übergängen zwischen den unterschiedlichen Lebensräumen letztlich nicht nachzuahmen ist, wird die Einteilung in Biotoptypen immer etwas Statisches bleiben. Und dennoch lassen sich durch das Vorkommen bestimmter Pflanzen- und Tierarten, durch die landschaftliche Erscheinungsform oder durch die kultur- und naturhistorische Entstehungsgeschichte Lebensräume als solche definieren und beschreiben.

Nicht alle Biotoptypen sind ausschließlich nach der Pflanzensoziologie einzuordnen. Alle Versuche, nach den Kriterien der verschiedenen wissenschaftlichen Disziplinen Lebensräume zu kategorisieren, werden der Natur und Landschaft nur unzureichend gerecht. In der Reihe BiotopBestimmungsBücher sind deshalb Biotoptypen aufgenommen, die sich einerseits mit Pflanzengesellschaften decken, andererseits Nutzungstypen von Lebensräumen darstellen oder aus der Sicht anderer Disziplinen als Biotope angesprochen werden.

Zur leichteren Orientierung beim Nachschlagen und Vergleichen sind die Beschreibungen nach folgenden Gesichtspunkten aufgebaut:

Name: Für jeden Biotoptyp wird sowohl die deutsche Bezeichnung als auch – sofern vorhanden und gebräuchlich – die wissenschaftliche Bezeichnung angegeben. Diese richtet sich teilweise nach der pflanzensoziologischen Terminologie. Sofern andere wissenschaftliche Bezeichnungen gebräuchlich und hilfreich sind, werden auch diese angegeben.

Kennzeichen: Hier werden die wichtigsten Erkennungsmerkmale des einzelnen Biotoptyps angegeben.

Verbreitung/Vorkommen: Informationen zu Höhenverbreitung, regionalen Verbreitungsschwerpunkten, Klimaabhängigkeit usw. Sofern eine Verbreitungskarte dargestellt ist, zeigt diese die wichtigsten Verbreitungsschwerpunkte. Abgesehen von Küstenbiotopen ist ein kleineres Vorkommen außerhalb der abgegrenzten Bereiche durchaus möglich.

Standortmerkmale: Unter dieser Rubrik wird dargestellt, unter welchen Standortbedingungen wie geologischen Verhältnissen, Höhenzonierung, Grundwasserverhältnissen, Witterungsbedingungen und anderen Faktoren sich bestimmte Biotoptypen entwickeln können.

Charakteristische Pflanzen: Aufgeführt sind Pflanzenarten, die für den beschriebenen Biotoptyp charakteristisch sind. Dabei sind Leitarten als auch Begleitarten im pflanzensoziologischen Sinn zusammengefaßt und zusätzlich durch andere typische Arten, die im jeweiligen Biotoptyp vorkommen können, ergänzt. Ein bestimmter Biotoptyp liegt dabei natürlich auch vor, wenn einzelne Arten nicht vorhanden sind. Die Auflistung gibt somit eine Tendenz und Erkennungshilfe für den einzelnen Lebensraum und dessen Abgrenzung gegenüber ähnlichen Biotoptypen. Wo bestimmte Tierarten für einen Trockenbiotop typisch sein können, werden auch diese exemplarisch aufgeführt.

Nutzung: Eine Vielzahl von Biotoptypen – und ganz besonders Heiden und Halbtrockenrasen – sind durch verschiedene Nutzungen entstanden. Unter dieser Rubrik werden deshalb sowohl aktuelle als auch historische Nutzungen, deren Auswirkungen auf den beschriebenen Biotoptyp und das gesamte Landschaftsbild in kurzen Stichworten dargestellt.

Ökologische Bedeutung: Hier wird auf die Funktion als Lebensraum für Tiere und Pflanzen ebenso eingegangen wie auf die Wirkung im gesamten Landschaftsbild.

Gefährdung: In kurzen Stichworten wird auf die unterschiedlichen Gefährdungsursachen wie Nutzungsaufgabe, Tourismus usw. eingegangen.

Schutz und Pflege: Hier geht es um die erforderlichen Maßnahmen zur Erhaltung des jeweiligen Biotoptyps. Dabei werden rechtliche Schutzinitiativen ebenso dargestellt wie notwendige Pflegemaßnahmen und deren Intensität.

Natürlich entstandene Trockenbiotope

Weißdüne der Meeresküste

Kennzeichen: Natürliche Pflanzengesellschaft trockener, windgeprägter Pionierstandorte an der Meeresküste. Offener, vom Wind bewegter reiner Sand mit einzelnen Flecken von Strandroggen und lockeren Horsten von Strandhafer. Bis 1 m hohe Primärdünen gehen über in viele Meter hohe Strandhafer-Weißdünen. Beigesellt wenige Arten von Krautpflanzen, oft jedoch gruppenweise oder in größeren Beständen, z. B. Stranddistel, Tataren-Lattich, Filzige Pestwurz. Die Pflanzen halten den wehenden Sand fest, vertragen Sandüberwehung und wachsen immer wieder an die Oberfläche durch.

Verbreitung/Vorkommen: Auf Meeresküsten beschränkt, an der Nordsee häufig, insbesondere auf den Inseln; an der Ostseeküste vor allem an der mecklenburgischen Küste (Rostocker Heide), im Nationalpark Vorpommersche Boddenlandschaft (Darß, Zingst, Hiddensee), auf Rügen und Usedom; weiter östlich häufig und insbesondere auf den großen Nehrungen in ausgedehnten Beständen (Slowinski-Nationalpark, Frische und Kurische Nehrung). Im mitteleuropäischen Binnenland fehlend; in Mittel- und Zentralasien in Wüsten und Halbwüsten als intrazonale Vegetation auf Sand.

Standortmerkmale: Außerordentlich extreme und dynamische Standortbedingungen: extreme Trockenheit und Sommerwärme, extreme mechanische Beanspruchung durch Wind und wehenden Sand. Natürliche Pioniergesellschaft auf windbewegten Seesanden, nährstoffarmer, reiner Sand, meist schwach kalkhaltig (Muschelschalen) und schwach salzbeeinflußt (Gischt). Keine Bodenreifung, keine Humusbildung, im Sommer extreme Sonneneinstrahlung und Erhitzung der Sandoberfläche.

Charakteristische Pflanzen:
Strandroggen *(Elymus arenarius)*
Strandhafer *(Ammophila arenaria)*
Bastardstrandhafer *(Ammocalamagrostis baltica)*
Strandquecke *(Agropyron junceum)*
Stranddistel *(Eryngium maritimum)*
Filzige Pestwurz *(Petasites spurius)*
Tataren-Lattich *(Lactuca tatarica)*
Strand-Platterbse *(Lathyrus japonicus)*
Salzmiere *(Honkenia peploides)*
Kleinblütige Nachtkerze *(Oenothera ammophila)*

Nutzung: Natürliche Pflanzengesellschaft ohne Nutzung.

Rechts: Offene Sanddünen sind für weite Bereiche der Ost- und Nordseeküste und der Friesischen Inseln typisch.
Unten links: An geschützten Stellen auf grobem Sand und Kies brütet der Sandregenpfeifer.
Unten rechts: Kaninchen bauen in leicht bewachsene Dünen ihre weitverzweigten Baue.

Ökologische Bedeutung: Sandakkumulation im Rahmen von Küstenausgleichsprozessen. Eines der wenigen, ganz von natürlicher Dynamik geprägten Ökosysteme in Mitteleuropa. Lebensraum weniger, aber sehr spezialisierter Pflanzen- und Tierarten. Eiderente, Brandgans, Küsten- und Zwerg-Seeschwalben, Seeregenpfeifer brüten in Dünen. Unter den Insekten gibt es dünenbewohnende Wanzen und Zikaden sowie bodennistende Hautflügler.

Gefährdung: Hauptgefährdung natürlicher Dünen sind Küstenschutzmaßnahmen (Buhnen, Deckwerke, Bepflanzung), durch die das dynamische Wechselspiel von Abtrag, Materialtransport und Anlandung unterbrochen wird. Trittwirkung, Eutrophierung und Vermüllung durch Badetouristen, Anspülung von Schiffsmüll aus dem Meer, Ausbreitung gebietsfremder Arten, z. B. Kartoffelrose als Dünenbepflanzung. Anlage von Häfen, Freizeitanlagen, Ferienhäusern.

Weißdüne der Meeresküste

Schutz und Pflege: Die bedeutendsten Dünengebiete der deutschen Küsten liegen in Schutzgebieten (Nationalparke, Naturschutzgebiete), die übrigen sind formal als 20c-Biotop nach dem Bundesnaturschutzgesetz geschützt. Vorrang des Küstenschutzes vor Naturschutz muß in Schutzgebieten aufgehoben werden, keine technischen (starren) Küstenschutzmaßnahmen, kein Einbringen gebietsfremder Pflanzen, keine Aufforstung. Zulassen natürlicher Dynamik, Absammeln von angespültem Müll, Besucherlenkung, keine Bebauung und keine Freizeitanlagen.

Austernfischer untersuchen den Spülsaum des Meeresstrandes entlang der Dünenwälle.

Oben: Verschiedene Arten von Sandlaufkäfern besiedeln die offenen Dünen, benötigen aber auch bewachsene Bereiche.

Links: Während die Dünen dort, wo der Wind den Sand ständig umlagert, unbewachsen sind, sammelt sich in den Senken langsam Humus an, der das Wachstum von Strandhafer und niederen Sträuchern zuläßt.

Natürlich entstandene Trockenbiotope

Graudüne

Kennzeichen: Lückige, niedrigwüchsige Rasen aus verschiedenen Gräsern, aus einjährigen und ausdauernden Kräutern, Moosen und Flechten. Im Anschluß an Weißdünen, wo der wehende Sand im Windschatten zur Ruhe kommt. Auf Binnendünen oft als Pionierfluren, ältere Rasen meist relativ artenreich und in geschlossene Sandmagerrasen übergehend. Durch eine Reihe sehr spezifischer Sanddünenpflanzen gekennzeichnet. In Abhängigkeit vom Klima werden Silbergrasfluren (im ozeanischen Bereich) und Schillergrasfluren (im mehr kontinentalen Bereich) unterschieden.

Verbreitung/Vorkommen: Silbergrasfluren im Komplex mit Strandhaferdünen an den Meeresküsten von Nord- und Ostsee noch relativ häufig; auf Binnendünen und Flugsandfeldern in ozeanisch beeinflußten Sandlandschaften des norddeutschen Tieflandes, insbesondere Mark Brandenburg und Niederlausitz, verbreitet, auf stillgelegten Truppenübungsplätzen auch großflächig als Erstbesiedler. Sukzession zu Sandmagerrasen oder Zwergstrauchheiden, Gebüsch und letztlich zu Wald. Auf Binnendünen entlang größerer Flußtäler, z.B. Elbetal, mittleres Maintal, nördl. Oberrheintal. Schillergrasfluren in niederschlagsarmen Sandlandschaften mit kontinentalem Klima in Ost-Brandenburg.

Standortmerkmale: Nährstoffarme und saure, trockene, wasserdurchlässige, unentwickelte Rohböden auf offenem Sand, insbesondere auf Küstendünen und Dünen im Binnenland mit zur Ruhe gekommenem Sand, auf brachfallenden Sandfeldern, offenen Sandflächen und Sandgruben als Pionierphase; an frisch angeschnittenen Böschungen auf Sand, großflächig im Bereich aufgelassener Truppenübungsplätze.

Charakteristische Pflanzen:
a) Silbergrasflur
Silbergras *(Corynephorus canescens)*
Sand-Segge *(Carex arenaria)*
Frühlings-Spark *(Spergula morisonii)*
Bauernsenf *(Teesdalia nudicaulis)*
Kleiner Vogelfuß *(Ornithopus perpusillus)*
Berg-Sandknöpfchen *(Jasione montana)*
Sand-Strohblume *(Helichrysum arenarium)*
Sand-Thymian *(Thymus serpyllum)*
Kleines Filzkraut *(Filago minima)*
Kleiner Ampfer *(Rumex acetosella)*
Kleines Habichtskraut *(Hieracium pilosella)*
Rauhes Ferkelkraut *(Hypochoeris radicata)*

Acker-Klee *(Trifolium arvense)*
Feld-Stiefmütterchen *(Viola arvensis)*
Dünen-Veilchen *(Viola canina)*

b) Schillergrasflur
(außer oben genannten Arten)
Blaues Schillergras *(Koeleria glauca)*
Sand-Schafschwingel *(Festuca psammophila)*
Ohrlöffel-Leimkraut *(Silene otites)*
Karthäuser-Nelke *(Dianthus carthusianorum)*
Binsen-Knorpelsalat *(Chondrilla juncea)*
Rispen-Flockenblume *(Centaurea stoebe)*
Gipskraut *(Gypsophila fastigiata)*

Unten links: In offenen, lückigen Bereichen ist der Sand-Mohn charakteristisch, gegen das Landesinnere kommen Sträucher auf.
Unten rechts: Kreuzkröten sind bestens an das Leben in trockenen Bereichen angepaßt.

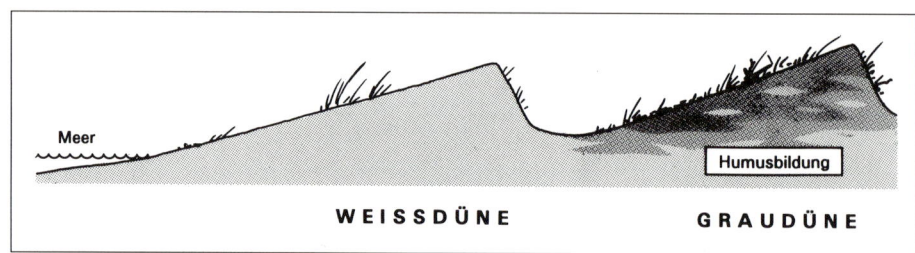

Graudüne

*Oben: Eine der zahlreichen Schwebfliegenarten.
Links: Zwischen Weißdüne und Graudüne gibt es fließende Übergänge.*

Nutzung: Natürliche Pioniergesellschaften auf Küstendünen und offenen Sandflächen des Binnenlandes. Früher extensive Schafbeweidung. Entwicklung zu geschlossenen Sandmagerrasen, Regeneration bei mechanischer Störung der Grasnarbe.

Ökologische Bedeutung: Silbergrasfluren sind für die Festlegung losen Sandes und den Beginn von Bodenentwicklung von großer Bedeutung. Biotop einer größeren Zahl nährstoffanspruchsloser, trockenheitsertragender Sandpflanzen mit charakteristischem Verbreitungsmuster (ozeanisch bzw. kontinental). Mehrere Moos- und Flechtenarten haben den Schwerpunkt ihres Vorkommens in diesen Pionierrasen, die zugleich wichtiger Nistbiotop für bodennistende Hautflügler sowie zahlreiche andere Insektenarten, insbesondere Schwebfliegen und Sand-Laufkäfer, sind.

Gefährdung: Aufforstung sogenannter »Ödlandflächen«, wodurch Struktur und Artenzusammensetzung der Silbergrasfluren zerstört werden. Bebauung, Vermüllung und Eutrophierung, Trittwirkung durch Freizeitaktivitäten sowie Massenvermehrung von Kaninchen und damit verbundene Ruderalisierung sind weitere Gefährdungsfaktoren. Im Verlauf natürlicher Sukzession wandeln sich offene Silbergrasfluren zu Wald.

Schutz und Pflege: Bedeutende Flächen sind in Schutzgebieten an den Meeresküsten, aber auch im Binnenland enthalten. Die Erhaltung dieses Vegetationstyps ist an ungestörtes Wirken küstenformender Prozesse einschließlich Dünenentwicklung gebunden. Auf Küstendünen entwickeln sich Graudünen immer wieder im Verlauf der natürlichen Küstendynamik. Diese wird in Nationalparken an der Küste weitgehend gewährleistet. Pflege ist dort weder notwendig noch sinnvoll. Im Binnenland ist extensive Schafbeweidung die beste Form der Pflege von Silbergrasfluren. Entscheidend sind Entzug von Biomasse und Offenhalten des Sandbodens, Unterbindung der Bodenreifung und Humusansammlung.

Graudünen sind Lebensraum für Spezialisten, die allein auf Regen angewiesen sind: Zwischen Strandhafer gedeiht auch die Stranddistel.

Natürlich entstandene Trockenbiotope

Sandmagerrasen

Kennzeichen: Lückige bis geschlossene Rasen aus mehrjährigen, meist niedrigwüchsigen Gräsern und Kräutern auf trockenen bis mäßig trockenen, nährstoffarmen Sandstandorten. Bestimmende Gräser sind Rotes Straußgras, Schaf-Schwingel, Rauhblatt-Schwingel, Sand-Segge, Horste von Grasnelke und Polster von Sand-Thymian. Oft gut entwickelte Moosschicht zwischen den Kräutern; in jungen Entwicklungsphasen Silbergras und Kleiner Ampfer.

Oben: Der Bienenfresser kommt im österreichischen Burgenland vor.
Rechts: Sandmagerrasen auf einem nicht mehr genutzten Flugplatzgelände.
Unten: Kreiselwespen jagen andere Insekten wie Schwebfliegen.

Verbreitung/Vorkommen: Ehemals weitverbreitet und großflächig als Weiderasen auf mageren Sanden, charakteristischer anthropogener Vegetationstyp vorindustrieller Kulturlandschaft. Oft aus vormaligen Äckern hervorgegangen, auch als Sukzessionsstadium auf offenen Rohböden an Böschungen und in aufgelassenen Kiesgruben. Im pleistozänen norddeutschen Tiefland weit verbreitet, in Brandenburg noch relativ häufig. Großflächig z. B. am Rande von Truppenübungsplätzen und in Braunkohle-Bergbaufolgelandschaften, in Mittel- und Süddeutschland seltener und meist kleinflächig im Hügelland und unteren Bergland in Flugsandgebieten, in Sandsteinlandschaften und auf Kies- und Schotterbänken entlang größerer Flußtäler, z. B. Mainzer Sand, nördliche Oberrheinebene (Binnendünen), Oberpfalz, mittleres Donau-Isar-Hügelland, mittleres Maintal, Pegnitz- und Rednitzbecken, Thüringer Buntsandsteinland. In Österreich z. B. Marchfeld und kleinflächig bei Siegendorf und Deutschkreuz (Burgenland).

Standortmerkmale: Trockene bis mäßig trockene, grundwasserferne, meist tiefgründige Fein- und Mittelsande, mäßig nährstoffarm, auch auf gröberen Sanden und Kies (Flußtäler), schwach basisch bis schwach sauer, häufig auf Seesanden an der Küste (Strandwälle) und auf Sanderflächen und festgelegten Flugsandfeldern. Durchlässige Böden von geringer Wasserkapazität.

Charakteristische Pflanzen:
Rotes Straußgras *(Agrostis tenuis)*
Schaf-Schwingel *(Festuca ovina)*
Rauhblatt-Schwingel *(Festuca trachyphylla)*
Sand-Segge *(Carex areanaria)*
Dreizahn *(Danthonia decumbens)*
Nelken-Schmielenhafer *(Aira caryophyllea)*
Früher Schmielenhafer *(Aira praecox)*
Grasnelke *(Armeria maritima)*
Kleiner Ampfer *(Rumex acetosella)*
Kleines Habichtskraut *(Hieracium pilosella)*
Echtes Labkraut *(Galium verum)*
Ferkelkraut *(Hypochoeris radicata)*
Floh-Thymian *(Thymus pulegioides)*
Hasen-Klee *(Trifolium arvense)*
Silber-Fingerkraut *(Potentilla argentea)*
Feld-Beifuß *(Artemisa campestris)*
Platterbsen-Wicke *(Vicia lathyroides)*

Nutzung: Früher extensive Schafbeweidung, oft durch Beweidung aus Ackerbrachen hervorgegangen, zeitweiliges Sukzessionsstadium in aufgelassenen Kiesgruben, am Rande von Truppenübungsplätzen. Heute meist keine oder aber intensive landwirtschaftliche Nutzung. Erholungsnutzung durch

Wandern, Lagern usw. Bei Nutzungsauflassung Sukzession zu Gebüschen (Besenginster, Rosen, Schlehen, Weißdorn) und Wald (Anflug von Kiefer, Birke; später Aufwachsen von Vogelbeere, Eiche, Buche).

Ökologische Bedeutung: Sandmagerrasen sind für die Festlegung von Flugsanden von Bedeutung für Bodenbildung und Erosionsschutz. Aufgrund der Durchlässigkeit des nährstoffarmen Substrates und der geringen Transpiration der Magerrasen wichtig für die Grundwasserbildung. Lebensraum zahlreicher spezifischer Pflanzen- und Tierarten (Blütenpflanzen, Moose, Laufkäfer, Schmetterlinge, Heuschrecken, Wildbienen, mitunter auch Knoblauchkröte) sowie verschiedener Pflanzengemeinschaften und Entwicklungsphasen (lückige Pionierphasen bis Übergang zu Gebüschen).

Gefährdung: Intensivierung landwirtschaftlicher Nutzung (Düngung, Standweide, hohe Viehdichte), Eutrophierung durch Nährstoffeinwehung von benachbarten Äckern, Gülleverkippung, Aufforstung, Auflassung der Nutzung und Sukzession zu Gebüsch und Wald, Zerstörung durch Abbau von Kies und Sand, Deponie von Aushub, Gartenabfällen, Müll, »Rekultivierung« von Halden und Abbaugruben. Trittbelastung durch Erholungsnutzung kann bis zu einem gewissen Grad fehlende Weidenutzung kompensieren, bei übermäßiger Einwirkung aber zur Zerstörung der Rasen führen. Gefahr durch Motorrad-Geländefahren usw.

Schutz und Pflege: Sicherung durch Schutzgebietsausweisung, Weiterführung bzw. Wiederaufnahme extensiver Beweidung oder entsprechender Pflegenutzung. Großflächige Entwicklung bzw. Erhaltung in Bergbaufolgelandschaften mit sandigem Substrat (z. B. Niederlausitz) und auf aufgelassenen Truppenübungsplätzen durch Verzicht auf kostenaufwendige »Rekultivierung« und Aufforstung. Schutz als sog. § 20c-Biotop des Bundesnaturschutzgesetzes.

Oben: An der Ostseeküste und auf der Insel Rügen sind breite Streifen des Küstenlandes als Sandmagerrasen ausgebildet.
Rechts: Wo es heiß und trocken ist, fühlen sich Heuschrecken, hier eine Ödlandschrecke, wohl.

Natürlich entstandene Trockenbiotope

Felsstandort auf Kalk

Kennzeichen: Natürliche Felsbildungen in den Alpen oder den aus Kalkgestein aufgebauten Mittelgebirgen (vor allem Frankenalb, Schwäbische Alb und Schweizer Jura), Kalkfelsen an Talwänden oder Felswände in genutzten oder stillgelegten Kalksteinbrüchen. Unstrukturiert, also mehr oder weniger glatt, oder gegliedert von Spalten, Vorsprüngen und Schichtfugen. Felsköpfe als oberer Abschluß von Felsen sind trotz gelegentlicher geringmächtiger Bodenauflage in der Regel besonders extreme Trockenbiotope, da das Regenwasser sofort abfließt.

Verbreitung/Vorkommen: Alle Bergländer aus Kalkgestein, z.B. Schwäbische Alb (vor allem Albtrauf entlang Nordgrenze), Frankenalb mit Altmühltal, Muschelkalktäler (Mittelabschnitte der Täler von Neckar, Kocher, Jagst und Tauber; Saaletal in der Umgebung von Jena), Schweizer Jura, Hochgebirge in der Kalkregion.

Unzugängliche Felsbereiche sind die Rückzugsräume vieler Greifvögel. In den Alpen ist an wenigen Stellen noch der Gänsegeier anzutreffen.

Standortmerkmale: Kleine und kleinste Nischen und Vorsprünge an Felsen, zum Teil nur in feuchten Jahren von Vegetation besiedelbar. Bodenauflage auch auf Felsköpfen minimal. Extreme Trockenheit.
Bodentypen: Flachgründige, mehr oder weniger humose, steinige Verwitterungslehme (braune Rendzinen) oder Rohböden. In Felsnischen geringste Mengen Kalk-Braunerde.

Selbst in kleinsten Ritzen an senkrechter Felswand, wo sich in den Gesteinsfugen etwas Humus und Feuchtigkeit halten kann, gedeiht die Fetthenne. An anderen Standorten wird sie von höherwachsenden Pflanzen verdrängt.

Charakteristische Pflanzen:
Fetthenne (*Sedum* ssp.)
Hauswurz (*Sempervivum* ssp.)
Steinbrech (*Saxifraga* ssp.)
Natternkopf (*Echium vulgare*)
Heckenrose (*Rosa canina*)
Liguster (*Ligustrum vulgare*)
Mauerraute (*Asplenium ruta-muraria*)
Jura-Strichfarn (*Asplenium fontanum*)

Nutzung: In der Regel – von Schottergewinnung in Steinbrüchen abgesehen – keine wirtschaftliche Nutzung. Freizeitnutzung durch Kletterer mit teilweise erheblichen Beeinträchtigungen der Tier- und Pflanzenwelt. Absprungbasis für Drachenflieger, Paraglider usw.

Felsstandort auf Kalk

Ökologische Bedeutung: Extremstandort für spezialisierte Pflanzen und Tiere, z. B. einzige Nistplatzmöglichkeit des Wanderfalken außer Brutplätzen an Ruinen, Fabrikschornsteinen und Kraftwerkskühltürmen. Lebensraum von felsbewohnenden Insekten, Turmfalke, mitunter Wanderfalke, Dohle, Uhu, Mauersegler, Hausrotschwanz, Kolkrabe.

Gefährdung: Felsklettern als Sportart mit zunehmender Ausweitung und Ausräumen von Nischen mit Boden und Vegetation zur Verbesserung der Griffe. Dadurch Beeinträchtigung der Vegetation bis hin zur Vernichtung von Pflanzenstandorten; Beunruhigung von Tieren, Vertreibung vom Nistplatz oder Vernichten von Bruten extrem gefährdeter Vogelarten. An Aussichtspunkten ist in der Regel die Vegetation der Felsköpfe stark geschädigt, wo keine Absperrvorrichtungen das Betreten einschränken. Ehemalige Steinbrüche sollten nicht grundsätzlich, und wenn, dann nicht vollständig verfüllt werden; auch hohe Wände sind wichtig (z. B. für Wanderfalke oder Uhu).

Schutz und Pflege: Felsen sollten nach Möglichkeit ganzjährig, zumindest jedoch während der Brutzeit der Vögel, vor jeglichem Betreten geschützt sein. Wo nicht alle Felsen der Natur überlassen bleiben können, müssen zumindest die ökologisch bedeutendsten geschützt werden und konsequent der natürlichen Entwicklung vorbehalten bleiben. Auch die Felsköpfe sollten nicht an allen Aussichtsfelsen bis in vorderster Linie betreten werden dürfen. Pflegemaßnahmen sind in aller Regel nicht erforderlich. Ehemalige Steinbrüche sollten als Ersatzbiotope mit hoher Vielfalt an Lebensraumangeboten vor völligem Verwachsen gesichert werden.

Oben links: Die Smaragdeidechse findet sich nur in trocken-heißen Felsgegenden.
Oben rechts: Die Hauswurz ist ein Überlebenskünstler: Sie kann sowohl auf Hausdächern als auch auf felsigem, wochenlang trockenem Untergrund überleben.
Unten: Felskopf in der Weinbaulandschaft des Mittleren Neckartales.

Natürlich entstandene Trockenbiotope

Felsrasen auf sauren Gesteinen

Kennzeichen: Felsrasen in eng verzahntem Vegetationskomplex mit niedrigwüchsigem, lichten Felswald, Felsgebüsch, Felsspaltenfluren und epilithischen Kryptogamengemeinschaften an natürlichen Waldgrenzstandorten auf sauren Gesteinen. Sehr lückige Pflanzendecke aus Grashorsten von Felsen-Schwingel *(Festuca cinerea)*, Polsterpflanzen wie Pfingstnelke *(Dianthus gratianopolitanus)*, Rosettenstauden wie Alpenaster *(Aster alpinus)*, Bleiches Habichtskraut *(Hieracium pallidum)*, Blauer Lattich *(Lactuca perennis)* und Kleinfarnen wie Wimperfarn *(Woodsia ilvensis)*, Schriftfarn *(Ceterach officinarum)* und verschiedenen Strichfarnen *(Asplenium)*.

Verbreitung/Vorkommen: Seltene Reliktgesellschaft an azonalen Extremstandorten im mitteleuropäischen Verbreitungsgebiet bodensaurer Eichen-Felswälder von Mittelfrankreich durch Süd- und Mitteldeutschland, Böhmen, Niederösterreich bis zur Slowakei. Rheinisches Schiefergebirge, Moseltal, Nahetal, Hegau, Altmühltal und Donautal, Thüringer Schiefergebirge und Frankenwald, Rhön, Harz (Bodetal), Erzgebirgstäler, Oberlausitz und Zittauer Gebirge, Böhmisches Mittelgebirge, Zentralböhmen, Thaya-, Kamp-, Kremstal, Wachau.

Standortmerkmale: Reliefbedingte natürliche Waldgrenzstandorte in Flußtälern und an Härtlingen von Vulkanbergen, süd- bis südwestexponierte felsige Steilhänge und Felsklippen mit flachgründigen, skelettreichen, sauren, nährstoffarmen Gesteinsverwitterungsböden, trockenes und meist warmes Standortklima. Als Gesteine treten sowohl

Der Segelfalter ist einer der seltensten Schmetterlingsarten in Mitteleuropa.

Ein Wunder der Natur: Mauerraute (oben) und Strichfarn in Felsfuge.

Granit, Diabas, Porphyr, Basalt, Phonolith als Tiefengesteine auf als auch verschiedene Schiefer.

Charakteristische Pflanzen:
Fels-Schwingel *(Festuca cinerea)*
Alpenaster *(Aster alpinus)*
Pfingstnelke *(Dianthus gratianopolitanus)*
Bleiches Habichtskraut *(Hieracium pallidum)*
Südlicher Wimperfarn *(Woodsia ilvensis)*
Nordischer Strichfarn *(Asplenium septentrionale)*
Schwarzstieliger Strichfarn *(Asplenium trichomanes)*
Schwarzer Strichfarn *(Asplenium adiantum-nigrum)*
Schriftfarn *(Ceterach officinarum)*
Blauer Lattich *(Lactuca perennis)*
Stein-Fingerkraut *(Potentilla rupestris)*
Pechnelke *(Lychnis viscaria)*
Berg-Heilwurz *(Seseli libanotis)*
Schwalbenwurz *(Vincetoxicum hirundinaria)*
Nickendes Leimkraut *(Silene nutans)*
Berg-Lauch *(Allium montanum)*
Felsenbirne *(Amelanchier ovalis)*
Brillenschötchen *(Biscutella laevigata)*
Färber-Ginster *(Genista tinctoria)*
Schwarzwerdender Geißklee *(Cytisus nigricans)*
Felsen-Steinkraut *(Alyssum saxatile)*

Felsrasen auf sauren Gesteinen

Nutzung: Natürliche Pflanzengemeinschaft an waldfeindlichen Extremstandorten, die in der Regel keiner Nutzung unterliegen.

Ökologische Bedeutung: Der Vegetationskomplex an trockenwarmen Waldgrenzstandorten auf sauren Gesteinen gehört zu den wenigen und kleinflächigen Resten ursprünglicher Vegetation in Mitteleuropa. Die Zusammensetzung der Pflanzendecke wird durch Gestein und Klima bestimmt. Neben einer großräumigen, klimatisch bedingten Differenzierung zwischen ozeanischem und subkontinentalem Komplex gibt es geringfügige gesteinsbedingte Differenzierungen. Dieser Komplex enthält mit mehreren, sehr seltenen und nur an natürlichen Felsstandorten vorkommenden Pflanzen einen sehr spezifischen Teil der mitteleuropäischen Biodiversität. Sie sind auch Bruthabitat für verschiedene Insektenarten (z. B. Mörtelbienen, Großschmetterlinge) und Vögel, z. B. Uhu, Wanderfalke, Mauersegler.

Gefährdung: In der Vergangenheit sind Einschränkungen durch Steinbruchbetrieb erfolgt. Gegenwärtige Gefährdungsfaktoren sind Felsenkletterei und Trittwirkung von Touristen. Durch starken Besucherdruck auf die oft exponierten Felsen mit Aussichtspunkten sind diese Felsrasen erheblich gefährdet, da es sich um außerordentlich empfindliche Pflanzengemeinschaften handelt. Wegen ihrer Seltenheit gelten sie als potentiell gefährdet, die Vernichtung einzelner Standorte würde bereits einen erheblichen Verlust des seltenen Gesamtvorkommens bedeuten. Durch Besucherverkehr wird vor allem die Vogelwelt beunruhigt und Abfall hinterlassen.

Schutz und Pflege: Bedeutende Bestände dieser natürlichen Trockenstandorte befinden sich in Schutzgebieten. Die übrigen sind in Deutschland grundsätzlich geschützt. Sicherung aller noch vorkommenden Bestände in Naturschutzgebieten und Abwendung von Steinbruchbetrieb. Freihalten von Besucherverkehr. Spezielle Pflegemaßnahmen sind nicht erforderlich.

Oben: Die Steinnelke besiedelt lückige Streifen entlang von Waldrändern.
Rechts: Österreichischer Lein und Kartäuser-Nelke am Ostabfall der Alpen im Burgenland.

Blockschutthalden

Kennzeichen: Natürlich waldfreie, vegetationsfeindliche Extremstandorte an steilen Berghängen unterhalb exponierter Felsklippen. Schutthalden oder »Blockmeere« aus Gesteinsbrocken unterschiedlicher Größe und unterschiedlichen Materials, meist kalkfreie Gesteine (Basalt, Phonolith, Diabas, Granit, Porphyr), seltener Kalk oder Gips.
Vegetationsstrukturen selbst auf verschiedenen Gesteinen grundsätzlich ähnlich. Als charakteristische Komplexe lassen sich unterscheiden: Blockhaldenwald mit charakteristischen Grenzstrukturen wie gebogene Stämme, durch Stockausschlag beschädigte Bäume, vielstämmige Exemplare, Äste der Randbäume einseitig zur offenen Blockhalde übergebogen, tiefansitzende Äste weit gegen Freifläche vorgestreckt. Regenerationsfähige und flexible Gehölze, die trotz mechanischer Beschädigung weiterwachsen wie Linde, Spitz-Ahorn, Trauben-Eiche, Berg-Ulme; schnellwüchsige Pioniergehölze, die infolge eines kurzen Lebenszyklus beschädigte Individuen schnell durch jüngere ersetzen können, z.B. Birke, Zitter-Pappel, Vogelbeere, Mehlbeere, Vogelkirsche. Hoher Totholzanteil.
Blockhaldengebüsch in meist kleinen Gruppen zwischen zur Ruhe gekommenen Blöcken; Felsmispel, Hasel, Trauben-Holunder, Baumjungwuchs.
Offene Vegetation aus Krautpflanzen nur sporadisch und sehr lückig bzw. nur als Einzelpflanzen zwischen Gesteinsbrocken. Größere Blöcke mit Flechten und Moosen bewachsen.

Verbreitung/Vorkommen: Meist in Verbindung mit Felsvegetation saurer Gesteine in felsigen Flußtälern am Rande der Mittelgebirge und an Vulkanbergen: Rheinisches Schiefergebirge, Vogelsberg, Rhön, Grabfeld, Thüringer Schiefergebirge, Harz, Erzgebirge, Vogtland, Böhmisches Mittelgebirge, Oberlausitz.
Schutthalden aus Kalkgestein meist im Bereich von Bergstürzen, z.B. Muschelkalk in Süd-Niedersachsen, Werrabergland, Thüringen; Jurakalk in der Schwäbischen und Fränkischen Alb, Schweizer Jura. Vorkommen geologisch (Gestein) und geomorphologisch (Verwitterung) bedingt. Für die Entstehung von Blockhalden spielt Klima wichtige Rolle (Frostverwitterung unter subarktischen Klimabedingungen), für die Differenzierung der Pflanzendecke auf Blockstandorten spielt es hingegen nur eine nachgeordnete Rolle.
Weite Verbreitung haben Blockstandorte in Gebirgen oberhalb der Waldgrenze, in der arktischen Tundrenzone und in der nördlichen Nadelwaldzone.

Standortmerkmale: Mechanische Beanspruchung durch herabrutschende oder herabstürzende Felsbrocken sind der bestimmende Standortfaktor. Dies läßt die Entwicklung einer geschlossenen Pflanzendecke nicht zu. Nur sehr flexible Pflanzen (Pioniere) sind in der Lage, sich unter diesen Bedingungen anzusiedeln und zu behaupten. Das Fehlen von Boden ist das zweite bestimmende Merkmal der Blockstandorte. Damit im Zusammenhang steht die relative Trockenheit. Während unter den Blöcken mitunter Wasser fließen kann, ist es an der Oberfläche der Blockhalde sehr trocken und in Südexposition zeitweise auch sehr heiß. Auf nordexponierten Blockhalden herrscht hingegen ein ausgeglicheneres, oft auch luftfeuchtes Kleinklima.

Oben: Blockschutthalde mit Blockhaldengebüsch
Unten links: Aspisviper
Unten rechts: Überlebenskünstler Fetthenne

Blockschutthalden

Charakteristische Pflanzen:
Rasen-Steinbrech (Saxifraga decipiens), selten
Stein-Fingerkraut (Potentilla rupestris), selten
Felsen-Schwingel (Festuca cinerea)
Schwalbenwurz (Vincetoxicum hirundinaria)
Gewöhnliche Waldrebe (Clematis vitalba)
Berg-Lauch (Allium montanum)
Schöllkraut (Chelidonium majus)
Schnittlauch (Allium schoenoprasum)
Große Fetthenne (Sedum maximum)
Hügel-Weidenröschen (Epilobium collinum)
Nabelflechte (Umbilicaria div. spec.)
Zackenmützenmoos (Rhacomitrium lanuginosus)

Nutzung: Blockhalden gehören zu den wenigen kaum beeinflußten natürlichen Standorten Mitteleuropas. Auf Grund der extremen Standortverhältnisse unterliegen sie in der Regel keiner Nutzung.

Ökologische Bedeutung: Blockschutthalden im Komplex mit Felsvegetation und umgebenden Steilhangwäldern gehören zu den wenigen und kleinflächigen Resten natürlicher Vegetation Mitteleuropas. Sie sind Zeugnisse von »Urlandschaft« und Beispiele für Selbstregulation von Pflanzendecke unter extremen Grenzbedingungen.

Gefährdung: Gering bis nicht vorhanden, da in der Regel nicht nutzbar. Potentielle Gefährdung durch Steinbruchbetrieb bzw. Schottergewinnung für Straßenbau sowie durch touristische Erschließung (Aussichtspunkte, Wanderwege, Klettersport).

Schutz und Pflege: Die bedeutendsten Beispiele befinden sich in Naturschutzgebieten bzw. sind in Deutschland als 20c-Biotope geschützt. Wirksamster Schutz ist, Blockhalden in Ruhe zu lassen, Pflegemaßnahmen sind nicht erforderlich.

Rechts: Im Hochgebirge, wo aufgrund der klimatischen Bedingungen kaum Pflanzenwuchs und deshalb auch keine Humusbildung möglich ist, steht das Gestein an. In Blockschutthalden, die zwar langsam, aber fortwährend in Bewegung sind, können nur Spezialisten wie robuste Flechtenarten sowie zwergwüchsige Bäume und Sträucher überleben, deren Wurzeln in tieferen Spalten und Klüften zu Humus und Feuchtigkeit vordringen können.

Natürlich entstandene Trockenbiotope

Schotter- und Sandbänke in Flußauen

Kennzeichen: Flußauen sind außerordentlich starker Dynamik unterworfen, die von strömendem Wasser, wechselnder Wasserführung (Hochwasser) und Eisgang bestimmt wird. Innerhalb des von Wasser geprägten Gesamtsystems gibt es Bereiche, die durch zeitweilige Trockenheit gekennzeichnet sind. Vom Fluß mitgeführtes Sediment wird in Abschnitten mit geringer Strömung abgelagert zu Schotterbänken (im Oberlauf), Kiesbänken (mehr im Mittellauf) und Sandbänken. Grobes Material (Schotter) wird weniger weit transportiert als feineres (Sand). Oft sind aber Schotter, Kies und Sand dicht nebeneinander oder durcheinander abgelagert. Während der Schneeschmelze ist die Sedimentführung der Flüsse besonders stark (intensive Verwitterung). Entlang der Gebirgsflüsse sind bis weit hinab ins Hügelland eiszeitliche Schotterterrassen abgelagert.

Rezente Kies- und Sandbänke, sogenannte Alluvionen, sind oft nur kurzlebig und in Form und Ausdehnung veränderlich. Die Pflanzendecke ist sehr lückig und erscheint zufällig zusammengesetzt. Sie unterliegt gesetzmäßiger Sukzession zu geschlossener Pflanzendecke, Gebüsch und schließlich Wald, sofern keine einschneidenden Störungen auftreten.

Verbreitung/Vorkommen: In allen Flußtälern vom Gebirge bis ins Tiefland, insbesondere im Oberlauf und Mittellauf. Im Bereich der Unterläufe selten, in vermoorten Tälern von Tieflandflüssen ganz fehlend. Nicht an bestimmte Klimagebiete gebunden. Im Alpenraum sind alte Schotterterrassen Standort von Schneeheide-Kiefernwäldern.

Was sind hier Kieselsteine und was Eier des Flußregenpfeifers?

Standortmerkmale: Bestimmendes Merkmal ist die Veränderlichkeit und Unsicherheit des Lebensraumes. Pflanzen und Tiere sind wechselnden und oft gänzlich unberechenbaren Bedingungen ausgeliefert. Bei starker Wasserführung können Sand- und Kiesbänke weggespült werden und an anderer Stelle neu entstehen (besonders im gefällestarken Oberlauf). Im Mittellauf von Flüssen werden Sandbänke bei Hochwasser überflutet und fallen bei Normalwasser wieder trocken. Je höher das Niveau der Oberfläche über dem mittleren Wasserstand des Flusses liegt, um so seltener wird die Pflanzendecke von Überflutung betroffen und um so trockener ist der Standort. Im Mittel- und Unterlauf sind die Standorte durch reichliche Nährstoffversorgung gekennzeichnet.

Weite Schotterflächen waren einst für viele Flußläufe Mitteleuropas kennzeichnend. Heute sind sie auf Gebirgsflüsse beschränkt. Auch wenn der Fluß sein Bett laufend umgestaltet, sind die Schotterflächen nicht tot. Die Pflanzen ertragen jährliche Überschwemmung und kommen schnell zur Blüte und zur Aussamung.

Schotter- und Sandbänke in Flußauen

Der Flußregenpfeifer ist auf die Schotterbänke angewiesen. Einziger Schutz für die Eier (siehe Bild vom Gelege links) ist die Ähnlichkeit mit Flußkieseln; die Jungen sind Nestflüchter und werden sofort nach dem Schlüpfen an den neuen Lebensraum gewöhnt.

Charakteristische Pflanzen:
Ein Merkmal ist, daß es kaum charakterische Pflanzen gibt. Die Vielzahl vorkommender Arten erscheint eher zufällig zusammengewürfelt und ist abhängig von angespülten und angewehten Samen. Auf neuentstandenen Kies- und Sandbänken siedeln sich Einjährige an, z. B.:
Klatsch-Mohn (*Papaver rhoes*)
Sand-Mohn (*Papaver argemone*)
Gelber Hornmohn (*Glaucium flavum*), selten
Vielsamiger Gänsefuß (*Chenopodium polyspermum*)
Echte Kamille (*Matricaria chamomilla*)
Donau-Knöterich (*Polygonum brittingeri*)
Steife Wolfsmilch (*Euphorbia stricta*)
Sandkresse (*Cardaminopsis arenosa*).

Auf höhergelegenen Kiesbänken in Flußtälern des Alpenraumes sind als charakteristische Pflanzengesellschaften ausgebildet:
Fleischer's Weidenröschenflur (*Epilobietum fleischeri*)
Alpenknorpelsalat-Kiesbettflur (*Chondrilletum chondrilloidis*)
Weiden-Tamarisken-Gebüsch (*Salici-Myricarietum*).
Tamariske (*Myricaria germanica*)
Purpur-Weide (*Salix purpurea*)
Sanddorn (*Hippophae rhamnoides*)
Grau-Erle (*Alnus incana*)
Alpen-Knorpelsalat (*Chondrilla chondrilloides*)
Weidenröschen (*Epilobium fleischeri, E. dodonaei*)
Alpen-Leinkraut (*Linaria alpina*)
Rainfarn (*Chrysanthemum vulgare*)
Huflattich (*Tussilago farfara*)
Echtes Johanniskraut (*Hypericum perforatum*)

Nutzung: Aufgrund der extremen Dynamik und Veränderlichkeit unterliegen Kies- und Schotterbänke kaum einer regelmäßigen Nutzung. Gelegentlich werden sie als Viehweide genutzt oder zur Kiesgewinnung abgebaut.

Ökologische Bedeutung: Wichtiger Teillebensraum in Flußtälern und Flußauen. Vegetationsarme Schotterbänke und Sandflächen sind Lebensraum konkurrenzschwacher Pflanzenarten sowie einer Reihe von spezialisierten Insekten und Spinnen, z. B. Gefleckte Schnarrschrecke, Kiesbank-Grashüpfer, Kurzflügelkäfer, Wolfsspinnen. Auch einige Vogelarten sind auf Schotter- und Kiesflächen als Bruthabitat angewiesen, z. B. Flußregenpfeifer, Flußseeschwalbe, Flußuferläufer. Außerdem ist es Lebensraum der Wechselkröte.

Gefährdung: Die natürliche Dynamik von Fließgewässern wird durch Maßnahmen des Gewässerbaus (Uferbefestigung, Stauwehre) eingeschränkt oder ganz ausgeschaltet. Insbesondere im Mittel- und Unterlauf der meisten Flüsse ist die Dynamik weitgehend ausgeschaltet worden. Durch technische Eingriffe in das Abflußgeschehen wird auch die Sedimentführung beeinflußt, so daß es kaum mehr zur Bildung neuer Kies- und Sandbänke kommt.

Schutz und Pflege: Wichtigstes Schutzziel ist die Gewährung unbehinderter natürlicher Dynamik von Fließgewässern (Abflußverhalten, Sedimentführung). Das natürliche Flußregime ist die Gewähr für immer wieder neu entstehende zeitweilige Trockenstandorte in Flußtälern. Daher darf kein weiterer Ausbau von Fließgewässern erfolgen. Alle noch existierenden Wildwasserflüsse sind unbedingt schützenswert. In bereits verbauten und kanalisierten Flußabschnitten sollte eine Regeneration natürlicher Dynamik zugelassen werden.

Wechselkröte

Blaugrasrasen

Kennzeichen: Sehr lückige Rasen auf nacktem Kalk- und Gipsgestein bzw. auf dessen Verwitterungsschutt. Die Struktur dieser Rasen wird von dichten Horsten des Blaugrases (Sesleria varia) bestimmt. Daneben spielen niedrige Spalierhalbsträucher wie Echter und Berg-Gamander (Teucrium chamaedrys, T. montanum), Sonnenröschen (Helianthemum nummularium) und Früher Thymian (Thymus praecox) sowie zahlreiche Kräuter eine wichtige Rolle im Bestandsaufbau.

Blaugrasrasen kommen als natürliche Pflanzengemeinschaft meist kleinflächig an waldfreien Sonderstandorten im Komplex mit Felsgebüschen, Staudensäumen und Blaugras-Buchenwäldern an extremen Grenzstandorten für Wald vor. Sie können andererseits aber auch anthropogen ausgeweitet sein und ganze Berghänge überziehen, sofern genügend Zeit für die Ausbreitung zur Verfügung stand.

Verbreitung/Vorkommen: Das Blaugras als dominierende Art ist geradezu ein Lehrbuchbeispiel für »dealpine« Verbreitung. Vom Hauptverbreitungsgebiet in den Alpen (alpine und subalpine Blaugrasrasen auf Kalkgestein) steigt sie an geeigneten Standorten bis weit in das Berg- und Hügelland hinab. Die hier beschriebenen Blaugrasrasen zeigen eine typische »perialpine« Verbreitung, d.h. ihr Verbreitungsgebiet liegt zwar

überwiegend außerhalb der Alpen, schließt aber deren Randberge ein und bleibt auf alpennahe Mittelgebirge und Hügelländer beschränkt.

Das Verbreitungsgebiet der Blaugrasrasen in Mitteleuropa umfaßt die Kalkalpen, den Schweizer Jura, Kalkberge des Alpenvorlandes, Schwäbische und Fränkische Alb, Muschelkalkgebiete im mittleren Neckargebiet, in Mainfranken, Süd-Thüringen, in den Randlagen des Thüringer Beckens, im Werrabergland, Eichsfeld, auf Kalkbergen in Süd-Niedersachsen und im Hessischen Bergland; auf Gipsbergen am südlichen Harzrand und im Kyffhäuser.

Standortmerkmale: Orographisch-kleinklimatisch bedingte Waldgrenzstandorte wie steile Kalkhänge, Kalkfelsen, Felsbänder und Felsköpfe aus Kalk verschiedener Formationen (Devon, Muschelkalk, Jura), seltener auf Gipsfelsen (Zechstein); Schutthalden aus Verwitterungsschutt. Flachgründige, skelettreiche Kalk- und Gips-Rohböden. Besonders typisch an Bergsturzwänden in Muschelkalkgebieten. In Abhängigkeit vom Klima und Gestein können verschiedene Ausbildungen von Blaugrasrasen in jeweils besonderen Vegetationskomplexen unterschieden werden. In niederschlagsreicheren Landschaften kommen sie im Komplex mit Blaugras-Buchenwäldern und Felsbirnen-Felsmispel-Gebüschen auch an schattenseitigen Felsen als Kreuzblümchen-Blaugrasrasen (auf Muschelkalk), Herzblatt-Blaugrasrasen (auf Gips) und Sonnenröschen-Blaugrasrasen (auf Devonkalk) vor.

Links: Typische Blaugrashalde in der unteren Stufe der Alpen. Wenige Zentimeter unter der Erdoberfläche steht der pure Fels an.
Unten: Schlingnattern jagen vor allem Eidechsen.

In trockenwarmen Muschelkalklandschaften (Weinbaugebiete) herrschen Orchideen-Blaugrastrockenrasen im Komplex mit Elsbeer-Eichenbuschwäldern an trockenwarmen Waldgrenzstandorten.

Charakteristische Pflanzen:
Blaugras (Sesleria varia)
Vogelfuß-Segge (Carex ornithopoda)
Blaugrüne Segge (Carex flacca)
Niedrige Segge (Carex humilis)
Bitteres Kreuzblümchen (Polygala amarella)
Fransen-Enzian (Gentianella ciliata)
Deutscher Enzian (Gentianella germanica)
Golddistel (Carlina vulgaris)
Hufeisenklee (Hippocrepis comosa)
Scheiden-Kronwicke (Coronilla vaginalis)

Das Sonnenröschen ist eine typische Pflanze der Blaugrasrasen. Es besiedelt auch andere Trockenbiotope wie etwa Kalkmagerwiesen.

Blaugrasrasen

Berg-Distel *(Carduus defloratus)*
Sumpf-Herzblatt *(Parnassia palustris)*
Brillenschötchen *(Biscutella laevigata)*
Sonnenröschen *(Helianthemum nummularium)*
Früher Thymian *(Thymus praecox)*
Berg-Gamander *(Teucrium montanum)*
Edel-Gamander *(Teucrium chamaedrys)*
Ästige Graslilie *(Anthericum ramosum)*
Rotbrauner Sitter *(Epipactis atrorubens)*
Berg-Aster *(Aster amellus)*

Nutzung: Natürliche Bestände an Extremstandorten unterliegen keinerlei Nutzung. Bei einigen Ausbildungen an trockenwarmen Standorten größerer Ausdehnung kann frühere extensive Schafbeweidung nicht ausgeschlossen werden. Für die Existenz von Blaugrasrasen ist dies aber von untergeordneter Bedeutung.

Mit charakteristischem Violetton leuchtet die Kartäuser-Nelke aus der steilen Blaugrasböschung. Im Hintergrund dringt bereits Gebüsch in diesen seltenen Lebensraum vor.

Ökologische Bedeutung: Blaugrasrasen gehören zu den wenigen kleinflächigen Resten natürlicher Pflanzendecke in Mitteleuropa. Sie sind eingebunden in fein differenzierte Vegetationskomplexe an natürlichen Waldgrenzstandorten. Sie sind Reliktstandorte lichtliebender Pflanzenarten, die in mitteleuropäischer Waldlandschaft sonst keine oder nur sehr beschränkte Lebensmöglichkeiten hätten. Sie sind damit Lebensraum eines sehr spezifischen Teiles der biologischen Diversität Mitteleuropas (Reliktpflanzen mit sehr begrenzter Verbreitung) und zugleich natürlicher Ausgangspunkt für viele Pflanzen anthropogener Kalkmagerrasen.

Gefährdung: Steinbruchbetrieb zur Kalksteingewinnung für Zement- und Gipsindustrie. Insbesondere sind einige Gipsfelsen am Südrand des Harzes durch Gipsabbau akut bedroht. Aufforstung von Blaugras-Trockenrasen auf früheren Schafweiden mit Kiefern. Trittwirkung und Erosion durch ungelenkten Tourismus.

Schutz und Pflege: Sicherung von Blaugrasrasen im Komplex der angrenzenden Vegetation in Schutzgebieten. Die sehr trittempfindlichen Rasen müssen vor Betreten gesichert werden. Spezielle Pflegemaßnahmen sind für diese überwiegend natürliche Pflanzengemeinschaft nicht notwendig.

Der Kleine Perlmuttfalter ist zusammen mit vielen anderen Insektenarten auf die schattenlosen, heißen Trockenhänge angewiesen. Die Anwendung von Spritzmitteln in der Nachbarschaft oder zunehmende Beschattung durch Gebüsch schmälern den Lebensraum der Schmetterlinge.

Natürlich oder durch menschliche Landschaftsnutzung entstandene Trockenbiotope

Kontinentale Steppenrasen (Federgrassteppe)

Kennzeichen: Federgras-Trockenrasen und Fiederzwenken-Wiesensteppe in sommerwarmen Trockengebieten im östlichen Mitteleuropa. Lückige Trockenrasen aus horstigen und rasigen Gräsern in zwei Schichten (Ober- und Untergräser), auffallende Charaktergräser sind Federgras und Haarpfriemengras, reich an ausdauernden Kräutern. Wiesensteppe als hochwüchsiger geschlossener Rasen aus vorherrschend Fiederzwenke mit zahlreichen buntblumigen Kräutern. Beide Steppentypen oft im kleinräumigen Mosaik miteinander sowie mit Felsrasen, Trockengebüschen und trockenen Buschwäldern vergesellschaftet. Extrazonale Vorposten osteuropäisch-südsibirischer Steppe an xerothermen Sonderstandorten im mitteleuropäischen Waldland.

Verbreitung/Vorkommen: Beschränkt auf die niederschlagsärmsten Landschaften mit kontinental geprägtem Klima (< 500 mm Niederschlag/Jahr), relativ verbreitet in kleinflächigen Resten im unteren und mittleren Odergebiet, in der Uckermark, im mittleren Havelland um Potsdam, im mitteldeutschen Trockengebiet (östliches Nordharzvorland, Mansfelder Hügelland, unteres Saalegebiet, Helme-Unterunstrutgebiet, Südrand des Kyffhäusers, Thüringer Becken); Mainfränkisches Trockengebiet, noch relativ häufig im Böhmischen Mittelgebirge, im böhmischen und pannonischen Becken, Niederösterreich, Zentralalpentäler, reliktär in der Münchener Schotterebene, Windsheimer Bucht, Nahetal in Rheinhessen.

Standortmerkmale: Sommerwarme, winterkalte Xerothermstandorte in niederschlagsarmen Landschaften, mittel- bis tiefgründige, meist feinerdereiche, basenreiche, oft kalkhaltige Felsverwitterungs-, Löß- und Mergelböden im pleistozänen Tiefland, Löß- und Kalkhügelland.

Charakteristische Pflanzen:
a) Federgras-Trockenrasen
Federgras (*Stipa pennata, St. pulcherrima, St. tirsa*)
Haarpfriemengras (*Stipa capillata*)
Walliser Schwingel (*Festuca vallesiaca*)
Erd-Segge (*Carex humilis*)
Zierliches Schillergras (*Koeleria macrantha*)
Steppen-Lieschgras (*Phleum phleoides*)
Sand-Fingerkraut (*Potentilla arenaria*)
Frühlings-Adonisröschen (*Adonis vernalis*)
Goldhaar-Aster (*Aster linosyris*)
Rispen-Flockenblume (*Centaurea stoebe*)
Ohrlöffel-Leimkraut (*Silene otites*)
Wiesen-Küchenschelle (*Pulsatilla pratensis*)
Gelbe Skabiose (*Skabiosa ochroleuca*)
Wohlriechende Skabiose (*Scabiosa canescens*)
Sichelmöhre (*Falcaria vulgaris*)
Feld-Mannstreu (*Eryngium campestre*)
Violette Schwarzwurzel (*Scorzonera purpurea*)
Sand-Esparsette (*Onobrychis arenaria*)
Stengelloser Tragant (*Astragalus exscapus*)
Steppen-Fahnenwicke (*Oxytropis pilosa*)
Ähriger Ehrenpreis (*Veronica spicata*)

Das Federgras findet man in den trockenen Beckenlandschaften Frankens wie auch im österreichischen Burgenland. Rings um den Neusiedler See ist es weit verbreitet.

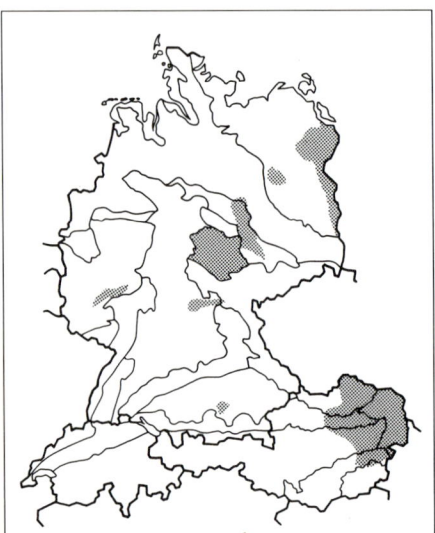

Kontinentale Steppenrasen

b) Fiederzwenken-Wiesensteppe
Fiederzwenke *(Brachypodium pinnatum)*
Furchen-Schwingel *(Festuca rupicola)*
Wiesen-Hafer *(Avenochloa pratensis)*
Knäuel-Glockenblume *(Campanula glomerata)*
Sibirische Glockenblume *(Campanula sibirica)*
Berg-Klee *(Trifolium montanum)*
Wiesen-Salbei *(Salvia pratensis)*
Kleines Mädesüß *(Filipendula hexapetala)*
Sichel-Luzerne *(Medicago falcata)*
Kleine Wiesenraute *(Thalictrum minus)*
Geflecktes Ferkelkraut *(Hypochoeris maculata)*
Weiden-Alant *(Inula salicina)*

Nutzung: Früher extensive Schafbeweidung, heute meist aufgelassen und in natürlicher Sukzession zu Gebüschen und Wald, in Naturschutzgebieten durch Pflegemaßnahmen offengehalten.

Ökologische Bedeutung: Lebensraum zahlreicher in Mitteleuropa sehr seltener und auf kontinentale Steppenrasen beschränkter Pflanzenarten und Pilze, westliche Inselvorkommen östlicher Steppenpflanzen. Steppenrasen sind damit ein bedeutender und sehr spezifischer Teil der Biodiversität in Mitteleuropa. Auch Lebensraum speziell angepaßter Tiergruppen: versch. Gehäuseschnecken, Heuschrecken, Käfer (z.B. Pillendreher, Heidelaufkäfer), Schmetterlinge (z.B. Bläulingsorten, versch. Widderchen, Segelfalter), Kleinsäuger (Ziesel, früher auch Feldhamster).

Gefährdung: Auflassung extensiver Beweidung, Verfilzen der Grasnarbe und Bebuschung durch natürliche Sukzession; Intensivierung landwirtschaftlicher Nutzung (Standweide, Pferchung, Düngung); Gülleverkippung; Eutrophierung durch Nährstoff- und Pestizideintrag von benachbarten Ackerflächen; Schadstoff- und Düngestoffeintrag aus der Luft; Aufforstung; Abbau von Mergel, Kies, Gestein; Bebauung; Trittbelastung und Eutrophierung durch Freizeitaktivitäten.

Schutz und Pflege: Ausweisung von Naturschutzgebieten, Fortführung bzw. Wiederaufnahme von Pflegenutzung (extensive Beweidung oder dementsprechende Maßnahmen zum Entzug von Biomasse), Besucherlenkung.

Links: Im Wind wehendes Federgras verleiht dem Steppenrasen das Bild einer silbrig wogenden Wasseroberfläche.
Unten: Der Schmetterlingshaft liebt trocken-heiße Steppenrasen.

Oben: Der Österreichische Lein mit seinem zarten Blau blüht nur wenige Tage im Frühsommer.
Rechts: Der Weidenblättrige Alant wächst an trockenen, steinigen Hängen.

Natürlich oder durch menschliche Landschaftsnutzung entstandene Trockenbiotope

Krähenbeeren-Zwergstrauchheiden

Kennzeichen: Von Zwergsträuchern bestimmte Pflanzengemeinschaft an natürlich waldfreien Extremstandorten. Meist kleinflächig im Mosaik mit Felsrasen und offenem Fels und Felswäldern bzw. mit Dünenrasen und Dünenwäldern an der Küste. Heidekraut *(Calluna vulgaris)* und Krähenbeere *(Empetrum nigrum)* sind die strukturbestimmenden Zwergsträucher. Heidekraut in halbkniehohen Beständen aus Einzelsträuchern, Krähenbeere in geschlossenen Gruppen spalierartig niederliegender immergrüner Zwergsträucher. Dazwischen Gräser (Silbergras, Schlängel-Schmiele, Schaf-Schwingel), Strauchflechten und Moose.

Zwergstrauchheiden beherrschen am Ende der jüngsten Eiszeit weite Teile des nordmitteleuropäischen Festlandes. Sie sind heute großflächige Vegetation der Gebirgstundren in Lappland und Nordrußland. Vorkommen natürlicher Zwergstrauchheiden in Mitteleuropa sind einerseits als floristisch verarmte, auf Grenzstandorte beschränkte Relikte eines einstmals weiter verbreiteten Vegetationstyps zu bewerten, andererseits auch als südwestliche Vorposten der heute im hohen Norden verbreiteten Zwergstrauchtundren.

Verbreitung/Vorkommen: Meist kleinflächig im Grenzbereich zwischen Graudünen und Dünen-Kiefernwald aus gedrungenen, buschförmigen Kiefern an Dünenküsten der Nordsee (Inseln) und Ostsee. Zwergstrauchheiden auf Fels selten und kleinflächig im Hügelland und unteren Bergland, insbesondere in felsigen Flußtälern in Mittel- und Süddeutschland, z. B. Harz, Thüringer Schiefergebirge, Rhön, Eifel, Schwarzwald, Alpenvorland.

Standortmerkmale: Nährstoffarme, saure Sande mit eingelagerten Humusstoffen und freigesetztem Eisenhydroxid, das eine Gelbfärbung des Sandes bewirkt (»Gelbdüne« oder »Braundüne«). Entscheidender natürlicher Faktor ist leichte Sandbewegung, die immer wieder für Verjüngung der Heide sorgt. Wenn der Sand ganz zur Ruhe kommt, entwickelt sich die Heide zu Wald. Im Hügel- und Bergland selten auf nährstoffarmen, sauren Felsstandorten mit unentwickelten Rohböden auf unterschiedlichen Gesteinen, z. B. Granit, Schiefer, Porphyr, Gips.

Zwergstrauchheiden gibt es sowohl in Norddeutschland wie auch in den Alpen. Heidekraut, Krähenbeere und andere Zwergsträucher bilden oft einen geschlossenen Bewuchs.

Heidekraut

Krähenbeeren-Zwergstrauchheiden

Charakteristische Pflanzen:
Heidekraut *(Calluna vulgaris)*
Gemeine Krähenbeere *(Empetrum nigrum)*
Zwittrige Krähenbeere *(Empetrum hermaphroditum)*
seltener und fast nur an der Küste:
Bärentraube *(Arctostaphylos uva-ursi)*, sehr selten
Preiselbeere *(Vaccinium vitis-idaea)*
Kriech-Weide *(Salix repens)*
Sand-Thymian *(Thymus serpyllum)*
Schlängel-Schmiele *(Avenella flexuosa)*
Schaf-Schwingel *(Festuca ovina)*
Blau-Schwingel *(Festuca cinerea)*, auf Fels
Gipskraut *(Gypsophila fastigiata)*, auf Gips
Dolden-Habichtskraut *(Hieracium umbellatum)*
Zypressen-Wolfsmilch *(Euphorbia cyparissias)*
Graslilie *(Anthericum liliago)*, auf Fels

Nutzung: Als natürliche Pflanzengesellschaften im Vegetationsmosaik waldfeindlicher Extremstandorte unterliegen die hier beschriebenen Zwergstrauchheiden keiner Nutzung. Ausgenommen: Berührung durch Wanderwege, Einbezug in Wintersportnutzung.

Zahlreiche Tiere wie der Feldsandlaufkäfer (oben) und die Kreuzotter (unten) leben in den niedrigen Strauchheiden.

Ökologische Bedeutung: Die hier beschriebenen Zwergstrauchheiden gehören zu den letzten kleinflächigen Resten natürlicher Vegetation in Mitteleuropa. Sie bleiben auf natürliche Waldgrenzstandorte beschränkt und repräsentieren dynamische Entwicklungsphasen innerhalb der Dünen- und Vegetationsentwicklung an Meeresküsten bzw. relativ dauerhafte Strukturen von reliktärem Charakter auf Felsstandorten. Auf Dünen leiten sie die natürliche Waldentwicklung ein.

Gefährdung: Zwergstrauchheiden gehören zu den stark gefährdeten Pflanzengemeinschaften in Mitteleuropa. Dabei sind natürliche Zwergstrauchheiden ohnehin sehr selten. Ihr Bestand auf Küstendünen ist durch Küstenschutzmaßnahmen zurückgedrängt worden (Planieren, Bepflanzen, Aufforsten). Aktuelle Gefährdungen bestehen in mechanischer Zerstörung durch Trittwirkung, Vermüllung und Eutrophierung infolge von konzentriertem Tourismus; Schadstoffeintrag aus der Luft.

Schutz und Pflege: Restvorkommen natürlicher Zwergstrauchheiden gebührt strenger Schutz. Sie sind von Schadeinflüssen freizuhalten. Spezielle Pflege ist nicht notwendig, jedoch muß gewährleistet sein, daß die entscheidenden natürlichen Faktoren wirksam bleiben, im Falle der Küstendünen die ungestörte Wind-Sand-Dynamik.

Durch menschliche Nutzung und Bewirtschaftung entstandene Trockenbiotope

Calluna-Zwergstrauchheide

Kennzeichen: Zwergstrauchheiden sind eine der markantesten Vegetationsformen historischer Kulturlandschaft in Nordwestdeutschland. Bis zu halbmeterhohe Zwergstrauchbestände aus dominierendem Heidekraut (Calluna vulgaris), durchsetzt mit Grasflächen aus Schlängel-Schmiele (Avenella flexuosa) oder Borstgras (Nardus stricta), mit Buschgruppen, insbesondere aus Wacholder (Juniperus communis), Wildrosen (Rosa spec.), Besenginster (Sarothamnus scoparius) und Vogelbeere (Sorbus aucuparia) sowie Birken und Kiefern. Artenarme Pflanzengemeinschaft, die im Spätsommer zur Blütezeit des Heidekrautes das Landschaftsbild von Heidelandschaften prägt.

Verbreitung/Vorkommen: Früher landschaftsprägend in niederschlagsreichen, ozeanisch bestimmten »Heidelandschaften«, insbesondere Altmoränengebiete (Geest), Sandergebiete und Seesandflächen in Dänemark, Nordwest-Deutschland, Holland, ostwärts in Mecklenburg-Vorpommern und Brandenburg bis in die Niederlausitz, im küstennahen Raum bis ins Baltikum; heute auf geringen Restflächen auf Sandböden im Tiefland und selten auf sauren Gesteinsverwitterungsböden im Hügel- und Bergland, z. B. Harz, Harzvorland, Thüringer Schiefergebirge und Buntsandsteingebiete, Erzgebirgsvorland, Eifel, Rheinisches Schiefergebirge, teilweise Schwarzwald.

Standortmerkmale: Ausgewaschene, extrem nährstoffarme, saure Sandböden mit Rohhumusauflage und harter Ortsteinschicht im Untergrund (Heide-Podsole). Typische Heideböden haben sich nach Waldzerstörung in humiden Klimagebieten infolge der Auswaschung von Basen und Mineralien aus dem Oberboden und Anreicherung in den Ortsteinhorizont gebildet. Schafbeweidung und Plaggenhieb sind neben Nährstoffarmut und Auswaschung die zwei entscheidenden Faktoren für die Existenz von Heiden. Auch auf nährstoffarmen, sauren Felsverwitterungsböden, z. B. paläozoische Schiefer, Sandsteine, Granit.

Charakteristische Pflanzen:
Heidekraut (Calluna vulgaris), vorherrschend
Schlängel-Schmiele (Avenella flexuosa)
Schaf-Schwingel (Festuca ovina)
Silbergras (Corynephorus canescens)
Dreizahn (Danthonia decumbens)
Borstgras (Nardus stricta)
Besenginster (Sarothamnus scoparius)
Englischer Ginster (Genista anglica)
Behaarter Ginster (Genista pilosa)

Nutzung: Das Heidekraut spielt seit der Jungsteinzeit eine besondere Rolle als Siedlungszeiger in armen Sandlandschaften. Es breitete sich mit Waldauflichtung und Beweidung stark aus. Bereits in der Bronzezeit müssen Zwergstrauchheiden im nordostdeutschen Binnenland eine dominierende Rolle auf degradierten Waldstandorten gespielt haben. Seit der Eisenzeit ist in Nordwestdeutschland die Nutzung von Waldstreu zur Düngung von Äckern bekannt. Mit »Streurechen« wurde der Humus aus bodensauren Wäldern entnommen und damit Biomasse und Mineralstoffe dem Nährstoffkreislauf des Waldes entzogen. Die damit verbundene Nährstoffverarmung beschleunigte die nutzungsbedingte Walddegradation. Unter dem Einfluß von Beweidung bildeten sich die Zwergstrauchheiden auf großer Fläche heraus. Denn Verbiß durch Schafe ist für den Fortbestand der Heide ganz entscheidend. Beweidung allein reicht auf Dauer jedoch nicht aus. Das Plaggen war die zweite wesentliche Nutzungsform der Heide in Nordwestdeutschland. Durch »Plaggenhieb« mit eigens dafür entwickelten »Plaggenhauen« wurde in 15–20jährigem Zyklus die Rohhumusdecke mitsamt der Heide entfernt und als Stalleinstreu verwandt. Neben Schafweide und Streugewinnung war Bienenweide eine wichtige Nutzungform der Heide. Heideimkerei hat sich bis heute gehalten und Heidehonig ist ein erlesenes Naturprodukt. Seit über hundert Jahren ist die Heide zu einem beliebten Ausflugsziel geworden, insbesondere im Spätsommer zur Blütezeit. Fremdenverkehr in Verbindung mit Naturschutz ist heute die gewichtigste Form der Nutzung von Heide im Naturpark Lüneburger Heide.

Calluna-Zwergstrauchheide

Gefährdung: Zwergstrauchheiden hatten als anthropogener Vegetationstyp Ende des 18./Anfang des 19. Jahrhunderts ihre größte Flächenausdehnung. Seither sind sie wie kaum ein anderer Vegetationstyp Mitteleuropas zurückgedrängt worden. Im nordwestdeutschen Altmoränengebiet ging der Flächenanteil von einstmals 46% auf weniger als 5% zurück. In weiten Teilen Norddeutschlands sind sie heute ganz aus dem Landschaftsbild verschwunden oder auf quadratmetergroße Restflächen geschrumpft. Hauptursachen für den geradezu dramatischen Rückgang sind direkte Zerstörung durch Aufforstung oder durch Überführung in intensive Grasland- oder Ackernutzung (Umbruch, Einsaat, Düngung), Veränderung des Nährstoffhaushaltes durch Eutrophierung (Düngereintrag aus benachbarten landwirtschaftlichen Flächen), Degeneration der Heide infolge Aufgabe der Nutzung und Sukzession zu Wald. In stark besuchten Gebieten stellen auch Trittwirkung und Abfälle des Fremdenverkehrs eine Gefährdung dar. Die derzeit größte Gefahr ist jedoch die Aufforstung junger Heideflächen im Bereich früherer Truppenübungsplätze.

Links: Wenn es kleinen Schnecken an heißen Tagen am Boden zu trocken ist, kriechen sie an den Heidekrautstengeln hinauf.

In den weiten Heidekrautheiden Norddeutschlands sind zahlreiche Insektenarten, u. a. die Gefleckte Keulenschrecke, zu Hause.

Ökologische Bedeutung: Heidelandschaft ist im Bewußtsein weiter Bevölkerungskreise als Inbegriff von alter Kulturlandschaft und Naturschutz verankert. Großflächige Heide spielt für Umweltbildung und Naturverständnis eine herausragende Rolle. Aufgrund geringer Verdunstung und hoher Wasserdurchlässigkeit ist Heide ein für die Grundwasserbildung bedeutsamer Vegetationstyp. Durch schnelle Ausbreitung auf offenen Sandflächen trägt Heide wesentlich zur Festlegung von Sand und damit zum Erosionsschutz bei. Zwergstrauchheiden zeigen im Pionierstadium den Heilungsprozeß geschädigter Landschaft an, beispielsweise auf Truppenübungsplätzen.

Zwergstrauchheiden sind Lebensraum zwar weniger, aber spezifischer Pflanzenarten, desweiteren Lebensraum von Moosen und Flechten, in Altersphasen vor allem von epixylen Formen, die auf dem Holz des Heidekrautes siedeln. Heiden beherbergen auch eine Vielzahl gefährdeter Tierarten. Typische Vögel der Heide sind Brachpieper, Steinschmätzer, Neuntöter, Ziegenmelker und Schwarzkehlchen. Kreuzotter, Zauneidechse und Waldeidechse sind nicht selten. Mehrere Insekten sind auf das Heidekraut als Nahrungspflanze angewiesen oder an die Heide als Lebensraum gebunden, z.B. verschiedene Wildbienen und Hummeln, Heideschrecken, Ameisen, Laufkäfer, Blattkäfer, Wanzen, Spinnen. Und schließlich sind Heiden eine hervorragende Bienenweide.

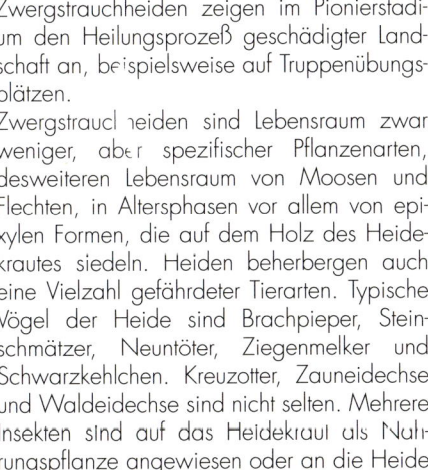

Schutz und Pflege: Sicherung aller noch erhaltenen Heidereste in ihrer standörtlichen und floristischen Differenzierung in Schutzgebieten. Erhaltung der Heide als Formation ist nur möglich, wenn der besonderen Dynamik der Heide Raum gegeben wird, d.h. wenn Entwicklungszyklen ablaufen können. Biomasseentzug durch Beweidung und zyklische Störungen durch Entfernen der Streu- und Humusschicht durch Plaggen oder Fräsen sind notwendige Voraussetzungen für die Regeneration von Heide. Als Ersatz für Schafbeweidung und Plaggen hat sich teilweise auch Abbrennen bewährt. Die Intensität der Beweidung muß ganz fein auf die Heide abgestimmt sein. Bei zu extensiver Beweidung entwickelt sich Wald, bei zu starkem Verbiß bilden sich Grasfluren aus Pfeifengras oder Drahtschmiele.

Kreuzotter in der trockenen Zwergstrauchheide.

Durch menschliche Nutzung und Bewirtschaftung entstandene Trockenbiotope

Kalkmagerrasen und -weiden (Wacholderheiden)

Kennzeichen: Oft als »Heide« (z.B. in Süddeutschland) bezeichnete Gebiete mit kurzrasiger, lückiger Vegetation, oft Schafweide oder ehemalige Schafweide, in der Regel mit deutlichen Grenzlinien, z.B. Böschungen oder Hecken, gegen Äcker, Wiesen und Wald abgegrenzt. Häufig hainartig mit Wacholdersträuchern durchsetzt.

Verbreitung/Vorkommen: Alle Kalkgebiete, z.B. Schwäbische Alb, Hangschultern von Muschelkalktälern (z.B. Neckar, Kocher, Jagst, Tauber, Main, Saale), Frankenalb (Altmühltal um Eichstätt), Schweizer Jura.

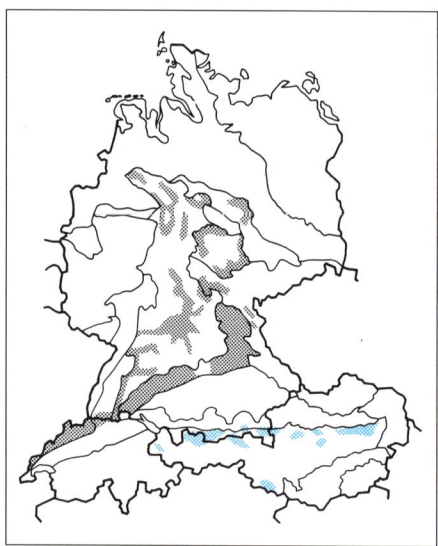

Standortmerkmale: Meist ehemalige Schafweiden auf Kalkboden mit nur geringer Bodenauflage und relativ kargen Standortverhältnissen. Oft nur geringe, von Gesteinsscherben durchsetzte Hangschuttdecke auf dem wenige Dezimeter unter der Oberfläche anstehenden Kalkgestein. Bodentypen sind feine Braunerde (Kalkverwitterungsprodukt), vermischt mit scherbigen Kalksteinbrocken.

Charakteristische Pflanzen:
Gewöhnliche Silberdistel *(Carlina vulgaris)*
Küchenschelle *(Pulsatilla vulgaris)*
Ästige Graslilie *(Anthericum ramosum)*
Kartäuser-Nelke *(Dianthus carthusianorum)*
Wacholder *(Juniperus communis)*
Schwarzdorn *(Prunus spinosa)*
Golddistel *(Carlina vulgaris)*
Frühlings-Fingerkraut *(Potentilla tabernaemontanii)*
Gefranster Enzian *(Gentiana ciliata)*

Nutzung: Entstanden im allgemeinen durch Schafbeweidung. Nach Aufgabe der Beweidung bleiben Kalkmagerrasen einige Jahre relativ stabil, werden dann aber durch fehlenden Biomasseentzug allmählich (vor allem in beschatteten Partien) wüchsiger und gehen innerhalb weniger Jahrzehnte in Pionierwald über.

Ökologische Bedeutung: Einzigartiger Lebensraum für eine Vielzahl von licht- und wärmeliebenden Insektenarten, z.B. für Schmetterlingshaft *(Ascalaphos libelluloides)*, Segelfalter *(Iphiclides podalirius)* und Blutströpfchen *(Zygaena filipendulae)*. Ideales Brut- und Nahrungsgebiet für Vögel, z.B. die Grasmückenarten. Lebensraum von Schlingnatter *(Coronella austriaca austriaca)* und Zauneidechse *(Lacerta agilis agilis)*. Wo es in Weinbergen Mauern in der Nähe von Halbtrockenrasen gibt, kommt auch die Mauereidechse *(Podarcis muralis)* vor.

Gefährdung: Extreme Gefährdung durch Nachlassen der Wanderschäferei, sowohl was deren Beweidungsintensität im Einzelfall als auch deren Existenz insgesamt betrifft. Auf der Schwäbischen Alb, einem einst klassischen Verbreitungsgebiet der Wanderschäferei, sind Kalkmagerrasen (im weiteren Sinne) allein im 20. Jahrhundert auf rund ein Drittel der Fläche zurückgegangen, der Rückgang hat jedoch bereits 50 Jahre früher eingesetzt.

Wacholder, Kalkfelsen und Küchenschellen sind charakteristisch für Wacholderheiden.

Kalkmagerrasen und -weiden

Oben: Wo heute noch Schafe weiden, sind diese Lebensräume gesichert.
Links: Silberdistel und der Kleine Fuchs
Unten links: Mitte April blüht die Küchenschelle in den noch unbelebten braunen Grasfluren.
Unten: Zum Beispiel am Kaiserstuhl bei Freiburg lebt als eine der seltensten Insektenarten die Gottesanbeterin.

Schutz und Pflege: In Deutschland geschützt als sog. § 20c-Biotop nach dem Bundesnaturschutzgesetz. Gesetzlicher Schutz der Flächen als Natur- oder Landschaftsschutzgebiete ist zwar eine wichtige Voraussetzung für die Verhinderung einer Umnutzung, kann jedoch das charakteristische Gefüge an Tier- und Pflanzenarten allein noch nicht sichern. Deshalb ist eine Aufrechterhaltung der althergebrachten Nutzung – gegebenenfalls unter finanzieller Förderung – unabdingbare Voraussetzung für die längerfristige Sicherung und längerfristig gesehen billiger als jegliche mechanische Pflege. Durch mechanische Pflege (Mahd mit Abräumen, Entfernen aufkommender Gehölze) kann nur der Rückgang verzögert werden; Pflege über viele Jahre bringt jedoch allmählich eine Übergangspflanzengesellschaft zu Magerwiesen mit sich. Zur Sicherung bedeutender einzelner Standorte ist die Mahd – etwa durch Naturschutzorganisationen – unter Umständen eine Alternative; auch kleine, bezüglich der Arbeit überschaubare Gebiete sind wichtig!

Durch menschliche Nutzung und Bewirtschaftung entstandene Trockenbiotope

Orchideen-Halbtrockenrasen (Kalk-Magerwiesen)

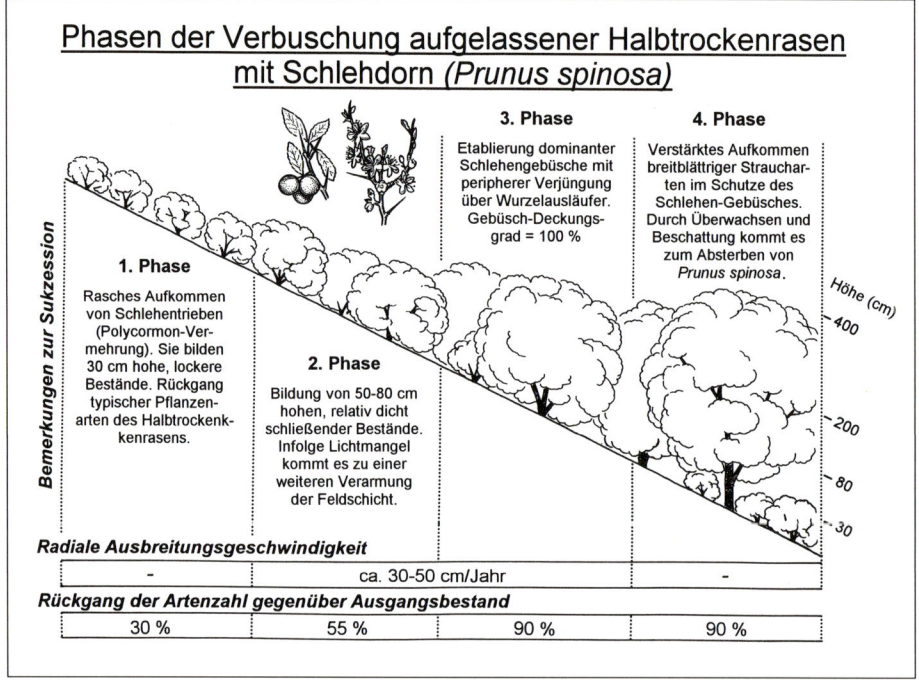

Phasen der Verbuschung aufgelassener Halbtrockenrasen mit Schlehdorn *(Prunus spinosa)*

1. Phase: Rasches Aufkommen von Schlehentrieben (Polycormon-Vermehrung). Sie bilden 30 cm hohe, lockere Bestände. Rückgang typischer Pflanzenarten des Halbtrockenkenrasens.

2. Phase: Bildung von 50-80 cm hohen, relativ dicht schließender Bestände. Infolge Lichtmangel kommt es zu einer weiteren Verarmung der Feldschicht.

3. Phase: Etablierung dominanter Schlehengebüsche mit peripherer Verjüngung über Wurzelausläufer. Gebüsch-Deckungsgrad = 100 %

4. Phase: Verstärktes Aufkommen breitblättriger Straucharten im Schutze des Schlehen-Gebüsches. Durch Überwachsen und Beschattung kommt es zum Absterben von *Prunus spinosa*.

Radiale Ausbreitungsgeschwindigkeit			
-	ca. 30-50 cm/Jahr	-	
Rückgang der Artenzahl gegenüber Ausgangsbestand			
30 %	55 %	90 %	90 %

Kennzeichen: Höherwüchsige Trockenrasen mit zumeist lückigem Bewuchs auf Kalkuntergrund, in der Regel auf früherem Nutzland (»Einmähder«, trockene Standorte, die nur einmal im Hochsommer das Mähen erlauben).

Verbreitung/Vorkommen: In allen Kalk-Mittelgebirgen und an Talflanken in Kalkregionen, z.B. Schwäbische Alb, Schweizer Jura, Muschelkalklandschaften Thüringens, Frankenalb, Täler von Neckar, Kocher, Jagst, Main und Tauber einschließlich Randgebieten.

Standortmerkmale: Trockene Hänge und Kuppen, meist in südexponierter Lage. In der Regel nicht zu steil, so daß eine Nutzung per Mahd noch möglich ist; fließende Übergänge zu noch kargeren Schafweiden und deren Nachfolgenutzungen. Insgesamt jedoch in der Regel etwas wüchsiger als Kalkmagerrasen.

Bodentypen gekennzeichnet durch geringe Braunerdeauflage über anstehendem Fels oder Gehängeschutt; oft mit Scherben aus kalkigem Gestein durchsetzte Bodenauflage.

Charakteristische Pflanzen:
Orchideen (vor allem Orchis- und Ophrysarten) in Abhängigkeit von den Lichtverhältnissen in bezug auf aufkommende Sträucher und Bäume (Eiche, Hainbuche, Mehlbeere etc.)
Gewöhnliche Küchenschelle *(Pulsatilla vulgaris)*
Zypressen-Wolfsmilch *(Euphorbia cyparissias)*
Frühlingsenzian *(Gentiana verna)*
Deutscher Enzian *(Gentiana germanica)*
Gefranster Enzian *(Gentiana ciliata)*
Kleiner Wiesenknopf *(Sanguisoba minor)*
Hirsch-Haarstrang *(Peucedanum cervaria)*
Schwarzdorn *(Prunus spinosa)*
Roter Hartriegel *(Cornus sanguinea)*
Kennzeichnendes Gras ist die Aufrechte Trespe *(Bromus erectus)*
Zittergras *(Briza media)*

Links: Das Helm-Knabenkraut ist eine der häufigsten Orchideen der Trockenrasen.

Nutzung: Einmal im Jahr, meist erst Ende Juni/Anfang Juli gemähte, wenig ergiebige Wiesen und deren Nachfolgestadien nach Nachlassen oder Beendigung der Nutzung. Erst etliche Jahre danach setzt eine Verfilzung des Grasaufwuchses ein, welche die o.g. Pflanzenwelt unterdrückt und allmählich zu Gehölzstadien überleitet.

Auf Spaziergängen in Heidelandschaften kann man im Hochsommer die bunte Vielfalt der Tier- und Pflanzenwelt erleben. Bläulinge sind zwar nicht gerade selten, bedürfen dennoch der Schonung und des Schutzes!

Orchideen-Halbtrockenrasen

Oben: Hummelragwurz
Rechts: Zauneidechse

Ökologische Bedeutung: Rückzugsräume für Pflanzen und Tiere, die früher auch an Böschungen und kargen Rainen Lebensraum besaßen. Oft wertvolle Kleinlebensräume in ansonsten ausgeräumter Feldflur. »Paradies« für Insekten (Schmetterlinge, Heuschrecken, Spinnen, Laufkäfer, Wildbienen usw.), infolgedessen auch Nahrungsraum für insektenfressende Vögel wie Neuntöter, sofern Randstrukturen (Hecken usw.) vorhanden sind.

Rechts: So sieht eine jährlich im Spätsommer gemähte Magerwiese aus. Gibt der Bauer auf, kommen innerhalb weniger Jahre Schwarzdorn und Hartriegel auf.
Unten: Brandknabenkraut

Gefährdung: Extreme Gefährdung durch standortabhängige rasche oder langsame Verbuschung und Selbstbewaldung nach Aufhören der Nutzung. Aufforstung, Umnutzung in Ackerland infolge der verbesserten technischen Möglichkeiten, Anlage von Steinbrüchen, Wochenendhäusern, Freizeitgeländen usw. Auch Freizeitbetrieb, z. B. Drachenfliegen, Modellflugzeuge, wildes Campen etc. gefährdet die Flora.

Schutz und Pflege: Ohne Mindestpflege gehen Halbtrockenrasen nach einer Phase von 5 bis 20 Jahren über unterschiedliche Sukzessionsstadien mit hoher Artenvielfalt in Wald über. Wiederbesiedlung durch Pioniere wie Kiefer und Esche nachfolgend; sofern forstlich nicht eingegriffen wird, langsame Umwandlung in Eichen-/Hainbuchenwald. Pflege durch eine Mahd pro Jahr, möglichst im Juli, im Bergland auch bis August.

Durch menschliche Nutzung und Bewirtschaftung entstandene Trockenbiotope

Lößwände und -böschungen, Lößhohlwege

Typischer Lößhohlweg mit senkrechten Wänden. Solche sonnenbeschienene Stellen sind ideale Lebensräume für Grabwespen und Solitärbienen.

Kennzeichen: Löß ist eiszeitlich oder nacheiszeitlich aus vegetationslosen Schotterfeldern ausgewehter und vom Wind zum Teil weit verfrachteter, sandiger Staub, der als verfestigtes »Lockergestein« in mächtigen oder dünnen Polstern abgelagert worden ist. Aus der Oberrheinebene zum Beispiel wurde Löß in der Nacheiszeit über 100 Kilometer weit nach Osten geweht; im Kraichgau liegen an windabgewandten Hügelflanken über 20 Meter mächtige »Polster«; in 50 Kilometer Entfernung, wo das Material feiner ist (leichtere Partikelchen), sind es immerhin noch meterdicke Lagen. Steile, zum Teil sogar senkrechte und bis zu 20 Meter hohe Böschungen und Wände aus anstehendem Löß entlang von Feldwegen und an Ackerterrassen. Die Feldwege haben sich durch jahrzehntelanges Lockern des Lösses durch Viehtritt und Wagenräder und nachfolgende Erosion an Hügeln stark eingetieft. Lößwände bieten ein Kleinmosaik unterschiedlicher Standortvoraussetzungen von schattig-feucht bis sonnig-trocken. Große Dynamik im Erscheinungsbild – wo die Hohlwegsohle noch nicht befestigt ist – infolge der ständigen Erosion durch fließendes Wasser, vor allem bei Starkregen. Meist lineare Inseln inmitten intensiv genutzter Kulturlandschaft mit großer Bedeutung als Teil von Biotopvernetzungsstrukturen.

Verbreitung/Vorkommen: In allen Lößlandschaften, besonders ausgeprägt und bekannt im Kaiserstuhl (Rheinebene bei Freiburg), aber auch vom Kraichgau (zwischen Nordschwarzwald und Odenwald) und den Randgebieten der Magdeburger Börde; im österr. Weinviertel, Burgenland. Hohlwege in anderen Gesteinsformationen (z. B. Keuper oder Braunjura) ähneln denen der Lößgebiete, weisen jedoch in der Regel weder senkrechte Flanken noch dieselbe Vielfalt an Standortfaktoren auf.

Sommer-Adonisröschen

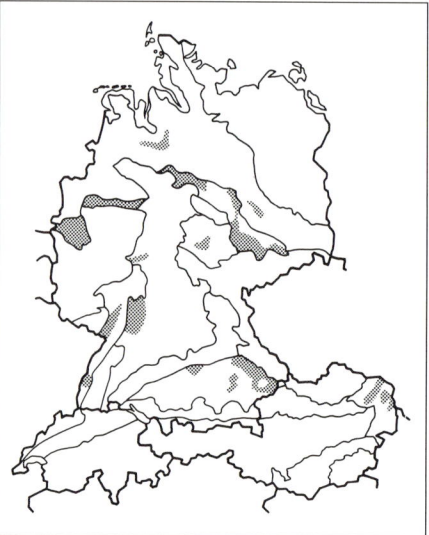

Standortmerkmale: Unterschiedlichste Vegetation und Tierwelt auf engstem Raum entsprechend der vielen kleinen und unterschiedlichen ökologischen Nischen und der wechselnden Standortbedingungen. Alle Übergänge von der offenen, voll besonnten Lößwand über Staudenstadien bis hin zu geschlossenen Gehölzbändern. Ursprünglicher Löß besitzt eine hohe Kapillarwirkung, weshalb Wasser sofort versickert; die oberen Schichten sind daher extrem trocken. »Junge Hohlwege« besitzen in der Regel offene, besonnte Flanken. Mit zunehmendem Alter und sich allmählich abschrägenden Böschungen nimmt Vegetation die Flanken ein; die Extremstandorte werden ausgeglichen.
Bodentypen: Kalkhaltiger, ungestörter Löß, zum Teil mit zwischeneiszeitlichen Verlehmungs- und Bodenbildungshorizonten. Oft kalkhaltige Lößrohböden. In Randbereichen, z. B. in der Hohlwegsohle, Schwemmlöß oder karbonatische Braunerden, entstanden durch mineralische Umlagerungsprozesse.

Charakteristische Pflanzen:
Feldbeifuß *(Artemisia campestre)*, extrem hitzeliebend
Großes Windröschen *(Anemone sylvestris)*
Helmknabenkraut *(Orchis militaris)*
An schattigeren Stellen Flechten und Moose.
Charakteristische Tiere: Besonnte Lößwände werden von einer Vielzahl von Wildbienen und -wespen besiedelt. Das lockere, feine Material eignet sich ideal für das Anlegen von Brutröhren. In älteren, von Buschwerk und Bäumen beschatteten Hohlwegen ist oft der Dachs zuhause und legt weitläufige Baue an, zum Teil mehrere Dutzend Meter weit in die benachbarten Felder, wo er dann schachtförmige Fluchtröhren gräbt.

Nutzung: Nur Hohlwege, die noch dem landwirtschaftlichen Verkehr dienen und aktive Erosion zeigen, haben steile Wände; nicht mehr genutzte Hohlwege gehen in V-förmiges Profil über und verlieren die extremen Standorteigenschaften. Die Nutzung als Fahr- oder Fußweg oder eine Mindestpflege ist daher wichtig für den Erhalt der Standortbedingungen.

Lößwände und -böschungen, Lößhohlwege

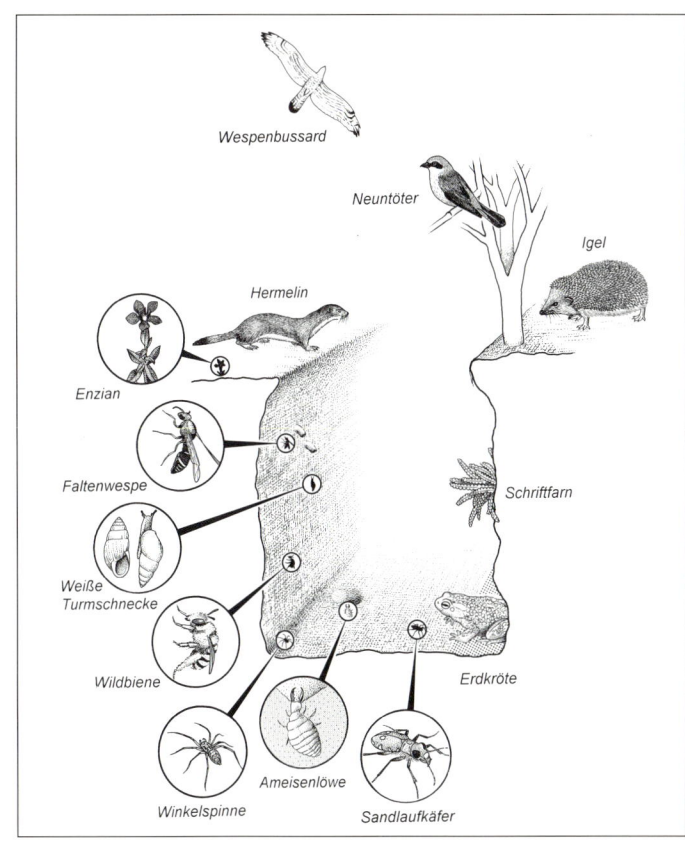

Ökologische Bedeutung: Für eine große Anzahl von Spezialisten unter Tieren und Pflanzen einzige Überlebensstandorte in der heutigen Kulturlandschaft. In der Regel sind Hohlwege wegen intensiver Nutzung der Umgebung (Weinberge, Feldlagen) wertvolle Rückzugsgebiete. Zauneidechse (Lacerta agilis), Schlingnatter (Coronella austriaca) und Kleinsäuger, z.B. Rötelmaus, Igel, Iltis, haben hier Lebensräume inmitten der sonst intensiv genutzten Agrarlandschaft.

Gefährdung: Zahlreiche Hohlwege sind durch asphaltierte Feldwege in der Umgebung ersetzt; die alten Wege wurden im Rahmen von Flurbereinigungsverfahren zugeschüttet oder aber als teils legale, teils wilde Müllplätze mißbraucht. Bei Wegfall der Nutzung ist der Niedergang der Biotope oft schnell erreicht; deshalb sollten die Wege zumindest als Wanderwege offengehalten werden. Eutrophierung und Chemieeinsatz in unmittelbarer Nachbarschaft haben negative Auswirkungen auf Fauna und Flora.

Schutz und Pflege: Genutzte Hohlwege bedürfen seit alters her einer Mindestpflege (Ausbesserung von Erosionsrinnen in der Sohle, Wegräumen abgebrochener Schollen). Bei nicht mehr genutzten Hohlwegen ist eine ständige Überwachung erforderlich, um Unratablagerungen kleineren oder größeren Ausmaßes zu verhindern. Wo notwendig und zweckmäßig sind Sanierungsmaßnahmen mit Bagger, Raupe und Lastwagen empfehlenswert, allerdings nur unter fachkundiger Anleitung. Pflegemaßnahmen an den Böschungen zur Erhaltung offener Grasfluren und Verhinderung von flächigem Gehölzaufwuchs sollten ebenso durchgeführt werden wie bei verwachsenen Hohlwegen eine schonende Gehölzpflege zur Verhinderung der Überalterung der Sträucher und Bäume. Leitmotto: Vielfalt der Standortbedingungen erhält bzw. schafft Lebensraum für viele Tier- und Pflanzenarten.

Oben links: Besonnte und schattige Lößwände. Oben rechts: Offene Lößwände, beschattete Flanken und die Sohle werden von verschiedenen Arten je nach ihren Lebensraumansprüchen besiedelt.

Der Neuntöter lebt mitunter am Gebüsch der Lößhohlwege.

Steinriegel

Kennzeichen: Über Jahrhunderte hinweg zusammengetragene »Lesesteine« bilden oft bis zu mehrere hundert Meter lange und bis 15 Meter breite und mehrere Meter mächtige »Steinriegel«. Zur besseren Bewirtschaftung insbesonders sehr stark geneigter, steiniger Flächen wurden diese Steinriegel über Generationen hinweg entlang der Grundstücksgrenzen aufgeschichtet und immer wieder ergänzt. Manche Steinriegel sind seitlich durch Trockensteinmauern begrenzt. Durch das »Anwachsen« dieser Steinriegel wurden die benachbarten, nutzbaren Grundstücke immer schmäler. Wo die Flurbereinigung solche Zeugnisse von Landschafts- und Kulturgeschichte nicht entfernt hat, finden sich je nach Lage und Bewirtschaftung der Nachbargrundstücke zwei Typen von Steinriegel:
1. Geröllhaldenähnliche Steinansammlungen – meist Kalkstein – die nur sehr schütter bewachsen sind.
2. Durch Nährstoffansammlung (Einwehung bzw. Humisierung durch abgebautes Pflanzenmaterial) in eine fortgeschrittene Sukzession übergegangene Steinriegel mit Einzelsträuchern, Hecken oder ganze Feldholzinseln, die solche Steinriegel oft so verdecken, daß die ursprüngliche Landschaftscharakteristik gar nicht mehr erkennbar ist.

Verbreitung/Vorkommen: Oft sehr alte Relikte früherer Formen der Landbewirtschaftung, insbesondere in Steillagen von Weinbaugegenden oder früheren Weinbaugebieten zu finden. Solche Steinriegel finden sich etwa in den Weinberglagen des Nekkartals und seiner Seitentäler, an Kocher, Jagst und Tauber (nördliches Baden-Württemberg: Landkreise Hohenlohe und Main-Tauber), aber auch in etwas anderer Ausformung im Bereich des Genfer Sees und im Rhônetal, Schweizer Jura.

Standortmerkmale: Die oft mehrere Meter hoch aufgeschichteten Steine lassen das Niederschlagswasser schnell versickern und sind deshalb sehr extreme Trockenstandorte, auf denen sich je nach Sonneneinstrahlung und Exposition die unterschiedlichsten Lebensraumspezialisten ansiedeln. Hierzu gehören je nach Standort Pflanzen der Steppenheide, der Natursteinmauern, der Felsen sowie der Schutt- und Weg-Unkrautgesellschaften. Dies hängt auch vom Nährstoffangebot ab. Über Jahrzehnte, ja Jahrhunderte können sich Steinriegel zunächst als Kalk-Geröllhalden präsentieren und tragen somit auch eine kalkliebende Steinschuttgesellschaft. Erstbesiedlung durch verschiedene Flechten und Moose, dann durch kleine Mauerpfefferarten (*Sedum acre, Sedum sexangulare* und *Sedum album*), Schmalblättriger Hohlzahn (*Galeopsis angustifolia*), Großes Fettkraut (*Sedum maximum*), Ruprechtsstorchschnabel (*Geranium robertianum*), verschiedene Königskerzen usw. Mit fortschreitender Nährstoffansammlung schreitet die Besiedlung der Steinriegel fort, so daß sich diese mitunter in kleine Wäldchen verwandeln.
Nach dem Überzug durch die Waldrebe folgen oft Zaunrübe und Sträucher, wie Weißdorn, Schwarzdorn, Hartriegel, Liguster, Pfaffenhütchen und auch Berberitze. Siedeln sich dann noch Haselbüsche, Buchen und Eschen an, verlieren die Steinriegel ihren Trockenbiotopcharakter.

Charakteristische Pflanzen:
Mauerpfefferarten (*Sedum acre, Sedum sexangulare* und *Sedum album*)
Schmalblättriger Hohlzahn (*Galeopsis angustifolia*)
Großes Fettkraut (*Sedum maximum*)
Raukenblättriges Greiskraut (*Senecio erucifolius*)
Wald-Platterbse (*Lathyrus sylvestris*)
Mehlige Königskerze (*Verbascum lychnitis*)

Die Steinriegel entlang der Grundstücksgrenzen haben sich im Laufe von Jahrzehnten hochwachsende Sträucher erobert. Sonnenliebende Pflanzen haben keine Chance mehr.

Oben: Die Smaragdeidechse liebt offene Steinriegel. Konsequenter Biotopschutz ist hier bester Artenschutz.

Steinriegel

Gefährdung: Zerstörung durch Flurbereinigung, Einebnung und Nutzung als Bauland, Steinentnahme für Wegebau, Verbuschung, Schadstoffeintrag aus der Luft.

Schutz und Pflege: Viele Steinriegel sind als Naturdenkmale ausgewiesen oder befinden sich in ausgewiesenen Natur- oder Landschaftsschutzgebieten. Nach dem baden-württembergischen Naturschutzgesetz stehen Steinriegel als besonders geschützte Biotope generell unter Schutz. Bedeutend ist, daß die letzten dieser Kulturlandschaftselemente erhalten bleiben und bei zu starker Verbuschung möglichst durch gezielte Pflegeeinsätze freigehalten werden.

Zwischen den Steinen eines Steinriegels siedelt sich zuerst der Mauerpfeffer an. Er bildet gelbblühende Teppiche, die selbst in den heißesten Wochen des Jahres nicht zugrunde gehen, da die Pflanze Wasser speichern kann und tiefe Wurzeln hat.

Nutzung: Die Steinriegel wurden nicht direkt genutzt. Vielmehr wurden die Grenzen der Grundstücke, auf denen sie errichtet wurden, als Steinablagerplatz benutzt. Die Steinwälle sind ideale Wärmespeicher und geben in der Nacht die tagsüber gespeicherte Sonnenwärme an die Umgebung ab und sorgen so für ein ideales, ausgeglichenes Kleinklima. Dies wirkt sich insbesondere in Weinbaulagen günstig auf die Umgebungstemperatur aus.

Ökologische Bedeutung: Steinriegel gehören mit zu den interessantesten Trockenbiotopen unserer Kulturlandschaften. Natur und Kultur sind hier sehr eng verzahnt. Neben der Bedeutung für verschiedene Pflanzenarten, das Kleinklima und das kulturhistorisch gewachsene Landschaftsbild sind sie wichtige Lebensräume für Schlingnatter, Zauneidechse und je nach Region auch für Mauereidechse. Im Bereich des Rhônetals werden solche Steinansammlungen auch von der Aspisviper besiedelt.

Unglaubliche Mühe haben unsere Vorfahren aufgewandt, um an den Steilhängen von Muschelkalktälern Weinbau oder Ackerbau treiben zu können. Weite Teile von Kocher-, Jagst- und Taubertal werden durch Steinriegel geprägt.

Durch menschliche Nutzung und Bewirtschaftung entstandene Trockenbiotope

Naturstein-Trockenmauern

Kennzeichen: Über Jahrtausende hinweg haben die Menschen die in der näheren Umgebung ihrer Wohnorte vorkommenden Steine genützt und daraus Umfassungs- und Stützmauern aufgeschichtet. Je nach den regionalen geologischen Verhältnissen bestehen die Mauern aus Kalksteinen, Sandsteinen, Granitblöcken, Schieferplatten oder – im norddeutschen Tiefland sowie in den großen Flußtälern – mitunter auch aus großen Kieselbatzen. Noch finden sich selbst inmitten der Dörfer und Städte solche alten Mauern. Wo diese noch im ursprünglichen Zustand erhalten sind und nicht mit Mörtel verfugt wurden, sind diese Mauern nicht nur eine Belebung des Orts- und Landschaftsbildes, sondern auch wichtige Kleinlebensräume. Vor allem sonnenexponierte Naturstein-Trockenmauern sind wertvolle Trockenstandorte.

Verbreitung/Vorkommen: In ganz Mitteleuropa, insbesondere aber in den Mittelgebirgsgegenden, in den Hügelländern und im Alpenraum.

Standortmerkmale: Trockenmauern weisen, insbesondere bei sonnenexponiertem Standort, eine oft sehr vielfältige, an die Trockenheit angepaßte Flora auf. Hierzu gehören u. a. Zimbelkraut (Cymbalaria muralis), Schwarzstieliger Strichfarn (Asplenium trichomanes), Mauerraute (Asplenium ruta-muraria), Gelber Lerchensporn (Corydalis lutea), Schriftfarn (Ceterach officinarum), verschiedene Mauerpfefferarten wie Weißer Mauerpfeffer (Sedum album). Solche »Mauergesellschaften« finden sich allerdings selten in reiner Form, sondern je nach standörtlichen Gegebenheiten kommen – besonders an feuchteren Stellen wie dem Mauerfuß – andere Arten hinzu. An solchen Trockenmauern finden sich sowohl Pflanzen der Felsbandgesellschaften als auch der Steppenheiden, Magerrasen und Heiden. Als Steppenheidegewächse, die sich an Mauern finden können, sind zu nennen: Frühlingsfingerkraut, Scharfer und Milder Mauerpfeffer, Edelgamander, Kriechender Hauhechel (Ononis repens) und Wilder Majoran. Besonders ausgeprägt sind mitunter Fetthennen und Mauerpfefferpolster auf den Mauerkronen. Dort gesellen sich je nach Standort auch Natternkopf und verschiedene Gräserarten hinzu.

Charakteristische Pflanzen:

Trockene Bereiche:
Zimbelkraut (Cymbalaria muralis)
Schwarzstieliger Strichfarn (Asplenium trichomanes)
Mauerraute (Asplenium ruta-muraria)
Gelber Lerchensporn (Corydalis lutea)
Schriftfarn (Ceterach officinarum)
verschiedene Mauerpfefferarten wie
  Weißer Mauerpfeffer (Sedum album)

Etwas feuchtere Mauerfußbereiche:
Hornkraut (Cerastium ssp.)
Scharfer Mauerpfeffer (Sedum acre)
Milder Mauerpfeffer (Sedum sexangulare)
Frühlingsfingerkraut (Potentilla tabernaemontanii)

Trockenmauern sind Kleinlebensräume für eine Vielzahl von Pflanzen und Tieren: Inmitten genutzter Umgebung finden Natternkopf (oben), Jagdspinne (Mitte) und andere Arten eine ideale Voraussetzung. Es braucht allerdings Jahre, bis sich an einer Trockenmauer eine naturnahe Tier- und Pflanzengemeinschaft ausbildet (links).

Edelgamander *(Teucrium chamaedrys)*
Dorniger Hauhechel *(Ononis spinosa)*
Wilder Majoran *(Origanum vulgare)*
Natternkopf *(Echinum vulgare)*
verschiedene Gräserarten.

Nutzung: Als Umfassungs- oder Stützbauwerk errichtet. Keine anderen Nutzungen.

Ökologische Bedeutung: Inmitten der Kulturlandschaft, der Dörfer und Städte sind Naturstein-Trockenmauern belebende Elemente und wichtige Kleinbiotope. Dies zeigt nicht nur die äußerst interessante Pflanzenwelt, sondern auch die hier vorkommende Tierwelt. Je nach Verbreitung werden solche Mauern von Zauneidechse, Mauereidechse, Blindschleiche, Schlingnatter und Ringelnatter (Überwinterung) bewohnt. Hinzu kommen zahlreiche andere Lebewesen wie Mauerfuchs und andere Schmetterlinge sowie verschiedene Schneckenarten, darunter die Weinbergschnecke. Vielfältig ist auch die übrige hier lebende Insektenwelt.

Gefährdung: Stark gefährdet durch Verfugung, Abriß und Ersatz durch nackte und Landschafts- sowie Dorf- und Stadtbild störende Betonmauern. Tausende von Trockenmauern wurde jahrzehntelang durch die Flurbereinigung vernichtet.

Frühlingsfingerkraut

Schutz und Pflege: Bei der Errichtung neuer Mauern sollten wieder Natursteine verwendet werden, die lose aufeinandergeschichtet und nicht verfugt werden. Bei Abstützmaßnahmen an Böschungen (etwa an Straßen usw.) haben sich sog. Gabionen bewährt. Dies sind Natursteinmauern in sog. Drahtschotterkörben. Ihre volle ökologische Funktion können sie jedoch nur entfalten, wenn sie nicht zu tief angelegt werden und keine Hinterfüllung mit Beton erfolgt. Jeder Haus- und Gartenbesitzer kann durch eigene Natursteinmauern ein Stück Kultur und Natur ans Haus holen. Nach dem baden-württembergischen Naturschutzgesetz sind alle Trockenmauern in der freien Landschaft, die höher als einen halben Meter sind und mehr als zwei Quadratmeter Fläche aufweisen, besonders geschützt.

Oben: Nur wenige Garten- und Landschaftsbaufirmen beherrschen heute noch die Kunst des Trockenmauerbaues. Falsch wäre es, die Steine so aufeinander zu setzen, daß keine Fugen frei bleiben. Falsch wäre es auch, das Mauerwerk zu regelmäßig auszubilden. Hier eine mustergültige Trockenmauer aus Resten einer alten Trockenmauer (braune Färbung) und frischen Steinen aus dem Steinbruch.

Sowohl im Hausgarten als auch in der freien Landschaft sind Hauswurzarten das ganze Jahr über eine Zierde von Trockenmauern. Im Hochsommer an den heißesten Tagen des Jahres zeigt die Hauswurz ihre unscheinbaren, rötlichen Blüten an dem auffälligen, hochragenden Blütenstand.

Durch menschliche Nutzung und Bewirtschaftung entstandene Trockenbiotope

Weinberge

Kennzeichen: Mit Trockenmauern terrassierte Weinberge, die oft über Jahrhunderte hinweg angelegt wurden und die – sofern noch nicht flurbereinigt – vor allem die Steilhänge in den Weinbergregionen prägen. Die Naturstein-Trockenmauern wurden oftmals direkt auf Felsen aufgesetzt und gehen optisch nahtlos ineinander über. Beispiel: Weinberge in den Muschelkalktälern Süddeutschlands, aber auch alte Lagen im Rheinischen Schiefergebirge. Entscheidend für Trockenstandorte ist das Vorhandensein von Mauern bzw. Steinriegeln, die nicht nur Lebensräume sind, sondern als Wärmespeicher auch das Klein- und Lokalklima beeinflussen. In den Rebsteillagen des Neckartals wurden pro Hektar Gesamtmaueroberflächen bis zu 5000 qm ermittelt. In vielen historischen Weinberglagen finden sich auch Halbtrockenrasen, Hohlwege und andere Trockenstandorte.

Verbreitung/Vorkommen: Noch nicht flurbereinigte Weinberglagen in Deutschland, Österreich und der Schweiz. Einzellagen z.B. im Markgräflerland, Neckartal und Seitentäler, Tauber-, Jagst- und Kochertal, Frankenland, Rheinhessen, Rheinisches Schiefergebirge, Moselgebiet, Nahe, Saale-Unstrutgebiet, Rhônetal und Seitentäler, Genfer See-Gebiet, Niederösterreich, Wachau.

Standortmerkmale: In ursprünglich belassenen Weinbergen verbinden sich aufgrund der wärmeexponierten Lagen Trockenbiotopelemente aus den verschiedensten Lebensräumen. In den Mauerbereichen und – wo vorhanden – im Bereich von Steinriegeln haben sich je nach Art und Schichtung des Gesteinsmaterials, nach Umgebung, Lage, Besonnung und anderen Faktoren ganz komplexe Klein-Ökosysteme gebildet. So finden sich in Weinbergen Pflanzen der Kalktrocken- und Kalkmagerasen, der Kalkmagerweiden, der kontinentalen Steppenrasen, der Sand- und Felsgrustrockenrasen und stellenweise auch der Sandrasen und Silbergrasfluren. Außerdem stellenweise Arten der Schutt- und Ruderalfluren. Hierzu gehören Trockenstandortspezialisten wie Königskerzen, Deutscher Ziest *(Stachys germanica)*, Wilde Resede *(Reseda lutea)*, Färberkamille *(Anthemis tinctoria)*, Natternkopf *(Echium vulgare)*, Steinklee-Arten *(Melilotus alba* und *officinalis)*.

Hinzu kommen Arten der Hackfruchtgesellschaften wie Wilde Tulpe *(Tulipa sylvestris)*, Traubenhyazinthe *(Muscari racemosum)*, Schopfige Traubenhyazinthe *(Muscari comosum)*.

Kunstvolle Trockenmauern, zahllose Weinbergterrassen und unzählige Staffeln charakterisieren die Weinberghänge des Neckarlandes. Die Landschaft verzahnt sich mit Obstwiesen und trockenen Waldrändern auf den Höhen und bietet so einer vielfältigen Tier- und Pflanzenwelt ideale Lebensverhältnisse.

Unten: Raupen des Schwalbenschwanzes.

Weinberge

Wilde Tulpe *(Tulipa sylvestris)*, sehr selten
Traubenhyazinthe *(Muscari racemosum)*
Schopfige Traubenhyazinthe *(Muscari comosum)*

Nutzung: Entweder traditionelle Weinbergnutzung; oder in weniger ertragreichen Lagen oft auch schon seit Jahrzehnten aufgelassen und dort in Sukzession übergegangen.

Ökologische Bedeutung: Historische Weinberglagen mit Natursteinmauern gehören mit zu den bedeutendsten Lebensräumen der Kulturlandschaft. Neben einer Vielzahl von Pflanzenarten sind solche Bereiche wichtige Lebensräume gefährdeter Tierarten: Mauereidechse, Zauneidechse, Schlingnatter, Aspisviper (Weinberglagen im Wallis), Steinschmätzer, Garten- und Hausrotschwanz, in angrenzenden Felsbereichen Turm- und Wanderfalke, Baumfalke.

Gefährdung: Zerstörung durch Flurbereinigung und Nutzungsintensivierung, Abriß der Mauern, intensive Bewirtschaftung, Verbuschung aufgelassener Lagen, Pestizideinsatz.

Schutz und Pflege: Erhaltung historischer Mauerweinberge durch Bewirtschaftungsprogramme, Ausweisung als Landschaftsschutzgebiete, Hilfen für Reparatur, Wiederaufbau und völlige Neuanlage von Naturstein-Trockenmauern. Vermarktungsstrategien für Wein aus Mauerweinbergen.

Die Schlingnatter (oben) und die Weinbergtulpe (unten) sind zwei charakteristische Vertreter in der althergebrachten Weinberglandschaft.

Charakteristische Pflanzen:
in Mauerbereichen:
Mauerraute *(Aspenium ruta-muraria)*
Schwarzstieliger Strichfarn *(Asplenium trichomanes)*
Zimbelkraut *(Cymbalaria muralis)*
Schriftfarn *(Ceterach officinarum)*
Wilder Majoran *(Origanum vulgare)*
Edelgamander *(Teucrium chamaedrys)*
Rundblättrige Glockenblume *(Campanula rotundifolia)*
Kleiner Storchschnabel *(Geranium pusillum)*
Frühlingsfingerkraut *(Potentilla tabernaemontanii)*
Gamander-Ehrenpreis *(Veronica chamaedrys)*
Scharfer Mauerpfeffer *(Sedum acre)*
Große Fetthenne *(Sedum maximum)*
Milder Mauerpfeffer *(Sedum sexangulare)*
Weißer Mauerpfeffer *(Sedum album)*
Kriechende Hauhechel *(Ononis repens)*

Offenbodenbereiche, Randflächen usw:
Kleinblütige Königskerze *(Verbascum thapsus)*
Mehlige Königskerze *(Verbascum lychnitis)*
Deutscher Ziest *(Stachys germanica)*
Wilde Resede *(Reseda lutea)*
Färberkamille *(Anthemis tinctoria)*
Natternkopf *(Echium vulgare)*
Steinklee-Arten *(Melilotus alba* und *officinalis)*

Durch menschliche Nutzung und Bewirtschaftung entstandene Trockenbiotope

Magerböschung

Kennzeichen: Magere Böschungen entlang von Straßen und Feldwegen, an Bahndämmen, Bahnböschungen, Deichen, an alten Umfassungswällen von Burgen, Schlössern und Klöstern, die noch regelmäßig beweidet (meistens Schafe) oder gemäht werden.

Verbreitung/Vorkommen: An sonnenexponierten Standorten mit relativ mageren Böden. Überall in Deutschland, Österreich und in der Schweiz dort zu finden, wo die landschaftliche Vielfalt noch nicht durch Überdüngung und zu intensive Pflege vernichtet wurde.

Standortmerkmale: Wärmeliebender, mäßig trockener bis trockener, oftmals den Trockenen Glatthaferwiesen *(Salvio-Arrhenatheretum)* in Süddeutschland, Österreich und Schweiz ähnlicher Grünlandtypus. Je nach Bodenverhältnissen auch den Lockeren Sandrasen, Kalk-Trockenrasen, Kalk-Magerweiden, Kalk-Halbtrockenrasen ähnliche Vegetation. Im Hochalpenraum auch den alpinen Sauerbodenrasen ähnliche Vegetation. Selten einheitlicher Vegetationstypus, sondern je nach Umgebungsvegetation zusammengesetzte Pflanzengesellschaften, die sich anderen hinsichtlich des Artenspektrums nähern. Starke regionale Unterschiede.

Wo Straßenränder nicht mit Chemikalien behandelt oder zu oft gemäht werden, bildet sich eine vielfältige, blumenbunte Pflanzengemeinschaft aus.

Im Mai erscheinen die dicklichen Ölkäfer-Weibchen auf so mancher Magerböschung.

Magerböschung

Charakteristische Pflanzen:
Glatthaferwiesen-Typus:
Wiesen-Salbei *(Salvia pratensis)*
Margerite *(Chrysanthemum leucanthemum)*
Skabiosen-Flockenblume *(Centaurea scabiosa)*
Wiesen-Knautie *(Knautia arvensis)*
Wiesenflockenblume *(Centaurea jacea)*
Wilder Majoran *(Origanum vulgare)*

Halbtrockenrasen-Typus:
Kleiner Wiesenknopf *(Sanguisorba minor)*
Tauben-Skabiose *(Scabiosa columbaria)*
Zypressen-Wolfsmilch *(Euphorbia cyparissias)*
Helm-Knabenkraut *(Orchis militaris)*
Ragwurz-Arten *(Ophrys spec.)*
Aufrechte Trespe *(Bromus erectus)*
Mücken-Handwurz *(Gymnadenia conopsea)*
Zittergras *(Briza media)*
Gewöhnlicher Wundklee *(Anthyllis vulneraria)*

Trockenrasen-Typus:
Gewöhnliches Sonnenröschen *(Helianthem nummularium)*
Kartäuser-Nelke *(Dianthus carthusianorum)*
Frühlings-Fingerkraut *(Potentilla tabernaemontanii)*
Hufeisenklee *(Hippocrepis comosa)*
Edelgamander *(Teucrium chamaedrys)*
Gewöhnliche Küchenschelle *(Pulsatilla vulgaris)*

Nutzung: Verkehrsrandflächen meist ohne Nutzung, da an Heugewinnung für Ziegen und Kaninchenhaltung kaum mehr Interesse besteht. Lediglich noch partielle Pflege, etwa entlang von Straßen und Wegen. Pflege von Deichen oftmals noch durch Schafbeweidung, manchmal Mahd.

Ökologische Bedeutung: Wertvolle Kleinlebensräume in ansonsten intensiv genutzter Landschaft. Bedeutend für die Arealausbreitung verschiedener Pflanzenarten (Bahn- und Straßenwanderer). Belebung des Landschaftsbildes. Lebensstätte gefährdeter Tierarten, u.a. verschiedene Schmetterlingsarten, Heuschrecken, Grillen usw. Lebensraum von Zauneidechse und Blindschleiche.

Den Ackerwachtelweizen findet man in seinem namengebenden Lebensraum, dem Acker, kaum mehr. Magere Wegböschungen sind für ihn zum Rückzugsraum geworden.

Eine Straßenböschung ist kein Ödland. Obwohl manchmal der Untergrund offen zutage tritt, können an älteren Böschungen zahlreiche Pflanzen wie der schöne, blaublühende Frühlingsenzian (links) wachsen.

Gefährdung: Humusierung von neu entstandenen Böschungen. Chancen zur Herausbildung von Trockenstandorten sind dann ein für allemal vertan. Vernichtung durch Überdüngung, falsche Pflege, fehlende Abräumung des Mähguts, ausbleibende Mahd, Verbuschung. Nährstoffeintrag durch Stickstoff aus der Luft, Bepflanzung mit Straßenbegleit-»Pseudogrün«.

Schutz und Pflege: Kein Humusauftrag auf neu entstandenen Böschungen, Deichen usw. Vorhandene Magerböschungen regelmäßig, mindestens alle zwei Jahre, möglichst nach Samenausfall, mähen, mit anschließender Abfuhr des Mähgutes. Pufferflächen zu benachbarten, intensiv genutzten und gedüngten Grundstücken schaffen durch Heckenzonen (Beschattung der Magerböschungen jedoch vermeiden) oder ungedüngte Wiesenstreifen. Besonders bedeutende Pflanzenstandorte und Tiervorkommen unter Schutz stellen.

Durch menschliche Nutzung und Bewirtschaftung entstandene Trockenbiotope

Ruinen

Kennzeichen: Burg-, Schloß-, und Kirchenruinen, verfallene alte Mühlen, Bauernhöfe und Scheunen, die einst aus Natursteinen errichtet wurden, haben sich im Laufe der Zeit zu äußerst wertvollen Trockenbiotopen entwickelt. In intensiv genutztem Kulturland sind solche zerfallenen Bauwerke oft letzte »Trocken-Biotopinseln«. Besonders bedeutend ist altes, fugenreiches Mauerwerk.

Verbreitung/Vorkommen: Überall, wo Sanierungs- und Säuberungsmaßnahmen die Ruinenstrukturen noch nicht vernichtet haben.

Standortmerkmale: Extremstandorte, die – je nach verwendeter Gesteinsart – von Arten exponierter Felsformationen ebenso besiedelt werden wie von Arten der Halbtrocken- und Kalk-Halbtrockenrasen. Voraussetzung ist weitgehend freiliegendes Mauerwerk, das entweder trocken aufgeschichtet oder mit einem Kalkmörtel nur locker verfugt ist. Selbst in Ruinengelände mit Backsteinmauerwerk, z. B. norddeutsches Tiefland, können kalkliebende Pflanzenarten gedeihen, wenn die Verfugung einst mit einem stark kalkhaltigen Mörtel erfolgte.

Charakteristische Pflanzen:
Mauerraute *(Asplenium ruta-muraria)*
Schwarzstieliger Strichfarn *(Asplenium trichomanes)*
Zimbelkraut *(Cymbalaria muralis)*
Schriftfarn *(Ceterach officinarum)*
Wilder Majoran *(Origanum vulgare)*
verschiedene Thymianarten
Edelgamander *(Teucrium chamaedrys)*
Rundblättriger Storchschnabel *(Geranium rotundifolium)*
Rundblättrige Glockenblume *(Campanula rotundifolia)*
Kleiner Storchschnabel *(Geranium pusillum)*
Echte Hauswurz *(Sempervivum tectorum)*
Frühlingsfingerkraut *(Potentilla tabernaemontanii)*
Gamander-Ehrenpreis *(Veronica chamaedrys)*
Aufrechter Ziest *(Stachys recta)*

auf Mauerköpfen:
Zypressen-Wolfsmilch *(Euphorbia cyparissias)*
Natternkopf *(Echium vulgare)*
Scharfer Mauerpfeffer *(Sedum acre)*
Große Fetthenne *(Sedum maximum)*
Milder Mauerpfeffer *(Sedum sexangulare)*
Unechtes Fettkraut *(Sedum spurium)*
Weißer Mauerpfeffer *(Sedum album)*
Kriechende Hauhechel *(Ononis repens)*

Nutzung: Keine direkte Nutzung der Ruinenmauern, jedoch vielfach Teil von Ausflugszielen, Lagerplätzen usw.

Ökologische Bedeutung: Als letzte Rückzugsgebiete für Trockenstandorte bewohnende Lebensraumspezialisten äußerst bedeutsam. So ist etwa innerhalb ihres Verbreitungsgebietes die Mauereidechse *(Lacerta muralis)* vielfach auf Ruinengelände angewiesen. Außerdem Lebensraum anderer Reptilien wie Zauneidechse, Schlingnatter, Aspisviper (Schweiz) sowie Jahreslebensraum gefährdeter Amphibien wie Geburtshelferkröte (Schweiz, Luxemburg). Tagesverstecke und

Ruinen – eine kleingliedrige Lebewelt für Tiere und Pflanzen mit den unterschiedlichsten Standortansprüchen.

Ruinen

Winterquartiere von Fledermäusen. Brutplatz gefährdeter Vogelarten wie Steinschmätzer, Haus- und Gartenrotschwanz und bei größeren Ruinen Dohle, Turmfalke und manchmal auch Wanderfalke.

Gefährdung: Bedroht durch Sanierungsmaßnahmen, bei denen Lebensraumansprüche seltener Arten nicht berücksichtigt werden, z. B. bei totaler Verfugung. Keine Verwendung von Kalk im Mörtel. Restlose Beseitigung vorhandener Mauervegetation; Abriß und Ersatz durch andere Baustoffe, Mauerabtrag.

Schutz und Pflege: Sicherung vorhandener Standorte. Bei Sanierungserfordernis zur Bewahrung der Ruinensubstanz (bei Denkmalschutzmaßnahmen) behutsames Vorgehen. Schrittweise (zeitlich) und abschnittweise (örtliche) Sanierung, damit gefährdete Arten wie Mauereidechsen auf angrenzende Habitate ausweichen können. Bei Sicherung von Mauerkronen vorher Vegetation und aufliegendes Bodensubstrat bergen und nach evtl. notwendiger Abdichtung des Mauerkopfwerks wieder aufbringen. Keine Mauersanierung während Brutzeit. Fugen belassen. Denkmalschützer sollten Naturschutzfachleute zu Rate ziehen.

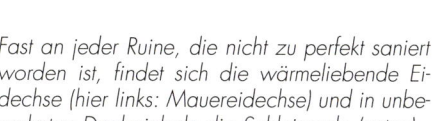

Fast an jeder Ruine, die nicht zu perfekt saniert worden ist, findet sich die wärmeliebende Eidechse (hier links: Mauereidechse) und in unbewohnten Dachgiebeln die Schleiereule (unten).

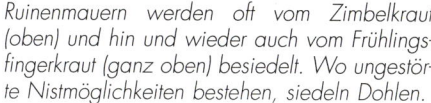

Ruinenmauern werden oft vom Zimbelkraut (oben) und hin und wieder auch vom Frühlingsfingerkraut (ganz oben) besiedelt. Wo ungestörte Nistmöglichkeiten bestehen, siedeln Dohlen.

Durch menschliche Nutzung und Bewirtschaftung entstandene Trockenbiotope

Bodenentnahmestellen/Abbaustätten

Kennzeichen: Offenliegende, äußerst unterschiedlich ausgeprägte Abbaustätten. Je nach standörtlichen Gegebenheiten und geologischen Verhältnissen angelegt zur Gewinnung von Roh- und Baustoffen. Wo der Abbau oberhalb des Grundwasserspiegels erfolgt und sich wegen fehlender Bodendichtung (etwa Lehm) kein Oberflächenwasser (Regenwasser, Zuflüsse) sammeln kann, entwickeln sich vor allem an sonnenexponierten Stellen die unterschiedlichsten Trockenbiotope. Sie beherbergen je nach Umgebung und Beschaffenheit oft ganz unterschiedliche Floren- und Faunenelemente.

Verbreitung/Vorkommen: Alle Abbaugebiete in Deutschland, Österreich und der Schweiz.

Standortmerkmale: Ganz unterschiedlich ausgeprägt. Trockene Sandgruben beherbergen, soweit die Sukzession durch Nährstoffeintrag nicht allzuweit fortgeschritten ist, oft Arten der Binnendünen und Sandrasen wie Silbergras, Sandwicke, Sandmohn, Sandbiene, zahlreiche Laufkäfer, Heuschrecken und bodenbewohnende Spinnenarten. Örtlich Jahreslebensraum von Kreuzkröte, Wechselkröte, Knoblauchkröte, Zauneidechse, Schlingnatter usw.
Lehmgrubensteilwände sind oft wichtige Lebensräume verschiedener Wildbienen- und Schlupfwespenarten sowie Brutplätze (je nach Verbreitung) von Bienenfresser (vor allem im Burgenland), Uferschwalbe und – sehr selten – auch Blauracke (in Teilen Polens, Ungarns, im südöstl. Österreich, selten in den neuen Bundesländern).
In Kalksteinbrüchen siedeln sich mitunter Pflanzen der Kalk-Trockenrasen, der Kalk-Magerwiesen und auch der Kalk-Magerweiden an. Dies hängt von der Dauer der Abbaustätte ebenso ab wie von der Strukturierung des Untergrundes, der Sonneneinstrahlung usw. Hohe Kalksteinwände sind als menschlich geschaffene »Kunstfelsen« oft Lebensraum von Turmfalke, seltener auch Wanderfalke, Uhu, Mauersegler, Mehlschwalbe und südlich der Alpen auch der Felsenschwalbe. Felsritzen und Spalten bieten Verstecke für verschiedene Fledermausarten.

Werden alte Abbaustätten in Ruhe gelassen, werden sie schnell von der Natur zurückerobert. Zuerst siedeln sich anspruchslose Pflanzen an, später folgen Arten mit spezielleren Standortansprüchen wie diese Wildbiene.

Eine aufgelassene Kiesgrube: keine zerstörte Landschaft, sondern ein Lebensraum für Tier- und Pflanzenarten, die sowohl Trockenheit als auch Feuchtigkeit ertragen.

Charakteristische Pflanzen:

Kalksteinbrüche (ältere Abbauwände, an denen sich entsprechende Vegetation entwickeln kann):
Weißer Mauerpfeffer *(Sedum album)*
Scharfer Mauerpfeffer *(Sedum acre)*
Felsen-Fetthenne *(Sedum reflexum)*
Wimper-Perlgras *(Melica ciliata)*, selten
Niedriges Hornkraut *(Cerastium pumilum)*
Felsen-Steinkraut *(Alyssum saxatile)*

Sandgruben (besonders im Bereich höher aufgeschichteter, nicht ständig durch Umlagerung gestörter dünenähnlicher Sandwälle):
Silbergras *(Corynephorus canescens)*
Sand-Thymian *(Thymus serpyllum)*
Sandmohn *(Papaver argemone)*
Hasenklee *(Trifolium arvense)*
Gelber Hohlzahn *(Galeopsis segetum)*
Faden-Fingergras *(Digitaria ischaemum)*

Bodenentnahmestellen/Abbaustätten

Nutzung: Rohstoffgewinnung. Alte Gruben oft mit Müll, Bauschutt und Erdaushub verfüllt. Nur selten Naturschutz als Folgebestimmung festgelegt.

Ökologische Bedeutung: Verschiedene, vor allem kleinräumige Abbaustätten haben sich zu wertvollen Lebensräumen für gefährdete Tier- und Pflanzenarten entwickelt. So sind Kiesgruben in manchen Regionen letzte Brutplätze des Flußregenpfeifers. Manche Grubenbiotope sind in verschiedenen Regionen einzige Überlebensräume für Schlingnatter, Zauneidechse, Knoblauchkröte, Kreuzkröte und Wechselkröte. Steilwände in Steinbrüchen beherbergen Felsbandgesellschaften und mitunter seltene Brutvogelarten wie Wanderfalke und Uhu sowie verschiedene Fledermausarten. Dennoch sind neue Abbaustätten zunächst Eingriffe in Natur und Landschaft und deshalb genehmigungspflichtig. Wo geeignet, sollte bei der Anlage neuer Abbaustätten Naturschutz als Folgebestimmung festgelegt werden. Vorherige Landschaftsplanung durch neutrales Büro erforderlich. 20–30% der Materialentnahmestellen sollen als ökologische Ausgleichszellen für Tiere und Pflanzen zur Verfügung gestellt werden. Alte Abbaustätten, die sich zu wertvollen Sekundärbiotopen entwickelt haben, sollten unter Schutz gestellt werden. Beispiel: der als Naturschutzgebiet ausgewiesene ehemalige Steinbruch bei Leimen (Baden-Württemberg).

Bläulinge brauchen Feuchtstellen am Grunde einer Kiesgrube, leben aber ansonsten auf den Pflanzen der Trockenhänge. Die Wechselwirkungen zwischen Tieren und Pflanzen vermag der Mensch oft nicht zu durchschauen.

Gefährdung: Zerstörung wertvoller Sekundärbiotope durch Verfüllung und weiteren Abbau, Schadstoffeintrag, Mißbrauch als Müllkippe, Freizeitanlagen wie Gelände-Motorradstrecken, Zeltplätze usw.

Schutz und Pflege: Ausweisung wertvoller Sekundärbiotope als Schutzgebiet. In Einzelfällen, z. B. in Sand- und Lehmgruben, können Pflegemaßnahmen erforderlich werden; Wiederherstellung eingefallener Steilwände bzw. Freihaltung von zu dichter Vegetation.

Die Uferschwalbe nutzt die senkrechten Wände einer Kies- oder Sandgrube, um ihre metertiefen Brutröhren zu graben. Auch hier ist eine Wechselwirkung zu beobachten: Brutgebiet und Nahrungsraum müssen aufeinander abgestimmt sein. Eine Kiesgrube bietet insektenreiche Jagdgebiete und Platz für die Jungenaufzucht.

Dachbegrünung

Kennzeichen: Kurzrasige, trockene Pflanzenstandorte. Natürliche Vorkommen auf sehr alten Ziegeldächern. Vielfach auf Flachdächern (z.B. Fertiggaragen) und auf speziell für Dachbegrünungen konstruierten geneigten Dachflächen angelegt.

Verbreitung/Vorkommen: Alte, zufällige Dachbegrünungen auf alten Ziegeldächern nur noch sehr selten, da durch Sanierungsmaßnahmen Dachneueindeckungen erfolgten und so viele Standorte zerstört wurden. Überall in Deutschland, Österreich und der Schweiz wurden etwa ab 1980 zunehmend in Neubau- oder Sanierungsgebieten (sowohl Wohn- als auch Gewerbegebiete) Dachbegrünungen angelegt. Sie sind jedoch nur punktuell zu finden und noch keinesfalls orts- und landschaftsbildprägend.

Standortmerkmale: Extremstandorte; meist sonnenexponiert und sehr nährstoffarm. Natürlich entstandene Dachbegrünung meist auf Ziegeldächern, auf denen sich stellenweise an beschädigten Ziegeln etwas Substrat ansammeln konnte (durch zerfallenes Laub, Einwehung und dergl), und auf denen sich Arten der Felsbandgesellschaften und der Mauerkronenvegetation ansiedelten. Bilden sich Pflanzenpolster, ist die Voraussetzung zur Ansiedlung weiterer Überlebensspezialisten gegeben. Manche »Ziegeldachpflanzen« Hauswurz/Dachwurz (Name!) (Sempervivum tectorum), im Alpenraum auch Steinbrecharten (Saxifraga spec.), wurden früher auch gezielt angepflanzt, aus Gründen der vermeintlichen »Blitzschlagabwehr«.
Darüber hinaus oftmals auf alten Dächern: Scharfer Mauerpfeffer (Sedum acre), Milder Mauerpfeffer (Sedum sexangulare), Weißer Mauerpfeffer (Sedum album) und verschiedene Gräserarten. Angelegte Dachbegrünung: je nach Konstruktion und aufgebrachtem Bodensubstrat sowie eingebrachter Einsaat bzw. Bepflanzung beschaffen.

Charakteristische Pflanzen:
Alte, natürlich entstandene oder initiierte Dachbegrünungen:
Echte Hauswurz (Sempervivum tectorum)
Berghauswurz (Sempervivum montanum)

Wir müssen die Natur zurück in unsere Städte bringen! Neben Gärten und Parks, die in der Regel reine Kunstgebilde sind, bieten sich noch andere Möglichkeiten: Terrassen, Balkone und auch die großen Dachflächen. Auch wenn es einigen Aufwand erfordert, können sie zu lebendigen Inseln in einer sonst toten Umgebung werden.

Alpenhauswurz (Sempervivum alpinum)
verschiedene Steinbrecharten (Saxifraga spec.)

Bei künstlich angelegten, flächenhaften Dachbegrünungen je nach inzwischen handelsüblichen Pflanzenkombinationen u.a.:
Milder Mauerpfeffer (Sedum sexangulare)
Scharfer Mauerpfeffer (Sedum acre)
Rötliche Fetthenne (Sedum rubens)
Große Fetthenne (Sedum maximum)
Bergfetthenne (Sedum vulgaris)
Weiße Fetthenne (Sedum album)
Wilder Majoran (Origanum vulgare)
Blaugras (Sesleria varia)
Thymianarten

In vergangenen Zeiten war es fast selbstverständlich, daß der Natur auf unseren Dächern ein Platz an der Sonne eingeräumt wurde. Dies hatte nicht nur ästhetische Gründe, sondern kam auch dem Wärmeschutz, der Isolierung und nebenbei auch Tieren und Pflanzen zugute. Nicht nur an kleinen Bauwerken wie einem Unterstand in einem Weinberg (links), sondern auch auf den Dächern der Wohnhäuser und Scheuern (oben), siedelten sich im Laufe von Jahrzehnten ausdauernde, robuste und Trockenheit ertragende Pflanzen an.

Dachbegrünung

Nutzung: Keine.

Ökologische Bedeutung: Ausgleich für versiegelte Bereiche, mitunter Lebensstätte selten gewordener Insekten.

Gefährdung: Alte Dach-Trockenstandorte gefährdet durch Sanierungsmaßnahmen. Neue Dach-Trockenstandorte können sich zu Überlebensinseln für gefährdete Insektenarten entwickeln, wenn sie nicht zu isoliert liegen.

Schutz und Pflege: Nicht erforderlich.

Mauerpfeffer, aber auch Fetthenne und andere Pflanzen, die Feuchtigkeit speichern können, sind an extreme Standorte angepaßt. Nur so können sie die Temperaturen heißer Tage oder wochenlang Schnee und Kälte ertragen.

Auch wenn es nur Moose und Flechten sind: Ein bewachsenes Dach sieht viel lebendiger aus, als die leblosen Steinwüsten unserer Städte. Blühende Hauswurz (unten) und andere Blütenpflanzen auf begrünten Dächern könnten an vielen Stellen unsere Wohnsiedlungen ansehnlicher und freundlicher gestalten.

Bergwerkshalden und Schwermetallfluren

Kennzeichen: Schwermetallhaltige Standorte sind seit dem Mittelalter, z.T. sogar seit der Bronzezeit durch Abbau von Erzen und Verkippung des Abraumes auf zunächst kleine, zerstreute, später auf große, zusammenhängende Abraumhalden entstanden. Solche Halden sind mitunter prägend für das Landschaftsbild von Bergbaulandschaften. Die wichtigsten Elemente sind Kupfer, Zink und Blei. Die als Spurenelemente für Pflanzen unentbehrlichen Elemente wirken in größerer Konzentration vegetationsfeindlich. Schwermetallhaltige Standorte sind daher vegetationsarm bzw. nur sehr locker bewachsen. Gehölze fehlen in der Regel ganz.

Verbreitung/Vorkommen: Abraum- und Schlackehalden in Erzbergbaugebieten, besonders im Rheinland bei Aachen und in Mitteldeutschland im östlichen und südlichen Harzvorland. Natürliche Schwermetallstandorte sind außerordentlich selten. In Mitteleuropa nur in den Alpen sowie auf ausstreichenden Kupferschieferflözen im Unstrutgebiet.

Standortmerkmale: Gesteinsschutt- und Schlackehalden oder flache Rücken mit unentwickelten, wasserdurchlässigen, humusarmen, skelettreichen, schwermetallhaltigen Rohböden.

Charakteristische Pflanzen:
Auf Schwermetallböden haben sich Ökotypen einiger Pflanzenarten herausgebildet, die sich durch relative Schwermetallresistenz auszeichnen. Da auch diese Pflanzen durch Schwermetallsalze geschädigt werden, zeichnen sie sich durch zwergigen Wuchs, auffallend skleromorphe Struktur, hohen Anthocyangehalt und stark entwickeltes Wurzelwerk aus. In einigen Fällen handelt es sich um lokalendemische Formen.
Grasnelke in mehreren Kleinarten
   (Armeria halleri, A. bottendorfensis,
   A. hornburgensis)
Frühlingsmiere (Minuartia verna ssp. hercynica)
Taubenkropf-Leimkraut (Silene vulgaris var. humilis)
Galmei-Veilchen (Viola calaminaria)
Galmei-Täschelkraut (Thlaspi calaminare)
Rotes Straußgras (Agrostis tenuis)
Rundblättrige Glockenblume (Campanula rotundifolia)
Früher Thymian (Thymus praecox)
Krustenflechten (Acarospora sinapica, Diploschistis scruposus)

Nutzung: Schwermetallstandorte sind Deponien nicht verwertbaren Abraumes. Sie sind praktisch nicht nutzbar und gelten gemeinhin als »Unland«.

Ökologische Bedeutung: Lebensraum speziell angepaßter Ökotypen, die Überlebensstrategien zur Bewältigung lebensfeindlicher Belastungssituation entwickelt haben.

Gefährdung: Erscheint gering, da weder durch Nutzung noch durch Sukzession bedroht. Vorkommen einzelner Galmei-Pflanzen sind jedoch so selten, daß sie als gefährdet gelten.

Schutz und Pflege: Ausweisung von repräsentativen Beispielen als Schutzgebiete. Freihalten von Bebauung, Müllverkippung und Planierung.

Typische Pflanzen einer Bergwerkshalde: Von gewöhnlichen Pflanzen (oben) bis zu speziellen Arten wie Galmeiveilchen (links) und Wegerich-Grasnelke (unten).

Gefährdung der Trockenbiotope

Der schleichende Landschaftswandel

Rote Listen als Alarmzeichen

Ödland ist nicht öde

Landnutzung und Arteninventar im Wandel der Zeit

Unsere Vorfahren waren früher in einem weitaus höheren Maß von der Natur direkt abhängig als wir es heute sind. In den Anfängen der Landwirtschaft konnte ausschließlich das natürliche Potential genutzt werden; es gab weder die Möglichkeit des Düngens mit Mineraldünger noch die Chance, durch die Wahl unter verschiedenen Zuchtsorten die für den jeweiligen Standort geeignetste Getreidesorte zu säen. Die Landbewirtschaftung war nämlich stets auch ein Kampf gegen Konkurrenz, sowohl gegen Tiere, die sich ihren Teil an den landwirtschaftlichen Produkten holten, als auch gegen Wildpflanzen, die in Konkurrenz zu den Anbaufrüchten standen und ständig kurzgehalten werden mußten, um einen Ertrag zu sichern. Da frühere Generationen auf Gedeih und Verderb auf die Eigenversorgung angewiesen waren, kam der Bekämpfung der Konkurrenten große Bedeutung zu.

Die Folge war, daß der Mensch – mangels Möglichkeiten, nicht etwa aus ethischen Gründen – gut daran tat, sich mit den Tieren und Pflanzen seiner Umgebung zu arrangieren. Er konnte nur etwas ernten, wenn er die Konkurrenten im Feld zurückdrängte, ihnen aber am Rand oder außerhalb ihren Lebensraum beließ, denn zum Ausrotten hatte er nicht die Kraft, nicht die Zeit und erst recht nicht die Giftspritze. So kam es, daß bis zum Aufkommen neuzeitlicher Bewirtschaftungsformen, also bis in die Zeit um 1870, die Zahl an Tier- und Pflanzenarten – von den ausgerotteten, dem Menschen gefährlichen und ungefährlichen Wildtieren abgesehen – zunahm. Äcker und Wiesen müssen eine Vielfalt und eine Blumenpracht aufgewiesen haben, wie wir sie heute nicht mehr kennen. Wenn wir in alten Büchern blättern, können wir nur staunen, welche Tiere und Pflanzen, die wir nur noch aus Botanischen Gärten, Zoos oder aus Bildbänden kennen, als »gemein«, d. h. als überall häufig vorkommend, eingestuft wurden. Als Beispiel sei der Feldhamster genannt, der in weiten Teilen Mitteleuropas ständiger Gast in der Feldflur war und heute nur noch ganz lokal zu finden ist.

Das alles hat sich mit zunehmender Bevölkerung geändert, mit größer werdenden Siedlungen, mit der Zunahme des Verkehrs, dem Ausbau der Verkehrslinien und vor allem mit dem Aufkommen mineralischer Dünger und chemischer Pflanzenbehandlungsmittel, die wir gemeinhin als »Gifte« bezeichnen. Seitdem ist die auf die Natur angewiesene Landwirtschaft zur ausschließlichen Produktionsstätte agrarischer Produkte geworden, die Konkurrenten keinen Platz läßt. Abgesehen von den Weinbergen, in denen schon immer mit der Hacke nahezu jeder Grashalm entfernt worden ist, und in denen man nach Jahren des Einsatzes von Totalherbiziden heute wieder vermehrt zu

Links: Werden bislang bewirtschaftete Bereiche aufgelassen, entstehen eine zeitlang neue Trockenstandorte. So hat sich in vielen Bereichen der Weinbau aus Steillagen zurückgezogen; es entstehen dann Magerböschungen und Trockenrasen, die aber ohne eine Bewirtschaftung allmählich verbuschen.

Rechts: Oft ist es uns nicht bewußt, daß die Landschaft einem schleichenden Wandel unterliegt. Werden Nutzungen wie die Beweidung aufgegeben, so verwachsen Magerweiden. Werden sie z.B. von immer mehr Wacholder beherrscht, schließt sich der Gehölzbestand letztendlich und geht allmählich wieder in einen Wald über. Ca. 15–20 Jahre nach Beendigung der Weidewirtschaft verwachsen ehemalige Heiden.

Landnutzung und Arteninventar im Wandel der Zeit

Grüneinsaaten übergegangen ist, hat sich das Bild der Feldflur in den letzten Jahrzehnten mehr und mehr negativ verändert. Wäre nur die bewirtschaftete Fläche betroffen, gäbe es wahrscheinlich noch genügend Rückzugsraum für Tiere und Pflanzen, doch Dünger und Gift machen nicht an den Parzellengrenzen halt: Über das Grundwasser und das abfließende Niederschlagswasser gelangen Düngemittel in die Umgebung, über den Wind werden die »Pflanzenbehandlungsmittel« in das Umfeld getragen. Umweltverschmutzung – und dazu sind eben letztendlich auch ins Grundwasser abfließende Düngemittel zu rechnen – macht an Grenzen nicht halt, nicht vor regionalen Grenzen und nicht vor Landesgrenzen.

Schließlich erlaubten die neuartigen Betriebsmittel einschließlich der Maschinen auch die Ausweitung der Bewirtschaftung. Wo der Bauer früher mit seiner Kuh und dem daran angespannten Einscharpflug scheiterte, hat der Bauer heute mit seinem 100-PS-Schlepper und dem angehängten »Kultivator« nicht die geringsten Schwierigkeiten, einen Halbtrockenrasen binnen Minuten umzubrechen und in einen Acker zu verwandeln.

In den letzten zwei Jahrzehnten sind neue Probleme hinzugekommen. Der Stickoxid- und Schadstoffausstoß aus Kraftwerken und unzähligen Auspuffen hat nicht nur Auswirkungen auf die Waldbäume, sondern auch auf andere Wildpflanzen. Heute gehen mit Wind und Niederschlägen mehr Substanzen mit düngender Wirkung auf unsere Landschaft nieder, als der Landwirt in den 50er Jahren direkt auf sein Feld gefahren hat. Das kann nicht ohne Folgen bleiben! Messungen belegen, daß heute in weiten Teilen Mitteleuropas ein Stickstoffeintrag über die Luft von über 70 kg pro Hektar und Jahr nicht außergewöhnlich ist. Ein großer Teil des Nitrats kommt aus der Tierhaltung. Niederwüchsige Trockenrasen weisen dadurch verstärkten Graswuchs auf, und wo vor Jahrzehnten krüppelige Schlehen standen, die in feuchten Jahren etwas gediehen und in trockenen »rückwärts wuchsen«, stehen heute Bäume und Sträucher mit wüchsigen Jahrestrieben. Konkurrenzschwache Pflanzen werden unterdrückt, ebenso Spezialisten, die sich bei kargsten Verhältnissen eine Nische erstritten hatten. Gerade Pflanzen mit besonderen Standortansprüchen, z.B. Küchenschelle, Enzian- und Orchideenarten, die auf niederen, lückigen Bewuchs angewiesen sind, ersticken heute vielerorts im hohen Gras oder im Gebüsch, wo noch vor wenigen Jahren magere Heide war.

Die Auswirkungen des Wandels in der Landwirtschaft auf die Trockengebiete sind eklatant. Wo einst zutage tretende Gesteinsbrocken den Ackerbau unmöglich gemacht haben und lediglich Weideland zuließen, dehnen sich heute riesige Maisfelder aus. Vom Schafdung, der früher heiß begehrt war und um den sich die Bauern stritten, indem sie »Pferchnächte« ersteigerten, ist heute niemand mehr abhängig.

Und so weist die Landnutzung heute ganz charakteristische Züge auf, die nicht mehr zu übersehen sind. War einst nur ein kleiner Teil der Landschaft intensiv genutzt, der allergrößte Teil hingegen extensiv bei nur wenig Brachland, so ist das Verhältnis heute umgekehrt, wobei das extensiv genutzte Land mit seiner Vielfalt an Tier- und Pflanzenarten, wo es überhaupt noch in seiner althergebrachten Ausprägung vorhanden ist, sogar schon aus jeglicher Bewirtschaftung ausscheidet. »Grenzertragsböden« nennen die Agrarfachleute und Statistiker derartiges Gelände, auf dem unter heutigen wirtschaftlichen Gesichtspunkten kein Gewinn erzielt werden kann.

Geht die Entwicklung so weiter – und alles deutet darauf hin –, dann grenzt der auf Brachland hochkommende Wald unmittelbar an den monokulturartig bewirtschafteten Acker an! Trockenbiotope wie Magerwiesen, Orchideen-Halbtrockenrasen usw., jahrtausendealte Mosaiksteine in unserer Kulturlandschaft, sind dann endgültig dahin.

Doch soweit darf es nicht kommen! Die Landwirtschaft befindet sich überall in Deutschland, Österreich und der Schweiz weiter im Wandel. Auf Jahre, in denen jeder Quadratmeter möglichst effektiv genutzt worden ist, folgen nun offensichtlich Jahre, in denen die Überschüsse an Agrarprodukten nur dann in den Griff zu bekommen sind, wenn in einem ersten Schritt landwirtschaftliche Produktionsflächen »stillgelegt« und nur noch einmal im Jahr abgemäht werden. Wenn in einem weiteren Schritt die Einsicht zum Tragen kommt, daß eine Bewirtschaftung der gesamten Agrarfläche unter naturverträglichen Gesichtspunkten billiger ist und zu besseren Erzeugnissen führt als die derzeitige Methode, dann dürfen Naturschützer und mit ihnen ökologisch orientierte Menschen hoffen! Den Trockengebieten wird diese Entwicklung freilich nur indirekt nützen: Es ist kaum zu erwarten, daß es zu einem nennenswerten Aufschwung der Schäferei oder vergleichbarer Nutzungen kommen wird, denn wer will schon Schaffleisch und -wolle, die doch von Australien oder Südeuropa viel billiger zu beziehen ist? Doch trockene Randstreifen entlang der Äcker und hin und wieder neu entstehende Hecken werden von zahlreichen Tieren und Pflanzen angenommen werden. Und wenn sich auch das einstige vielfältige Bild unserer Kulturlandschaft nicht wiederherstellen läßt und sich die »neue Landschaft« an den geraden Flurbereinigungswegen und -bächen orientieren wird, mehr Leben kann auf jeden Fall in die Landschaft kommen! Die »Ackerrandstreifen« mit Kornblume und Klatschmohn sind also gute Anfänge!

Der schleichende Landschaftswandel

Wer in einer Landschaft aufwächst und ständig in ihr unterwegs ist, empfindet Veränderungen weitaus weniger als jemand, der im Abstand von Jahren oder gar Jahrzehnten einen Blick auf einen ihm einst liebgewonnenen Landschaftsausschnitt wirft. Ja, es gibt Leute, die streiten Veränderungen rundweg ab, obwohl sich vor ihren Augen die Umgebung von Jahr zu Jahr nicht schnell, aber doch merklich verändert. Gemeint ist hier nicht das Wachsen von Bäumen im Wald oder im Stadtpark, sondern die Veränderung ganzer Landschaften.

Von etlichen Mittelgebirgen, z. B. aus den Höhenlagen des Schwarzwaldes, ist bekannt, daß die heute bewaldeten Höhen vor drei, zum Teil auch noch vor zwei Jahrhunderten weitgehend baumfrei gewesen sind. Leider gibt es aus diesen Zeiten keine Fotos und auch kaum Karten oder Schilderungen. So müssen wir uns mit den Veränderungen der letzten Jahrzehnte begnügen und wollen uns auf einen typischen Ausschnitt einer einst beweideten Landschaft, das obere Filstal der Schwäbischen Alb, beschränken.

Während dort die Talauen Wiesenland und die Hochflächen Ackerland waren, wurden die Steilhänge großflächig als Schafweide genutzt. Man darf davon ausgehen, daß durch ständige Beweidung der Jungwuchs in den ursprünglichen Wäldern vernichtet wurde, bis sich der Wald lichtete und schließlich zur baumlosen Heide wurde. Fotos um 1925 – also zu einer Zeit, als die Schafbeweidung schon mehrere Jahrzehnte ihren Höhepunkt überschritten hatte – zeigen kahle, nur von einzelnen Wacholderbüschen und Buchen bestandene Heidehänge. Stellenweise trat der offene Boden zutage, an besonders steilen Stellen wurde sogar die dünne Bodenkrume abgeschwemmt, bis das Gestein an der Oberfläche anstand. Hätte das Niederschlagswasser noch einige Jahrzehnte länger den Boden abgetragen, wäre ein erneuter Aufwuchs wahrscheinlich völlig unmöglich gewesen. So aber hat, beginnend an den wüchsigsten Stellen der Hänge, Buschwerk wieder Besitz ergriffen von den Heiden. Lichtliebende und anspruchslose Bäume wie Kiefer und Hainbuche haben das Gebüsch abgelöst, und zwischenzeitlich ist es der Forstverwaltung gelungen, in einer zweiten Baumgeneration Wirtschaftswälder zu begründen.

Wer heute von den Aussichtsfelsen des Filstales über das Tal auf die Gegenhänge schaut, sieht fast ausschließlich Wald. Nur wer viel Vorstellungskraft besitzt, kann sich Schafherden vorstellen, die an den Steilhängen die karge Vegetation abweideten.

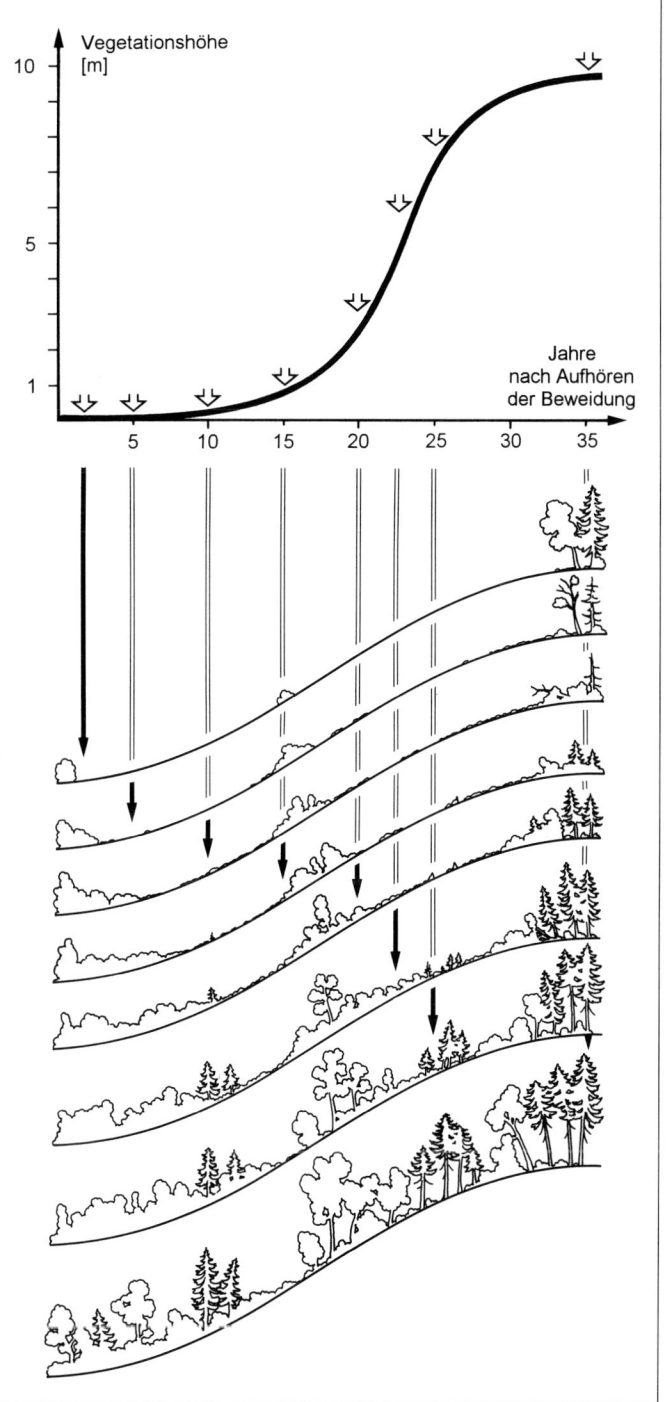

Schematisierte Darstellung der allmählichen Verbuschung ehemaliger Heideflächen.

Gefährdung der Trockenbiotope

Rote Listen als Alarmzeichen

»Der Mensch führt für Flora und Vegetation die größte Katastrophe der Erdgeschichte herbei; niemals sind in so kurzer Zeit so große Veränderungen vor sich gegangen, wie in den letzten Jahrzehnten« – zu diesem Schluß kam 1978 der Botaniker Eckehart Jäger an der Universität Halle nach jahrelangem Studium der botanischen Fachliteratur aus aller Herren Länder. Eine ernüchternde Erkenntnis als Fazit unseres Umganges mit der Pflanzenwelt.

In den Roten Listen wird der Preis unseres Umganges mit der Natur notiert – lange Listen ausgestorbener oder gefährdeter Pflanzen, Tiere, Pflanzengemeinschaften, Ökosysteme. Ein Drittel bis zur Hälfte der biologischen Mannigfaltigkeit Mitteleuropas gilt heute als ausgestorben oder gefährdet. Dabei war der Begriff »Rote Liste« bzw. Rotbuch noch vor drei Jahrzehnten unbekannt. Auch um das Phänomen des Aussterbens von Pflanzen und Tieren kümmerte sich lange Zeit kaum jemand ernsthaft. Seit zwei Jahrzehnten aber gibt es einen regelrechten Boom von Rotbüchern und Roten Listen. Wie kam es dazu?

Schon seit Mitte des vorigen Jahrhunderts haben Botaniker und Floristen auf den Rückgang von Pflanzenarten infolge von Veränderungen innerhalb der Landnutzung hingewiesen. So beobachtete beispielsweise der Malchiner Apotheker F. Timm in Mecklenburg 1850 den Rückgang des seltenen Karlszepters und brachte diesen mit der Veränderung in der Wiesennutzung in Zusammenhang: »*Pedicularis Sceptrum Carolinum* findet sich nur noch auf den einschürigen Wiesen, daher fehlt sie wahrscheinlich jetzt schon auf den mehr stadtwärts gelegenen, welche wegen ihrer größeren Nähe meistentheils gedüngt und daher zu zweischürigen Wiesen geworden sind. Mit der Zeit kann diese schöne Pflanze durch die Cultur verdrängt werden, wenn es dazu kommen sollte, daß alle diese Wiesen gedüngt etc. würden; für jetzt liegt die Sorge noch fern.« Inzwischen ist diese nordische Moorpflanze in Norddeutschland längst ausgestorben.

Veränderungen von Landschaft, Pflanzen- und Tierwelt als Folge von Industrialisierung und Urbanisierung forderten seit Mitte des 19. Jahrhunderts weitsichtige Wissenschaftler und Naturfreunde zur Formulierung von Naturschutzgedanken heraus. Bereits um die Jahrhundertwende wurden Moore und Heiden als gefährdete Biotope eingeschätzt. Dennoch orientierte man sich noch viel zu lange an Einzelobjekten der Natur und klammerte eine ganzheitliche und vernetzte Betrachtung auf Jahrzehnte hinaus aus, sehr zum Schaden der Natur.

Systematische Untersuchungen über das Ausmaß menschlich bedingter Florenveränderungen wurden erst Mitte der 50er Jahre in dicht besiedelten, intensiv genutzten Ländern Mittel- und Westeuropas angestellt. So veröffentlichte Reinhold Tüxen 1955 einen *Aufruf zur soziologischen Aufnahme gefährdeter Pflanzengesellschaften*. Zur selben Zeit wurde der Rückgang von Ackerwildkräutern in der Niederlausitz bemerkt und »eine tiefgreifende Umwandlung der Pflanzendecke« festgestellt. An Beispielen im nordostdeutschen Tiefland, in Thüringen und Sachsen-Anhalt wurden ausgestorbene und verschollene Pflanzen aufgelistet. Aus Schleswig-Holstein berichtete man über die Verarmung der Landschaft, und aus den Niederlanden wurden 1961 erste Erkenntnisse über das Verschwinden von Pflanzen mitgeteilt. Der Berliner Botaniker Herbert Sukopp machte 1966 auf *Verluste der Berliner Flora während der letzten hundert Jahre* aufmerksam. Aus Belgien wurden wenig später konkrete Daten über das Ausmaß des Artenschwundes mitgeteilt.

1966 begann die Internationale Naturschutzunion (IUCN) mit der Erarbeitung von Listen weltweit gefährdeter Tiere und Pflanzen. Das Erscheinen des ersten Rotbuches über bedecktsamige Pflanzen *(Angiospermae)* im Jahre 1970 ließ erstmals das erschreckende Ausmaß anthropogener Sippenvernichtung im Weltmaßstab erkennen und löste gleichzeitig – besonders in Mitteleuropa – eine intensive Beschäftigung mit Fragen der Florenverarmung und ihrer Ursachen aus.

1972 gab Sukopp mit über 250 Literaturzitaten einen Überblick des derzeitigen Kenntnisstandes über *Wandel von Flora und Vegetation in Mitteleuropa unter dem Einfluß des Menschen*. Gleichzeitig wurden erste Programme für den Schutz gefährdeter Pflanzenarten in der Bundesrepublik entworfen. Ein Jahr später wurden eine erste Liste gefährdeter Orchideen Baden-Württembergs und eine Rote Liste bedrohter Pflanzenarten in Baden-Württemberg veröffentlicht.

Andere Bundesländer folgten, so daß heute für manche Länder schon zweite und dritte Auflagen Roter Listen vorliegen. Nicht nur Gefäßpflanzen, sondern auch Moose, Flechten und Pilze und verschiedene Tiergruppen werden berücksichtigt.

1974 wurde die erste Fassung einer Roten Liste gefährdeter Gefäßpflanzen der Bundesrepublik Deutschland veröffentlicht. Die zehn Jahre später erschienene vierte Auflage der Roten Liste der gefährdeten Tiere und Pflanzen in der Bundesrepublik Deutschland enthielt neben einer großen Zahl berücksichtigter Tiergruppen, Farn- und Blütenpflanzen, Moosen und Flechten auch Großpilze, Armleuchteralgen sowie Braun- und Rotalgen. Parallel dazu wurde seit Mitte der 60er Jahre auch im Ostteil Deutschlands an der Erstellung von Roten Listen gearbeitet, und zwar unter recht abenteuerlichen Bedingungen. Negative Ver-

Mit der Vernichtung von Lebensräumen kommen immer mehr Pflanzen und Tiere auf die Roten Listen. Bei großflächigen Landschaftsumgestaltungen wie im Bereich des Kaiserstuhls in Süddeutschland wurden wertvollste Trockenbiotope wie Orchideenstandorte und die Vorkommen seltener Reptilien vernichtet.

änderungen der Umwelt waren im Programm des Sozialismus nicht vorgesehen, also auch keine aussterbenden Pflanzen und Tiere. Das Phänomen des Rückganges biologischer Mannigfaltigkeit wurde ideologisch verdrängt und das Interesse dafür als systemgefährdend argwöhnisch beobachtet. So verwundert es keineswegs, daß die Initiative zur Beschäftigung mit aussterbenden Arten weder aus Naturschutzbehörden, die es zu der Zeit kaum gab, noch aus wissenschaftlichen Instituten kam. Diese kam vielmehr von privater Seite. Norbert Wisniewski, freischaffender Übersetzer für Polnisch in Berlin und freies Mitglied der IUCN, machte auf dieses Problem aufmerksam und wies am Beispiel der heimischen Orchideen nach, daß auch die »heile Welt des Sozialismus« durch den Rückgang von Pflanzen und Tieren betroffen war.

Die Bearbeitung Roter Listen erfolgte seit Anfang der 70er Jahre unter der Schirmherrschaft des Zentralen Fachausschusses für Botanik im Kulturbund, und 1978 erschien nach erheblichen Schwierigkeiten und Verzögerungen die *Liste der in der Deutschen Demokratischen Republik erloschenen und gefährdeten Farn- und Blütenpflanzen*. Der Begriff »Rote« Liste war von der Zensur gestrichen worden, da die Farbe rot ideologisch besetzt war und nicht im Zusammenhang mit einem negativen Phänomen erscheinen durfte.

Auch in anderen europäischen Ländern erschienen Rote Listen ausgestorbener und gefährdeter Pflanzen, Europa insgesamt (1976), Sowjetunion (1975), Großbritannien, Dänemark (1977), Skandinavien (1978), Burgenland (1978) und Steiermark (1980), Tschechei (1979), Schweiz (1982).

Diese Roten Listen befassen sich zwar in erster Linie mit der Gefährdung von Pflanzenarten, doch wird in vielen Fällen auch auf den Rückgang und den Wandel von ganzen Pflanzengemeinschaften und auf die enge Verflechtung von Faunen- und Vegetationsverarmung hingewiesen. Bereits erste Auswertungen der Verteilung gefährdeter Arten auf Vegetationstypen zeigte, daß mehr als die Hälfte der »Rote Liste-Arten« auf wenige Vegetationstypen entfallen, darunter auch Trockenrasen, Zwergstrauchheiden und Borstgrasrasen.

In einer Übersicht *Gefährdeter Pflanzengesellschaften auf dem Territorium der DDR* (1985) beispielsweise, einer der ersten Roten Listen von Pflanzengemeinschaften, nehmen die Pflanzengesellschaften trockener Standorte einen breiten Raum ein. Sie zeigt, daß Pflanzengemeinschaften trockenwarmer Standorte insgesamt zu den gefährdeten Vegetationstypen in Mitteleuropa zählen.

Nicht nur die Pflanzengemeinschaften trockenwarmer Standorte müssen als gefährdet angesehen werden, sondern auch eine große Zahl von Pflanzenarten der Trockenvegetation ist in den Roten Listen verzeichnet.

Nach der Zahl gefährdeter Pflanzenarten nehmen basiphile Trockenrasen mit 56 Arten den dritten Platz nach Feuchtwiesen

Gefährdung der Trockenbiotope

GEFÄHRDETE PFLANZENGESELLSCHAFTEN TROCKENWARMER STANDORTE AM BEISPIEL OSTDEUTSCHLANDS

LEGENDE

Hauptgefährdungsfaktoren:
- **S** Standortveränderung (v. a. durch Eutrophierung und Entwässerung)
- **N** Nutzungsänderungen in Forst- und Landwirtschaft (v. a. Nutzungsintensivierung)
- **D** Direkte Vegetationszerstörung durch wirtschaftliche Maßnahmen

1. EICHEN - TROCKENWÄLDER

S	Elsbeeren-Eichenbuschwald	(Lithospermo-Quercetum)
D	Schwarzwurzel-Eichen-Trockenwald	(Scorzonero-Quercetum)
N	Schwalbenwurz-Eichen-Buschwald	(Cynancho-Quercetum)
N	Waldwindröschen-Kiefern-Eichen-Buschwald	(Anemono-Quercetum)
S	Geißklee-Eichen-Felswald	(Cytiso-Quercetum)

2. KIEFERN - TROCKENWÄLDER

D	Schneeheide-Kiefernwald	(Erico cinereae-Pinetum hercynicum)
D	Kiefern-Felsheidewald	(Hieracio pallidi-Pinetum)
D	Sandnelken-Kiefernwald	(Diantho-Pinetum)
N	Federgras-Kiefern-Trockenwald	(Stipo-Pinetum)
N	Zwergstrauch-Kiefernwald	(Empetro-Vaccinio-Pinetum)
S	Silbergras-Kiefernwald	(Corynephoro-Pinetum)
N	Flechten-Kiefernwald	(Cladonio-Pinetum)

3. SOMMERGRÜNE LAUBGEBÜSCHE

D	Zwergkirschen-Trockengebüsch	(Prunetum fruticosae)
D	Rosen-Zwergmispel-Felsgebüsch	(Roso ellipticae-Cotoneastretum)
D	Geißklee-Zwergmispelgebüsch	(Lembotropido-Cotoneastretum)
D	Heidekraut-Felsbirnen-Felsgebüsch	(Calluno-Amelanchieretum)
S	Besenginstergebüsch	(Calluno-Sarothamnetum)

4. WACHOLDERHEIDEN

S	Zwergstrauch-Wacholdergebüsch	(Vaccinio-Juniperetum)
D	Kriechweiden-Wacholdergebüsch	(Salici repentis-Juniperetum)
S	Schillergras-Wacholdergebüsch	(Koelerio-Juniperetum)

5. ZWERGSTRAUCHHEIDEN TROCKENER STANDORTE

D	subatlantische Calluna-Heide	(Calluno-Genistetum anglicae)
N	Haarginster-Calluna-Heide	(Calluno-Genistetum pilosae)
D	Alpenanemonen-Calluna-Heide	(Anemono-Callunetum)
D	Alpenhabichtskraut-Beerstrauchheide	(Hieracio-Vaccinietum)
N	Arnika-Calluna-Heide	(Arnico-Callunetum)
D	Graslilien-Calluna-Heide	(Antherico-Callunetum)
N	Wolfsmilch-Calluna-Heide	(Euphorbio-Callunetum)
S	Blauschwingel-Calluna-Heide	(Festuco glaucae-Callunetum)
S	Flechten-Calluna-Heide	(Cladonio-Callunetum)
D	Krähenbeeren-Dünenheide	(Salici repentis-Empetretum)
D	Calluna-Dünenheide	(Salici repentis-Callunetum)

6. THERMOPHILE WALDSÄUME

	N		Wiesenwachtelweizensaum	*(Lathyro-Melampyretum pratensis)*
	N	N	Odermenningsaum	*(Trifolio-Agrimonietum)*
		N	Hainwachtelweizensaum	*(Stachyo-Melampyretum nemorosi)*
S			Kaschubenwickensaum	*(Agrimonio-Vicietum cassubicae)*
S			Waldwickensaum	*(Vicietum sylvaticae-Dumetorum)*
S			Blutstorchschnabel-Hirschwurzsaum	*(Geranio-Peucedanetum)*
	N		Blutstorchschnabel-Waldkleesaum	*(Geranio-Trifolietum alpestris)*
	N		Glockenblumen-Wickensaum	*(Campanulo-Vicietum tenuifoliae)*
		D	Leimkraut-Heilwurzsaum	*(Sileno-Libanotidetum)*

7. FELSSPALTEN UND GESTEINSSCHUTTFLUREN

S	Mauerrautenflur	*(Asplenietum trichomano-rutae-murariae)*
D	Wimperfarn-Felsflur	*(Woodsio-Asplenietum septentrionalis)*
D	Serpentinstreifenfarn-Felsflur	*(Asplenietum serpentini)*
D	Steinbrech-Silikatschotterflur	*(Festuco-Saxifragetum decipientis)*

8. PIONIERFLUREN UND TROCKENRASEN AUS SAND UND SILIKATGESTEIN

S		Strandhafer-Helmdüne	*(Elymo-Ammophiletum)*
S		Blauschwingel-Silbergrasflur	*(Festuco cinereo-Corynephoretum)*
S		Vogelfuß-Silbergrasflur	*(Ornithopodo-Corynephoretum)*
	D	Straußgras-Sandröschenflur	*(Agrostido-Tuberarietum guttati)*
S		Thymian-Blauschwingel-Felsrasen	*(Thymo-Festucetum cinereae)*
	D	Mauerpfeffer-Blauschwingel-Felsrasen	*(Sedo-Festucetum pallentis)*
	D	Alpenaster-Blauschwingel-Felsrasen	*(Astero-Festucetum pallentis)*
	D	Habichtskraut-Pfingstnelkenflur	*(Hieracio pallidi-Dianthetum gratianopolitani)*
	D	Blauschillergrasflur	*(Festuco-Koelerietum glaucae)*
S		Grasnelken-Schafschwingelrasen	*(Diantho-Armerietum)*
	D	Tatarenleimkraut-Silbergrasrasen	*(Sileno tataricae-Corynephoretum)*
N		Leimkraut-Rauhblattschwingelrasen	*(Sileno-Festucetum trachyphyllae)*
N		Wiesenhafer-Halbtrockenrasen	*(Filipendulo-Helictotrichetum pratensis)*

9. BASIPHILE TROCKENRASEN

S		Kreuzblümchen-Blaugras-Halbtrockenrasen	*(Polygalo-Seslerietum)*
	D	Herzblatt-Blaugras-Halbtrockenrasen	*(Parnassio-Seslerietum)*
S		Sonnenröschen-Blaugras-Halbtrockenrasen	*(Helianthemo-Seslerietum)*
N		Enzian-Schillergras-Halbtrockenrasen	*(Gentiano-Koelerietum)*
	D	Orchideen-Trespen-Halbtrockenrasen	*(Onobrychido-Brometum)*
S		Federgras-Trockenrasen	*(Geranio-Stipetum)*
S		Schwingel-Haargras-Steppenrasen	*(Festuco-Stipetum)*
	D	Federgras-Halbtrockenrasen	*(Stipetum stenophyllae)*
N		Fingerkraut-Haargras-Steppenrasen	*(Potentillo-Stipetum capillatae)*
N		Adonisröschen-Fiederzwenken-Wiesensteppe	*(Adonido-Brachypodietum)*
	D	Grasnelken-Schwermetallflur	*(Armerietum halleri)*
N		Kratzdistel-Bergklee Halbtrockenrasen	*(Cirsio-Trifolietum montani)*

10. BORSTGRASRASEN

D	Alpenbärlapp-Borstgrasrasen	*(Lycopodio-Nardetum)*
N	Kreuzblümchen-Borstgrasrasen	*(Polygalo-Nardetum)*

Gefährdung der Trockenbiotope

und Ackerwildkrautfluren (jeweils 68) ein. Pionierfluren und Trockenrasen auf Sand folgen gleich danach mit 39 Arten: Traurige Bilanzen des Umgangs unserer Gesellschaft mit dem Natur- und Kulturerbe.

Besonders stark betroffen sind nutzungsbedingte Trockenrasen. Natürliche Waldgrenzstandorte weisen so extreme Bedingungen auf, daß hier in der Regel keine Nutzung stattfindet. Auch sind diese Standorte größtenteils seit langem als besonders schutzwürdig erkannt und unter Naturschutz gestellt worden. Die meisten Trockenrasen und Magerrasen hingegen sind erst in historischer Zeit durch Weidenutzung, später auch durch Mahd auf den Standorten degradierter Wälder sowie aufgelassener Äcker und Weinberge entstanden. Bei der hohen Zahl gefährdeter Arten handelt es sich vorwiegend um Pflanzen mit Hauptverbreitung im Mittelmeergebiet. Sie erreichen im südlichen Mitteleuropa ihre Nordgrenzen. Hinzu kommen osteuropäisch-südsibirische Steppen- und Waldsteppenpflanzen, die hier ihre Westgrenzen erreichen, und auch Ackerwildkrautfluren gehören zu den am stärksten gefährdeten Biotopen in Mitteleuropa. Das Seltenerwerden und allmähliche Verschwinden dieser Pflanzengemeinschaften ist Ausdruck eines sich gegenwärtig vollziehenden grundlegenden Wandels in der Pflanzendecke. Vegetationstypen nährstoffarmer Standorte mit feuchtem oder trockenem Wasserhaushalt, mit meist hoher Artenvielfalt und fein abgestufter Differenzierung in verschiedene Pflanzengemeinschaften und deren Ausbildungsformen verschwinden oder sind bereits verschwunden. Statt dessen breiten sich nährstoffliebende, stark wüchsige, meist von wenigen Arten – oftmals handelt es sich um Neophyten – dominierte Vegetationstypen aus.

Hauptursachen des aktuellen Vegetationswandels mitteleuropäischer Kulturlandschaft sind
1. Standortveränderungen, insbesondere durch Eutrophierung und Entwässerung,
2. Nutzungsänderungen in Land- und Forstwirtschaft (Nutzungsintensivierung unter erhöhtem Energieumsatz),
3. direkte Vegetationszerstörung infolge wirtschaftlicher Maßnahmen (Urbanisierung im weitesten Sinne).

Auflassung der Nutzung mit nachfolgender Bebuschung oder Intensivierung der Nutzung, Ruderalisierung durch Nährstoffeintrag sowie Aufforstung sind die Hauptgefährdungsfaktoren für die Pflanzendecke an Trockenstandorten in Mitteleuropa.

»Todeskandidaten« unter den Trockenrasenarten

Die Bocks-Riemenzunge *(Himantoglossum hircinum)*

Die Bocks-Riemenzunge ist eine der bizarrsten Pflanzen der mitteleuropäischen Flora. Der Name rührt von der merkwürdigen Gestalt der Unterlippe der Blüte und von deren ziegenbockartigem Geruch her. Die Unterlippe ist zungenförmig länglich in vier riemenartige Zipfel aufgegliedert.

Das Schicksal dieser Pflanzen steht als Beispiel für mediterran-südmitteleuropäische Trockenrasenpflanzen, die im Gefolge bestimmter Nutzungsformen in frühgeschichtlicher Zeit bis in das mitteleuropäische Waldland vordringen und sich behaupten konnten, seit einigen Jahrzehnten jedoch stark zurückgegangen und heute vom Aussterben bedroht sind. Trockenrasen-Orchideen gehören zu den besonders stark gefährdeten Pflanzenarten der mitteleuropäischen Flora, wie aus Roten Listen und zahlreichen Einzeluntersuchungen hervorgeht.

Die Bocks-Riemenzunge ist westlichstes Glied eines geographisch aufgegliederten Formenkreises, dessen Gesamtverbreitung von Vorderasien und der Krim über die Balkan- und Appennin-Halbinsel bis zum Atlasgebirge in Nordafrika und zur Pyrenäen-Halbinsel reicht. Nordwärts erstreckt sich das Areal im atlantischen Europa durch Frankreich bis nach Südost-England, wo die Pflanze aber nahezu ausgestorben ist.

Nach Mitteleuropa reicht das Verbreitungsgebiet mit stark aufgelockerten, inselartigen Vorkommen einerseits von Südosten, vom Balkan, andererseits von Westen her. Die östlichen Vorkommen siedeln selten in trockenwarmen Hügelländern in Siebenbürgen, in Ungarn, in Kärnten, Burgenland und Niederösterreich sowie in Mähren und der Slowakei.

Ähnliche mediterran-südmitteleuropäisch ozeanische Verbreitungsbilder zeigen auch einige andere Trockenrasen-Orchideen, z. B. die Pyramiden-Orchis *(Anacamptis pyramidalis)*, das Ohnhorn *(Aceras anthropophorum)*, die Affen-Orchis *(Orchis simia)* oder die Bienen-Ragwurz *(Ophrys apifera)*.

Die west-mitteleuropäischen Vorkommen der Riemenzunge erstrecken sich vom Schweizer Jura und von Frankreich bis in das Rheinland, Südwest-Deutschland und Thüringen. Das Fehlen dieser Pflanze an natürlichen Waldgrenzstandorten, das ausschließliche Vorkommen in anthropogenen Trockenrasen und die Beschränkung auf Weinbaugebiete sind Hinweise darauf, daß diese erst mit dem Weinbau nach Mitteleuropa gekommen ist. Möglicherweise schon mit den Römern, vielleicht aber auch erst mit mittelalterlichen Mönchen, die den Wein und die Kenntnis des Weinbaus über die Alpen nicht nur an Rhein, Mosel und Neckar, sondern bis Thüringen, Sachsen und sogar nach Brandenburg, Mecklenburg, Pommern und Preußen brachten.

Rote Listen als Alarmzeichen

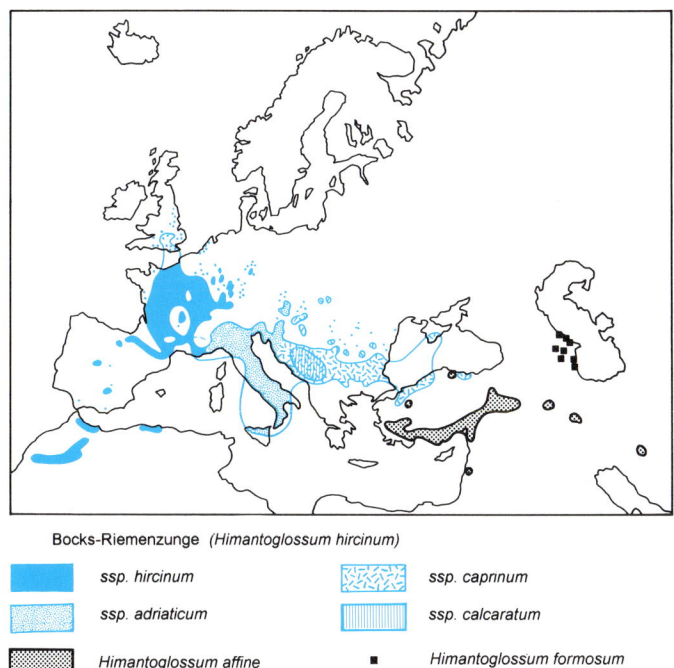

Bocks-Riemenzunge (*Himantoglossum hircinum*)
- ssp. *hircinum*
- ssp. *adriaticum*
- ssp. *caprinum*
- ssp. *calcaratum*
- *Himantoglossum affine*
- *Himantoglossum formosum*

Gesamtverbreitung verschiedener Bocks-Riemenzungenarten

Soweit folgte die Bocks-Riemenzunge jedoch nicht, sondern sie blieb beschränkt auf die trockensten und wärmsten Hügellandschaften: oberes Rheintal bis zum Bodensee, oberes und mittleres Neckargebiet, Mainfranken, Pfalz, Nahe- und Moselgebiet, Mittelrhein, Thüringen (Mittleres Saalegebiet).
In Süd- und West-Deutschland wurde die Pflanze nach 1960 noch in 70 Meßtischblattbereichen (ca. 10 x 10 km) der floristischen Kartierung nachgewiesen. Vormals bekannte Vorkommen in 50 Grundfeldern der Kartierung sind seit über drei Jahrzehnten verschwunden. An wie vielen Fundorten in Deutschland die Art heute noch wirklich existiert, ist nicht genau bekannt. In Hessen ist sie ebenso ausgestorben wie in Böhmen. In der Schweiz und in Österreich gilt sie als vom Aussterben bedroht, desgleichen in Bayern. Von insgesamt 53 nachgewiesenen Fundorten des mitteldeutschen Teilareals (Thüringen) existierten 1969 noch acht, 1981 noch drei.
Einer dieser Fundorte ist das Leutratal bei Jena, ein Seitental der Saale in Thüringen. Es ist wegen seines Reichtums an Orchideen geradezu berühmt. In dem nur 4 km langen Taleinschnitt, der die Schichtenfolge des Oberen Buntsandsteins und des Muschelkalks aufschließt, wurden 27 Orchideenarten nachgewiesen – mehr als die Hälfte der in Deutschland vorkommenden Arten dieser Familie. Zwei davon sind im Leutratal ausgestorben, sechs vom Aussterben bedroht, sechs weitere Arten selten.

Worin sind die Ursachen des Rückganges dieser Orchideen zu sehen? Während diejenigen Arten mit Vorkommen an natürlichen Waldgrenzstandorten wenig oder kaum eingeschränkt sind, z. B. Braunrote Sitter, Händelwurz, Fliegen-Ragwurz, zeigen diejenigen Pflanzen mit Schwerpunkt in anthropogenen Trockenrasen deutlichen Rückgang. Von diesen Arten sind keine natürlichen Standorte in Mitteleuropa bekannt. Auch wenn Bocks-Riemenzunge, Ragwurz- und einige Knabenkraut-Arten auf den unmittelbar genutzten Flächen kaum Existenzmöglichkeiten fanden, gab es in extensiv genutzter Weinbau-Kulturlandschaft genügend Nischen auf kurzzeitigen Brachflächen, Böschungen, Wegrändern usw. Während der sehr bewegten Zeit des Weinbaus im mittleren Saalegebiet, so auch im Leutratal, gab es ständig Brachen, auf denen natürliche Sukzessionen einsetzen konnten, die dann aber durch erneute Nutzung unterbrochen wurden. Diese Dynamik zwischen Nutzung und Auflassung mit der Regeneration der Pflanzendecke gab zahlreichen lichtliebenden Pflanzen Lebensbedingungen, die in der Naturlandschaft nur beschränkt oder gar nicht vorhanden waren.

Durch den Rückgang der Orchideen-Halbtrockenrasen ist die Fliegenragwurz selten geworden.

Aus dieser historisch-dynamischen Sicht werden sowohl die Angaben von Massenvorkommen einiger Orchideenarten in der Vergangenheit als auch der gegenwärtige Rückgang dieser Arten verständlich. Zum Beispiel wird die Fliegen-Ragwurz um 1900 als »ungemein häufig« für das Leutratal angegeben. Das Dreizähnige Knabenkraut wird als eine der führenden Arten genannt. 1878 wurden im Leutratal an einer Stelle 500–600 blühende Exemplare der Bocks-Riemenzunge gezählt, 1936 noch über 400 Pflanzen. In einem aufgelassenen Weinberg im Saaletal wurden um 1900 3000 Exemplare Helm-Knabenkraut und 1000 Dreizähniges Knabenkraut geschätzt.

Alle diese Beobachtungen stammen aus der Zeit nach Aufgabe der letzten Weinberge im Leutratal und an der mittleren Saale. Auf den entstehenden Brachen entfalteten sich diese Arten außerordentlich stark. Sie fügten sich auch dem »Orchideen-Halbtrockenrasen« ein, der sich bei Mahdnutzung auf den ehemaligen Weinbergen und Brachen entwickelte und in der ersten Hälfte des 20. Jahrhunderts das Landschaftsbild der südexponierten, von Muschelkalkschutt überollten Steilhänge des Oberen Buntsandsteins im Leutratal bestimmte.

Unterbleibt die Mahd, setzt Sukzession vom Halbtrockenrasen zum Gebüsch ein. Im Laufe dieser Sukzession verschwinden die Orchideen und andere Arten, die im gemähten Halbtrockenrasen Existenzmöglichkeiten gefunden hatten. Auch bei intensiver Nutzung – mehrmalige Mahd, Düngung – fallen charakteristische Arten des Orchideen-Halbtrockenrasens aus.

Diese beiden Entwicklungstendenzen herrschen seit etwa drei Jahrzehnten nicht nur im Leutratal und mittleren Saalegebiet, sondern in fast allen Weinbaulandschaften Mitteleuropas vor. Bei Flurbereinigung und Nutzungsintensivierung blieb für Trockenrasen kein Platz und für Orchideen keine Überlebenschance. Bei Auflassung der Nutzung verbuschten die Hänge, und lichtliebende, konkurrenzschwache Orchideen wie die Bocks-Riemenzunge verschwanden auch hier.

Die gefährdeten Trockenrasen-Orchideen sind unter den Klimabedingungen Mitteleuropas nicht in der Lage, sich in anderen Vegetationstypen als Trockenrasen dauerhaft einzunischen; weder in Gebüschen, Wäldern oder naturnaher Waldgrenzvegetation noch in intensiv bewirtschaftetem Grasland. Ihre Erhaltung ist nur in anthropogenen Trockenrasen möglich, deren Existenz wiederum nur bei extensiver Nutzung unter Einschluß von Brachphasen gewährleistet ist. Wichtig für die Pflege orchideenreicher Trockenrasen in Schutzgebieten ist eine durch Wechsel von Nutzung und Regeneration erzielte Vegetationsdynamik, wie sie für historische Nutzungsformen charakteristisch war. Zeitweilige Brachflächen waren und sind die entscheidenden »ökologischen Regenerationszellen« für konkurrenzschwache Arten. In lückigen Initialstadien mit unausgeglichenen Konkurrenzverhältnissen entfalten sich diese Arten stark. Mit der Konsolidierung einer geschlossenen Grasnarbe und der Herausbildung einer relativ festgefügten Artenzusammensetzung gehen sie auf geringe Individuenzahl zurück.

Die Bedeutung unterschiedlicher Nutzungsintensität für den Bestand lichtliebender Orchideen finden wir durch Beobachtungen aus verschiedenen Teilen Mitteleuropas bestätigt. So haben mehrere Orchideen ihre stärkste Entfaltung in mehrjährig unbeweideten Flächen von Kalkmagerrasen der Kalkeifel. Jüngere Ausbreitungen von Bienen-Ragwurz und Spitzorchis in Südwest-Deutschland sind vom Vorhandensein ökologischer Regenerationszellen abhängig, und auch jüngste Neuansiedlungen des Ohnhorns in Mitteldeutschland sind als Einnischung in solchen Regenerationszellen anzusehen.

Auch eine bei der Bocks-Riemenzunge mehrfach beobachtete zeitweilige Ausbreitung, z.B. Anfang des Jahrhunderts in England und im Rheinland, kann im Zusammenhang mit der Entwicklung geeigneter Standorte infolge veränderter Landnutzung gesehen werden.

Bocks-Riemenzunge und andere Trockenrasen-Orchideen haben in Mitteleuropa nur eine Überlebenschance, wenn immer wieder Regenerationsflächen für die Entwicklung von Trockenrasen entstehen und diese durch dynamische Nutzung gepflegt werden.

Das Berg-Wohlverleih (Arnica montana)

Die Arnika oder das »Berg-Wohlverleih« ist, wie der Name schon sagt, eine alte Heilpflanze. Als Salbe oder Tinktur äußerlich angewandt oder als Tropfen zum Einnehmen wurde und wird sie gegen vielerlei Beschwerden eingesetzt. Obwohl seit Jahrhunderten von Kräuterfrauen zu Heilzwecken gesammelt, war diese Pflanze in weiten Teilen Mitteleuropas verbreitet.

Das Berg-Wohlverleih ist die einzige mitteleuropäische Art eines zirkumpolaren Verwandtschaftskreises, der mit etwa 18 Arten in gemäßigt-ozeanischen Gebieten Nordamerikas, Europas und des nördlichen Ostasiens bis in die Randgebiete der Arktis verbreitet ist. Das Verbreitunggebiet der *Arnica montana* reicht von den Gebirgen Südeuropas über die Bergländer Mitteleuropas bis hinab in die Tiefländer des nördlichen Mitteleuropa. Die Alpen und die Bergländer Süd-, West- und Mitteldeutschlands bis zur Eifel, zum Sauerland, zum Hessischen Bergland, Weserbergland, Thüringer Gebirge, Erzgebirge und Harz sind das Hauptverbreitungsgebiet dieser Pflanze in Mitteleuropa.

Im norddeutschen Tiefland ist das Verbreitungsgebiet wesentlich lockerer, erstreckt sich aber durch Niedersachsen und Schles-

Rote Listen als Alarmzeichen

Es wird angenommen, daß die Arnika unter natürlichen Bedingungen sehr selten gewesen sein dürfte und mit der Ausdehnung von Weideflächen eine Erweiterung des Lebensraumes erfuhr.

wig-Holstein bis auf die Nordseeinseln und durch arme Sandlandschaften der Lausitz, Altmark, Prignitz und Südwest-Mecklenburgs bis an die Ostseeküste in Mecklenburg-Vorpommern. Arnika siedelt in Mitteleuropa auf stark sauren, sowohl frischfeuchten als auch trockenen, nährstoffarmen Sand- und Gesteinsverwitterungsböden mit Rohhumusauflage an lichten bis wenig beschatteten Standorten. Solche Bedingungen gab es in der Naturlandschaft nur sehr beschränkt, so daß Arnika unter natürlichen Bedingungen sehr selten gewesen sein dürfte.
Im Tiefland fand sie wahrscheinlich in Lichtungsphasen bodensaurer Birken-Eichenwälder, in Sukzessionsstadien feuchter Dünentäler und in Waldauflockerungen am Rande nährstoffarmer Heideseen natürliche Lebensbedingungen. Auch im Bergland waren nur kleinflächig natürliche Standorte gegeben, insbesondere in bestimmten Regenerations- und Degenerationsphasen von Mooren. Ihre weite Verbreitung in Mitteleuropa erreichte Arnika erst mit Auflichtung und Rodung der Wälder durch den Menschen, wie es besonders die Häufungszentren der Lokalverbreitung im Erzgebirge zeigen. Unter dem Einfluß von Beweidung entwickelten sich in humiden Klimagebieten Zwergstrauchheiden und Borstgrasrasen als Ersatzgesellschaften. Arnika zeigt eine relativ strenge Bindung an diese beiden ehemals weit verbreiteten Vegetationstypen.
Der starken anthropogenen Ausbreitung von Arnika in vergangenen Jahrhunderten steht gegenwärtig eine starke – ebenfalls anthropogen bedingte – Einschränkung des Areals gegenüber. Magerrasen und Zwergstrauchheiden werden heute entweder intensiv oder gar nicht mehr genutzt. In beiden Fällen stirbt Arnika aus. In Brandenburg und Mecklenburg-Vorpommern war sie bereits Anfang der 70er Jahre an über 90 % der Fundorte ausgestorben; heute existieren hier allenfalls noch einzelne Exemplare. Im Bergland zeigt die Art seit über drei Jahrzehnten ebenfalls einen deutlichen Rückgang.
Arnika ist eine Zeigerpflanze extensiv genutzter Magerrasen und Heiden auf nährstoffarmen, sauren (Trocken)standorten humider Klimagebiete. Ihr Schicksal steht als Beispiel für eine ganze Reihe von Arten, die nur in einem engen Standortbereich konkurrenzfähig sind, z. B. Wald-Läusekraut, Lungen-Enzian, Englischer Ginster, Borstgras.

Die Küchenschelle *(Pulsatilla)*

Der Name dieser schönen Pflanze, die man auch Kuhschelle nennt, rührt von der glockenähnlichen Form der Blüten her. In Deutschland kommen acht Arten dieser in Eurasien und Nordamerika verbreiteten Gattung der Hahnenfußgewächse vor. Sie besiedeln vorzugsweise Trockenstandorte der Waldsteppen- und Steppenzonen sowie natürlich waldfreie Sonderstandorte innerhalb der Waldzonen dieser Kontinente. Bis auf die Alpen-Küchenschelle *(Pulsatilla alpina)* stehen alle in Deutschland vorkommenden Arten auf der Roten Liste, das heißt, sie sind mehr oder weniger gefährdet.
Die Brocken-Küchenschelle *(P. alba)*, auch Kleine Alpenküchenschelle genannt, war schon immer außerordentlich selten. Sie kommt nur in den Hochlagen des Harzes in subalpinen Borstgrasrasen im Bereich der Waldauflösungszone vor. Im niedersächsischen Hochharz ist sie verschollen. Nur auf der Brockenkuppe in Sachsen-Anhalt konnten im Schatten des Eisernen Vorhanges einige Exemplare im früheren Grenzsperrgebiet überdauern. Als Nationalpark hat dieses Gebiet heute den strengsten Schutzstatus. Es bleibt zu hoffen, daß der Bestand dieser seltenen Pflanze subalpiner Trockenstandorte hier erhalten bleibt.
Die Gelbe Alpen-Küchenschelle *(P. apiifolia)* kommt auf sauerhumosen Böden in subalpinen Zwergstrauchheiden im Allgäu vor und gilt wegen ihrer Seltenheit als potentiell gefährdet.

Gefährdung der Trockenbiotope

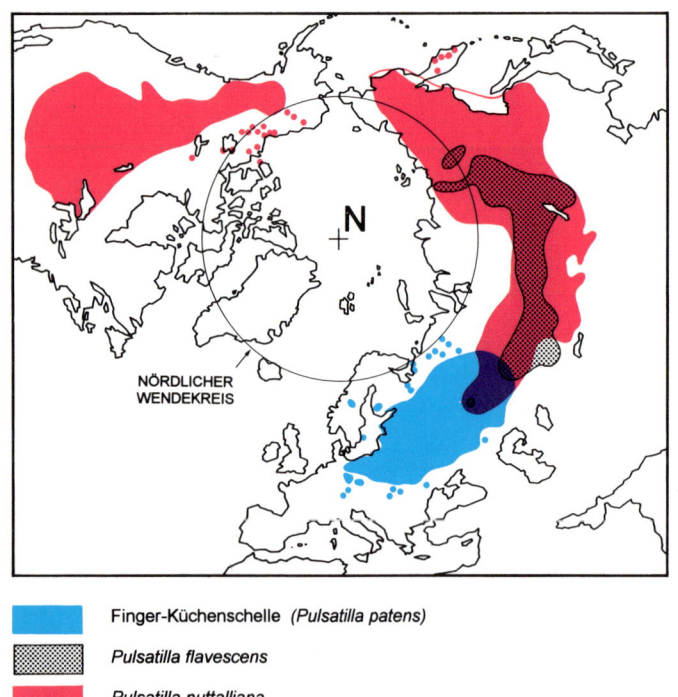

Finger-Küchenschelle *(Pulsatilla patens)*
Pulsatilla flavescens
Pulsatilla nuttalliana

Die Abbildung zeigt, daß die Küchenschellen ursprünglich aus dem kontinental-eurasischen und vor allem asiatischen Raum entstammen.

Die Frühlings-Küchenschelle *(P. vernalis)* ist eine Pflanze trockener Magerrasen auf sauren Böden. Ihre Gesamtverbreitung bleibt auf Pyrenäen und Alpen sowie auf kontinentale Klimagebiete des östlichen Mitteleuropa (Ostbayern, Böhmen, Brandenburg, Mecklenburg-Vorpommern, Polen) und südlichen Skandinavien beschränkt.

An den wenigen Fundorten in Ostdeutschland ist sie ebenso ausgestorben wie in Niedersachsen und Rheinland-Pfalz. In Mecklenburg-Vorpommern ist die Pflanze bereits in der zweiten Hälfte des vorigen Jahrhunderts fast ausgestorben. Nur in Bayern gibt es heute noch wenige Vorkommen im Allgäu und in der Umgebung von Regensburg, die als stark gefährdet eingestuft werden. In Deutschland insgesamt gilt sie als vom Aussterben bedroht. In Österreich ist die Situation dieser Pflanze etwas günstiger. Dort gilt sie nur als regional gefährdet.

Kaum besser ist es um die Finger-Küchenschelle *(P. patens)* bestellt. Diese in lichten Kiefernwäldern und Waldsteppen Osteuropas einstmals weiter verbreitete Art erreicht in Deutschland die absolute Westgrenze ihres kontinentalen Verbreitungsgebietes. Sie kam hier in lichten, trockenen Kiefernwäldern und Sandtrockenrasen vor. An den wenigen Einzelfundorten im südöstlichen Mecklenburg-Vorpommern und in Ost-Brandenburg ist sie aber längst ausgestorben. An den wenigen Fundorten im Böhmischen Mittelgebirge und in Bayern (Garchinger Heide, bei Neustadt an der Donau und Kelheim) ist sie vom Aussterben bedroht.

Die als eigene Art von der Gemeinen Küchenschelle unterschiedene Große Küchenschelle *(P. grandis)* kommt in Deutschland nur in Bayern im Unterbayerischen Hügelland (Raum Ingolstadt-Regensburg) und auf der Fränkischen Alb vor. Sie ist in ihrem Bestand zurückgegangen und wird als »stark gefährdet« in der Roten Liste der Bundesrepublik geführt.

Die Wiesen-Küchenschelle *(P. pratensis)* ist eine Trockenrasenpflanze des östlichen Mitteleuropa. Ihre Verbreitung erstreckt sich von Slowenien und Österreich bis Südnorwegen und ins Baltikum, von der Unterelbe und vom Kyffhäuser bis an den mittleren Dnjepr in der westlichen Ukraine.

Ostholstein, Unterelbe, Altmark, nördliches Harzvorland, Kyffhäuser, Unterunstrutgebiet in Thüringen, das Elbhügelland in Sachsen und das Böhmische Mittelgebirge markieren die absolute Westgrenze des kontinentalen Areals dieser Pflanze. Im mitteldeutschen Trockengebiet, in der Mark Brandenburg und in Mecklenburg-Vorpommern war sie früher zerstreut bis verbreitet, stellenweise sogar häufig. Neben der hellvioletten Normalform

Verbreitung verschiedener Küchenschellenarten.

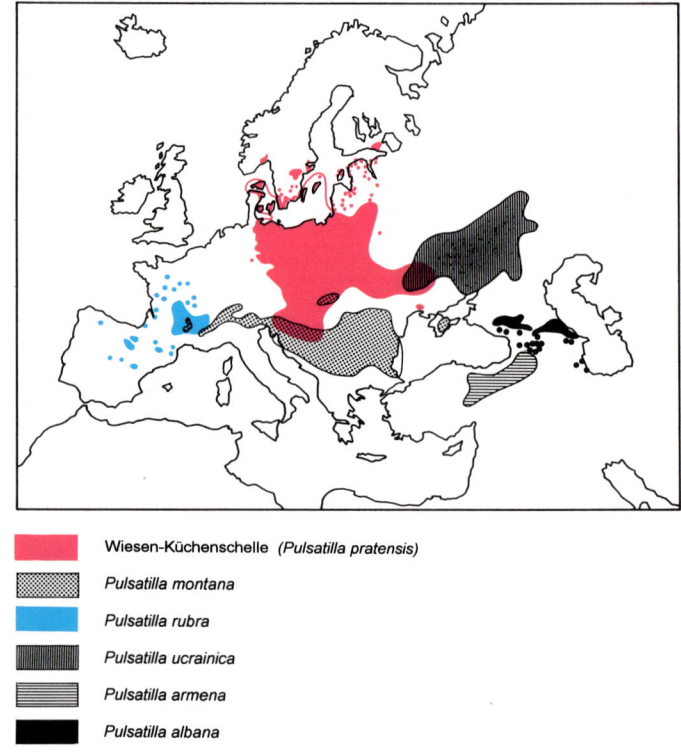

Wiesen-Küchenschelle *(Pulsatilla pratensis)*
Pulsatilla montana
Pulsatilla rubra
Pulsatilla ucrainica
Pulsatilla armena
Pulsatilla albana

kommt auch die Unterart *nigricans* mit dunkelvioletten Blüten vor. Sie ist eine charkteristische Pflanze kontinentaler Steppenrasen, Sandtrockenrasen und trockener Kiefernwälder.

In Niedersachsen und Schleswig-Holstein ist sie vom Aussterben bedroht, in Ostdeutschland wird sie als stark gefährdet eingestuft. Im Elbhügelland sind 40 von ehemals 44 Vorkommen erloschen, an allen übrigen Fundorten in Sachsen ist sie ebenfalls ausgestorben. Als Ursachen werden intensive Beweidung, Auflassung der Beweidung und Aufforstung von Trockenrasen, Städteerweiterung, Müllverkippung, Steinbruchbetrieb u. a. angegeben. Als Ursachen des Rückganges in Brandenburg werden Bebauung und Aufforstung von Magerrasen, Sand- und Kiesabbau sowie Erholungsdruck genannt. In West-Mecklenburg sind von 25 Vorkommen über die Hälfte ganz ausgestorben und die übrigen mehr oder weniger stark gefährdet. Auch hier ist wirtschaftliche Inanspruchnahme von Trockenstandorten die Hauptursache des Verschwindens dieser Pflanze. Die Wiesen-Küchenschelle steht stellvertretend für eine größere Zahl von Pflanzen kontinentaler Sandtrockenrasen, z. B. Karthäusernelke, Blau-Schillergras, Steppen-Lieschgras und Ohrlöffel-Leimkraut, die in ihrem Bestand einen erheblichen Rückgang aufweisen.

Die Gewöhnliche Küchenschelle (*P. vulgaris*) ist eine der wenigen »subatlantischen Hügelsteppenelemente« Mitteleuropas. Ihr Verbreitungsgebiet umfaßt das subatlantische Westeuropa von Südostengland, Frankreich und dem nördlichen Teil der Schweiz bis Österreich, Ostbayern, Mitteldeutschland, Westpolen und Südschweden.

Die Gewöhnliche Küchenschelle siedelt in verschiedensten Pflanzengesellschaften an Trockenstandorten des Hügellandes, sowohl in Blaugrasrasen und in Orchideen-Halbtrockenrasen auf Kalk als auch in Zergstrauchheiden auf saurem Felsgestein und in Sandtrockenrasen des Tieflandes. In den Kalkhügelländern Süd- und Mitteldeutschlands (Schwäbische Alb, Alpenvorland, Fränkische Alb, Mainfränkischer und Thüringer Muschelkalk) ist sie noch relativ häufig. Im norddeutschen Tiefland hingegen ist sie an vielen früheren Fundorten ausgestorben. In Niedersachsen und Schleswig-Holstein ist sie vom Aussterben bedroht, ebenso in Mecklenburg-Vorpommern und Brandenburg.

Die Violette Schwarzwurzel (*Scorzonera purpurea*)

Die Violette Schwarzwurzel ist eine typische Steppenpflanze. Sie ist eine der in Mittel- und Westasien verbreiteten 90 Arten der Untergattung *Scorzonera*. Ihr Areal reicht von den Bergsteppen des Sibirischen Altai durch die Steppenzonen Südsibiriens und Osteuropas bis an die Weichsel und untere Oder, bis zur

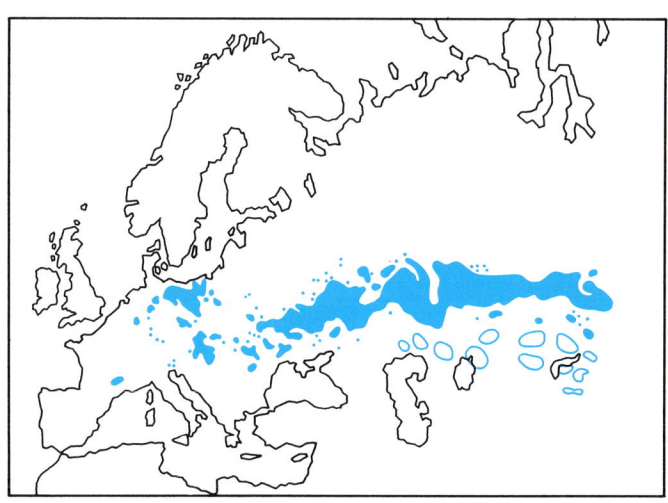

■ **Violette Schwarzwurzel** (*Scorzonera purpurea*)

Auch die Violette Schwarzwurzel (auch Purpur-Schwarzwurzel genannt) ist eine typische Steppenpflanze, die aus Mittel- und Westasien stammt.

Südslowakei, nach Böhmen und Mitteldeutschland sowie ganz vereinzelt bis an den Rhein.

Sie ist eine Zeigerpflanze naturnaher kontinentaler Steppenrasen. Ihre Verbreitung in Deutschland zeichnet die Landschaften mit dem am stärksten ausgeprägten Kontinentalklima nach: Ost-Brandenburg und Havelland, mitteldeutsches Trockengebiet, Rhein-Main-Trockengebiet und Einzelfundorte in Bayern. Sie ist überall stark zurückgegangen. An vielen Fundorten wurde sie seit Jahrzehnten nicht beobachtet und an den wenigen verbliebenen Lokalitäten ist sie meist nur mit wenigen Exemplaren vorhanden. Sie ist eine der vom Aussterben bedrohten Arten der mitteleuropäischen Flora.

Diese wenigen Beispiele zeigen, wie stark gerade auch Pflanzen an Trockenstandorten von Veränderung und Rückgang betroffen sind. Ändern sich die »Rahmenbedingungen« der jeweiligen Biotopstrukturen, haben diese Überlebenskünstler keine Chance mehr.

Gefährdung der Trockenbiotope

Das bittere Kapitel vom Umgang mit der Natur

Ödland ist gar nicht öde

Wer schon einmal mit Kataster- oder Flurkarten zu tun gehabt hat, kennt dies: Wälder sind mit Nadel- oder Laubbaumsymbolen gekennzeichnet, Gebäude sind mit unterschiedlichen Schraffuren belegt, Gewässer zeigen Linienmuster, Weingärten weisen symbolisierte Pfähle mit umschlungener Rebe auf, Wiesen und Weiden tragen Punktsymbole verschiedener Dichte, Ackerland bleibt üblicherweise weiß. Daneben gibt es noch eine Signatur mit einem Gewirr größerer und kleinerer Punkte, und oft steht daneben das Wort »Öde«, »Ödland« oder hin und wieder auch »Unland«. Damit bezeichnen Vermessungstechniker und Statistiker seit langem schon all das, was sie in die Kategorien des Nutzlandes nicht einordnen können, beispielsweise Straßenböschungen, Eisenbahndämme, Lagerplätze und die Randgebiete an Kies- und Lehmgruben und in Steinbrüchen. Eigentlich ist »Unland« etwas, was es überhaupt nicht geben dürfte. Es ist nicht Wald, nicht Nutzland, nicht Gewerbe- oder Wohngebiet, sondern einfach – ja, was eigentlich? Eben nichts und doch sehr viel, nämlich unter anderem wertvolle Trockenbiotope!

Zu bezeichnen ist das sogenannte »Unland« zumindest aus rein wirtschaftlicher Betrachtung am ehesten als »Verschnittfläche« – vergleichbar etwa mit den Stoffresten, die der Schneider übrig hat, wenn er die Stoffbahnen für einen Anzug in die Einzelteile zerlegt hat, oder ähnlich den Teigresten, die der Konditor oder die Hausfrau nach dem Ausstechen geformten Backwerks übrig läßt. Letztere sind zusammen mit neuem Teig wieder verwendbar, die Stoffreste des Schneiders ergeben Putzlappen – aber was ist mit dem »Unland«? Es liegt eben da, zu nichts nütze – eigentlich schade drum. Oft findet man dann doch eine Nutzungsmöglichkeit, nämlich als Kleingartenland zwischen parallelen Bahngeleisen, als Kieslagerplatz am Straßenrand, als Holzlager am Waldrand oder für Rübenmieten und Stroh- und Misthaufen am Feldrand. Hin und wieder wird ein Baum gepflanzt, um die »Öde« zu füllen und zu verdecken, in heutiger Zeit asphaltiert man die Fläche lieber, um ein paar Autos abstellen zu können.

In Flurbereinigungsverfahren gibt es sogenannte »Mißflächen«, etwas ähnliches wie »Unland«. Wird ein zwischen Wegen liegendes Gewann in Flurstücke aufgeteilt, gibt es auch »Ver-

Die Freizeitgesellschaft dringt auch in die noch letzten Gebiete mit natürlichen Trockenstandorten vor. Dadurch wird oft einmalige Natur vernichtet.

Das bittere Kapitel vom Umgang mit der Natur

Mit der Ausweisung von Schutzgebieten alleine ist es nicht getan. Handelt es sich um Lebensräume, die durch bestimmte Nutzungen entstanden sind, muß durch gezielte Pflegepläne sichergestellt werden, daß die Strukturen auch aufrechterhalten bleiben.

Jahrzehnten. Das Nützlichkeitsdenken ist dennoch noch in viel zu vielen Köpfen verhaftet.

So oder so ähnlich, hat man als Naturkundler den Eindruck, wird von vielen Leuten geurteilt über Hecken, Raine, Wegränder, Ufersäume und andere trockene oder feuchte Ländereien inmitten der Kulturlandschaft. »Biotopvernetzungsstrukturen« nennen Biologen derartige Inseln im eintönigen Meer der Nutzlandschaft und bezeichnen sie als die wichtigsten Elemente zur Aufrechterhaltung der Artenvielfalt. Die Wahrheit liegt wohl in der Mitte. Ohne Natur oder naturnahe Flächen wäre jede Kulturlandschaft eine Öde; Naturwissenschaftler haben schon vor Jahrzehnten den Nachweis geliefert, daß ein Prozentsatz von mindestens fünf, besser zehn Prozent der Landschaft ungenutzt sein muß, wenn die Fruchtbarkeit und Nutzbarkeit insgesamt langfristig gesichert sein soll.

Daß die skizzierten, weit verbreiteten Meinungen über »Öd- und Unland« falsch sind, weiß jeder, der mit offenen Augen durch die Landschaft geht: Wo blüht denn der Klatschmohn, wo pflückt man den Wiesenstrauß, wo lebt ein Igel, wo brütet ein Neuntöter? Die wenigen Prozent »Unland« in unserer Landschaft sind für Tiere und Pflanzen die wichtigsten Lebensräume! Heidestreifen entlang von Feldwegen als letzte Reste einstiger Viehtriebe prägen, wo sie noch nicht in das benachbarte Ackerland einbezogen worden sind, ein Landschaftsbild, ebenso Hecken, kleine Feldgehölze oder Steinriegel.

schnitt«, Gelände in Wegkehren, entlang krummer Waldränder oder mäandrierender Bäche usw. Viele kleine Heidegebiete, z. B. frühere Viehtriebe mit Hecken, entziehen sich oft auch der Verwertbarkeit in Flurbereinigungsverfahren – zum Glück für die Natur. Derartige »Mißflächen«, nicht maschinengerecht abgrenzbar und heute wegen der Bürgerproteste nicht mehr einfach mit der Planierraupe in Acker verwandelbar, sind ebenfalls unnütz und werden – solche Fälle gibt es tatsächlich! – billig für Zwecke der Freizeitnutzung abgegeben oder aber, wenn man gar keine andere Verwendung sieht, einem Naturschutzverband zur Pflege überlassen. »Weg mit dem Krempel«, es bringt dem Flurbereiniger sowieso nur Tadel ein, wenn der Prozentsatz an Mißflächen in einem Flurbereinigungsverfahren zu hoch ist. Welch eine Ignoranz, wenn Landschaft auch heute noch nur nach Nützlichkeitsüberlegungen neu geordnet wird, wo doch im Gegensatz zur Zeit unserer Vorfahren kein Zwang mehr zur Bewirtschaftung jeder noch so kleinen Fläche besteht! Nicht verschwiegen werden soll, daß in den letzten Jahren bei Neuordnungsverfahren vieles besser gemacht wird als in den letzten

Ödland ist gar nicht öde, sondern hat auffällige und interessante Blütenpflanzen aufzuweisen wie hier die Natternkopfflur.

Ein paar Worte zum Begriff »Sukzession«

Der Begriff Sukzession ist unter Naturschützern ein wenig zum Modewort geworden. Eigentlich bedeutet das Wort nichts anderes als »Veränderung« oder »Fortschritt«. Das Wort beschreibt also einen Vorgang, nicht einen Zustand. In der populärwissenschaftlichen Umgangssprache versteht man darunter allerdings den langsamen Übergang offener – trockener oder feuchter – Flächen in Mitteleuropa zum Wald. Als Sukzessionsbestand bezeichnet man ein in ständiger Veränderung befindliches Gehölz, eine der in zahllosen labilen Stadien vorkommenden Übergangsform zwischen Offenland und Hochwald.

Der hin und wieder auftauchende Begriff »gelenkte Sukzession« kommt zwar – sprachlich gesehen – einem »schwarzen Schimmel« oder einer »runden Ecke« gleich, bürgert sich aber dennoch mehr und mehr ein. Verstanden werden darunter Pflegemaßnahmen kleineren Umfangs, die zwar den Vorgang des Verwachsens nicht grundsätzlich in Frage stellen, die aber gezielt in das Artengefüge eingreifen. Da wird zum Beispiel auf einer ehemaligen Schafweide die Eiche gefördert, indem man aufkommende Eschen und Kiefern zurückdrängt, anderswo ist es die Mehlbeere, die bevorzugt wird. In der Regel sind für die Selektion jedoch nicht ökologische Maßstäbe maßgeblich, vielmehr sollen typische Bestände der Kulturlandschaft, die einst durch Selektion infolge Vieh- oder Wildverbiß hervorgegangen sind, nachgeahmt werden.

Über das Thema »Lenkung einer Sukzession« läßt sich trefflich streiten. Oft werden ökologische oder landschaftliche Gesichtspunkte vorgeschoben, meist ist der Grund für ein Eingreifen allerdings ein subjektives Empfinden. Folglich handelt es sich um eine pragmatische Vorgehensweise bei landschaftspflegerischen Maßnahmen. Diese ist so lange nicht zu beanstanden, solange nicht allgemeingültige Übereinstimmung über zweckmäßige Pflege verwachsender Trockenstandorte besteht und solange nicht »grober Unfug« gemacht wird.

Die Aktion

Schutz und Erhaltung von Trockenbiotopen
Ansatzpunkte
Grundsätzliche Gedanken
Praktische Ratschläge

Die Aktion

Biotopschutz – aber wie?

Unruhe macht sich breit am alten Hohlweg. Weit draußen vor der Stadt, dort, wo sich im Laufe von Jahrzehnten und Jahrhunderten durch das Wirtschaften des Menschen ein tiefer Hohlweg in den Lößboden eingegraben hat, wo sich wirklich Fuchs und Hase »Gute Nacht« sagen und wo sich Trockenböschungen, Gesträuch und Lesesteinhaufen mit dem alten Weg zu einem Mosaik aus fast vergessenen Tagen zusammenfügen, ist eine ganze Schar Leute zusammengekommen. Naturschützer sind ebenso dabei wie der örtliche Bürgermeister und Gemeinderäte. Sogar eine Kamera ist aufgebaut.

Der Minister hat sich angesagt, um eigenhändig die Tafel mit der Aufschrift »Naturschutzgebiet« an dem frisch eingerammten Pflock anzunageln. Wieder konnte ein bedeutender ökologischer Baustein für ein Biotop-Verbundsystem in der Kulturlandschaft gesichert werden. Und die Ausweisung von Schutzgebieten ist zunehmend gesellschaftsfähig geworden. Vergessen sind in solchen Augenblicken die zähen Kämpfe mit den Grundstücksbesitzern, Verantwortlichen in Dörfern und Städten und vielen anderen »Trägern öffentlicher Belange«, die es allesamt gut meinen und sich oftmals vehement gegen die Ausweisung von Schutzgebieten wehren. Als gelte es, Angriffe auf die eigene Person abzuwehren.

Die Ausweisung von Schutzgebieten ist eines der traditionsreichsten Instrumente der Naturschutzbehörden – ja, man kann sagen, Schutzgebiete waren geradezu der Beginn jeder Naturschutzarbeit, gleichgültig, ob man dabei staatliche oder ehrenamtliche Bemühungen im Auge hat.

Bereits im 19. Jahrhundert wurden im Gegenzug zu den immer weiter fortschreitenden Bestrebungen nach Ausweitung und Intensivierung des Nutzlandes Stimmen laut, welche die Ausweisung von Reservaten oder Schutzgebieten forderten. Da es jedoch z.B. in Deutschland bis in die 30er Jahre keine gesetzliche Grundlage für Schutzgebiete unter der Hoheit des Staates gab, war lange Zeit der Grunderwerb das einzige Mittel, Schutzbemühungen Nachdruck zu verleihen. Der Naturschutzbund Deutschland hat zum Beispiel eine seiner Wurzeln im Grunderwerb zu Naturschutzzwecken durch Mäzene.

Nach einer langen Phase der Notlösungen – die ersten »Banngebiete« der Forstverwaltung stammen aus dieser Zeit – gab erst die Naturschutzgesetzgebung der 30er Jahre, in Deutschland das Reichsnaturschutzgesetz von 1935, eine rechtliche Handhabe für die Ausweisung von Schutzgebieten. Von dieser Möglichkeit wurde dann auch rege Gebrauch gemacht. Über das Land verteilt entstanden Naturschutzgebiete, und noch heute gehören diese Bereiche zu den wichtigsten und wertvollsten Bausteinen eines Verbundes von Reservaten.

Die Rechtsverordnungen waren – oft im Gegensatz zu heute – knapp gefaßt, ließen dennoch an Klarheit nichts zu wünschen übrig. »Geschützte Landschaftsbestandteile«, nach heutigem Sprachgebrauch »Landschaftsschutzgebiete«, bildeten Pufferzonen zu Naturschutzgebieten und sollten dafür Sorge tragen, daß Bebauung und andere Beeinträchtigungen aus der Nähe der Naturschutzgebiete ferngehalten werden. Die landwirtschaftliche Nutzung wurde in diesen »Geschützten Landschaftsbestandteilen« in aller Regel nicht reglementiert; sie war in jener Zeit als Problem des Naturhaushaltes und des Landschaftsbildes auch noch nicht gegeben, ja, noch gar nicht abzusehen. Hecken und Baumreihen störten damals noch nicht beim Pflügen; Klatschmohn, Kornblume, Feldrittersporn und Kornrade waren allgegenwärtige Pflanzen, und das Problem ins Grundwasser sickernder Spritzmittel und Dünger war unvorstellbar.

Daneben gab und gibt es bis heute auch eigenständige »Geschützte Landschaftsbestandteile«, zum Teil klein, zum Teil aber auch sehr umfassend. Ein Beispiel für diese Kategorie an Schutzgebieten sind die in ganz Deutschland ausgewiesenen »Schutzgebiete rechts und links der Autobahn«. Bezweckt wurde damit, dem auf der Autobahn das Land durchfahrenden Reisenden schöne Landschaftsbilder unbeeinträchtigt zu erhalten. Ein eigentlich löbliches Ansinnen, das aber in der Nachkriegszeit geradezu auf den Kopf gestellt wurde. Gerade in der Nähe der Autobahn war der Siedlungsdruck am größten, und dort entstanden die schlimmsten Beeinträchtigungen der Landschaft durch häßliche Gewerbegebiete, nicht gerade der Zier-

de dienende Hochspannungsleitungen usw. Die Verordnungen wurden wie Schweizer Käse durchlöchert.

Nach einer zeitlichen Unterbrechung durch den Zweiten Weltkrieg und die Nachkriegszeit wurden die Schutzgebiete aller Kategorien erweitert und verdichtet. Bis heute ist ein Netz von Natur- und Landschaftsschutzgebieten entstanden, das eigentlich für manche Biotope einen guten Schutz bieten würde – würden nicht über Ausnahmeregelungen für neue Straßen, Flurbereinigungsmaßnahmen, neue Baugebiete usw. immer wieder Löcher in das Netz gerissen werden. Stellenweise verrät dieses Netz allerdings eher den Fleiß der Bearbeiter bei den Naturschutzbehörden und den Grad der Rückendeckung bei ihren Vorgesetzten, als daß naturkundliche Kriterien und zukunftsweisende Strategien erkennbar wären.

Dennoch: im Grunde ist die Ausweisung von Schutzgebieten verschiedener Zweckbestimmung gut und richtig und durch kein anderes Instrument staatlicher Lenkungspolitik zu ersetzen. Die Beeinträchtigungen von Natur und Landschaft nehmen trotzdem zu – nicht nur, weil die bestehenden Schutzgebiete durchlöchert werden, sondern auch weil das Netz der Schutzgebiete zu lückig ist. Und so erhebt sich in neuerer Zeit der Ruf nach großflächigen Nationalparken, nach Naturparken und Biosphärenreservaten. Schutzgebiete nach EG-Richtlinien, z. B. Schutzgebiete nach der internationalen Ramsar-Konvention, nach der Fauna-Flora-Habitatrichtlinie oder IBAs – important bird areas –, sollen die althergebrachten Schutzgebietskategorien überlagern. Ob diese Strategie richtig ist, wird sich erst in einigen Jahren zeigen, denn eines dürfte unbestreitbar sein: Alle Schutzgebiete können nur dann ihre Funktion erfüllen, wenn sie ernst genommen werden, wenn sie gut überwacht werden und wenn die geschützte Landschaft so gehegt und gepflegt wird, daß der Schutzzweck erhalten werden kann.

Der politische Wille, Natur zu schützen und zu pflegen, ist maßgeblich und entscheidend. Schutzgebiete sind nur ein Instrument, um bei politischen Grundsatzentscheidungen oder bei den täglichen »kleinen Entscheidungen« über Eingriffe in Natur und Landschaft eine Handhabe zu haben. Schutzgebiete sollen auch für Genehmigungen oder Versagungen konkrete Richtschnur sein und den Argumenten des Naturschutzes kräftigen Nachdruck verleihen.

Noch ein Wort zur Schutzbedürftigkeit der Trockenbiotope und deren gesetzlichem Schutz. Geht es in erster Linie um die Erhaltung des Landschaftsbildes und seiner charakteristischen Elemente, kann ein Landschaftsschutzgebiet zweckmäßig sein; sind Nutzungseinschränkungen oder Nutzungsregelungen erforderlich, ist die Ausweisung eines Naturschutzgebietes angezeigt.

Damit Biotope für Lebensraumspezialisten – wie für die Rotflüglige Schnarr-Schrecke – erhalten bleiben, müssen vor Landschaftspflegemaßnahmen gründliche faunistische und floristische Bestandsaufnahmen durchgeführt werden.

Eine andere Kategorie der Schutzgebiete, die es in Teilen Deutschlands, in Österreich und der Schweiz gibt, wurde bislang nicht erwähnt: die Naturdenkmale. Dabei handelt es sich um kleine, in der Regel unter fünf Hektar große Gebiete, für die ebenfalls Rechtsverordnungen der Naturschutzbehörde existieren, die denjenigen der Naturschutzgebiete gleichkommen. Der hauptsächliche Unterschied liegt meist in der Zuständigkeit. Werden Naturschutzgebiete von der Höheren Naturschutzbehörde ausgewiesen und betreut, sind für die Unterschutzstellung von Naturdenkmalen in der Regel die Unteren Naturschutzbehörden zuständig.

Zahlreiche kleine Trockenbiotope, z. B. Felsbildungen, kleine Heidefleckchen in der Feldflur, aufgelassene kleine Steinbrüche und Tongruben usw., bieten sich zur Unterschutzstellung als Naturdenkmal an. In den Verordnungen kann und sollte genau geregelt werden, was in diesen Gebieten erlaubt ist und was nicht. Erwähnt sei die Nutzung als Mähwiese oder Schafweide, die Regelung des Betretens auf Wegen oder ein absolutes Betretungsverbot, die Nutzung für Freizeitaktivitäten (Feuerstellen, Motocross, Mountainbikefahren, usw.) und sonstige Betätigungen, die zu Beeinträchtigungen führen könnten.

Sowohl im Bundesnaturschutzgesetz als Rahmengesetz als auch in den Naturschutzgesetzen der einzelnen Bundesländer ist heute der Biotopschutz verankert, d. h. einzelne Biotoptypen stehen automatisch, also ohne eigenes Unterschutzstellungsverfahren, ohne Verordnung und ohne Abgrenzung, unter Schutz. Ein Beispiel hierfür ist das baden-württembergische Biotopschutzgesetz, mit dem das Naturschutzgesetz eine Ergänzung fand und mit dem rund 5% der Fläche des südwestdeutschen Landes unter generellen, qualifizierten Schutz gestellt wurde. Dabei sind auch eine Vielzahl von Trockenstandorten wie Binnendünen, Heiden, Steppenheiden, Steinriegel und Kalkmagerrasen generell unter Schutz gestellt worden.

Nahezu sämtliche Ausprägungen von Trockenbiotopen zählen zu solcherart geschützten Biotopen. Damit ist zwar ein rechtlicher Schutz gegeben, erfahrungsgemäß wird dieser aber in der Realität erst wirksam, wenn eine detaillierte Abgrenzung der geschützten Fläche erfolgt ist und wenn der Grundeigentümer über die Auswirkungen der gesetzlichen Bestimmungen im einzelnen informiert ist. Aus diesem Grund sind in vielen Ländern Biotopkartierungen im Gange, bei denen Biologen, Landschaftsökologen, Forstleute und andere Fachleute genaue Erhebungen im Gelände vornehmen, auf Flurkarten eintragen und der Naturschutzbehörde übergeben. Diese informiert dann die Grundeigentümer über die Einstufung des Grundstücks bzw. Teile dessen und macht auf die Auswirkungen hinsichtlich der Nutzbarkeit aufmerksam.

Insellösungen helfen beim Biotopschutz nicht weiter

Unter Naturschützern ist heute allgemein bekannt, daß das Denken in isolierten Inseln falsch ist. Nur wenn Tiere – und Pflanzen! – in untereinander verbundenen Lebensräumen leben können, ist längerfristig Fortpflanzung und Arterhaltung möglich. Deshalb kommt es in Zukunft bei allen Veränderungen in der Kulturlandschaft vor allem darauf an, die Lebensraumansprüche von Pflanzen und Tieren besser als bisher zu beachten. Ein Vogel kann nicht existieren, wenn man ihm zwar seinen hohlen Baum mit seiner Bruthöhle stehenläßt, ringsumher aber alle insektenreichen Halbtrockenrasen umpflügt, zu Acker macht und dort jedes »Unkraut« ausrottet.

Ein kurioses Beispiel für eine isolierte – wenngleich gut gemeinte und vielleicht in diesem Fall unumgängliche – Betrachtungsweise ist ein kaum einen halben Hektar großes »Schneckenreservat«, das sich am Rand des bekannten Fremdenverkehrsortes Podersdorf am Neusiedler See (Burgenland, Österreich) findet.

Die Gestreifte Heideschnecke war im Osten Österreichs als Art in osteuropäischen Steppengebieten einst weit verbreitet. Sie gilt heute als Relikt der ursprünglichen Steppenrasen, die es im Burgenland infolge der Ausdehnung der Weingärten in die Pußzta nicht mehr oder nur noch in wenigen Hektar Größe gibt, als hochgradig gefährdet und wurde in einem Rettungsversuch 1973 in einem Halbtrockenrasen am Rand des Ortes ausgesetzt. Heute ist das Gebiet möglicherweise der letzte Standort, an dem die Art in Österreich vorkommt.

Ob dieser Versuch auf derart kleiner Fläche längerfristig funktioniert, ist fraglich. Kurios wird der Fall dadurch, daß man es nicht bei der kleinen Schutzzone belassen hat, vielmehr hat man diese »angereichert« durch zwei Dutzend Tierfiguren aus Beton, um den zahlreichen Spaziergängern, die die nur wenige Millimeter große Schnecke kaum finden können, wenigstens etwas fürs Auge zu bieten.

Weshalb dieses Beispiel erwähnenswert ist? Es ist zum einen Ausdruck einer falschen Naturschutzpolitik, nämlich derjenigen des isolierten Freilandreservats, und gleichzeitig das Eingeständnis der eigenen Hilflosigkeit. Die Reservate der Indianer in Nordamerika drängen sich als Vergleich auf, und genauso wie diese Politik mehr Probleme als Lösungen mit sich brachte, kann auch eine Tier- oder Pflanzenart auf längere Sicht nicht isoliert in einem zu kleinen, fest abgegrenzten Raum überleben. Zum anderen ist dieses Beispiel interessant für die Haltung vieler Politiker. Um dem permanenten »Gejammere« der Naturschützer über Artenrückgang und Gefährdung der Welt allgemein und der Lebensräume von nahezu »unbekannten« Tieren und Pflanzen auszuweichen, bietet man Reservate an: Ihr laßt uns die neue Straße bauen, das Baugebiet verwirklichen, dafür dürft ihr ungestört irgendwo auf begrenzter Fläche eurem »Hobby« nachgehen und eure Schnecken züchten.

Nur zu oft fallen Naturschützer auf diese Denk- und Handlungsweise herein, nur zu oft ist dies die letzte Möglichkeit, sich vor scheinbar übermächtigen Entscheidungsträgern ins sprichwörtliche Schneckenhaus zurückzuziehen. In der Regel ist dies jedoch ein Weg ins Abseits. Reservate und Schutzgebiete können nur dann ihre Funktion zur Arterhaltung erfüllen, wenn sie eine Größe haben, die den Arten ausreichend Lebensraum bietet, und wenn dafür gesorgt ist, daß auch ein Austausch zwischen den Refugien möglich ist. Schließlich müssen auch Politiker zur Kenntnis nehmen: Die Natur läßt sich zwar vieles bieten, aber sind die Grenzen der Belastbarkeit einmal überschritten, nützen Reservate, sprich Freilandmuseen, nicht viel.

Ein weiteres Beispiel: Die Weinberge Südwestdeutschlands liegen in der Regel an steilen Hängen des Keuperberglandes oder der Muschelkalktäler. Ideale Böden, gute Weinlagen an steilen,

Biotopschutz – aber wie?

Damit Trockenbiotope nicht zur einsamen Insel in der Brandung intensiver Nutzungslandschaft verkommen, müssen Biotopstrukturen im Rahmen von Vernetzungs-, Pflege- und konsequenten Schutzmaßnahmen miteinander verbunden werden.

terrassierten Hängen und viel Sonne sind Voraussetzungen für guten Wein. Aber die Bewirtschaftung war über Jahrhunderte schwierig. Keine oder aber nur schlechte Wege, zahllose arbeitsaufwendige Trockenmauern, ungünstige Grundstückszuschnitte erschwerten die Bewirtschaftung und machten einen Maschineneinsatz nahezu unmöglich. Seit etwa 1950 wird daher Hang um Hang im Rahmen von Flurbereinigungsverfahren neu gestaltet. Die Mauern werden entfernt, die Hänge mit Großmaschinen planiert, neue Wege gebaut und streng geometrisch neue Weinberge angelegt.

Neben zahlreichen Pflanzen- und anderen Tierarten, die früher in Weinbergnischen ihren Lebensraum hatten, ist vor allem die Mauereidechse hart betroffen. Sie war auf die Trockenmauern angewiesen und besiedelte darüber hinaus Felsböschungen am Rand der Weinberge. Im Zuge der letzten Weinbergumlegungen war im Raum Heilbronn (Baden-Württemberg) auch ein bedeutendes Vorkommen der Mauereidechse betroffen. Um der hochgradig bedrohten Art ihren Lebensraum zu erhalten, forderten Naturschützer einen Verzicht auf die Rebumlegung. Aber dies erschien den Politikern weder angemessen – weshalb sollten gerade die Eigentümer dieses Hanges nicht in den Vorteil neuzeitlicher Bewirtschaftungstechniken kommen? – noch notwendig. So wurde den Tieren ein »Eidechsengarten« – so der offizielle Name – am Rand des Weinbergs angelegt. Neue Trockenmauern wurden aufgeschichtet, und der Staat übernahm die Fläche. Es ist ja grundsätzlich so, daß bei derartigen »Pseudo-Kompromissen« Privatleuten alle wirtschaftlichen Vorteile verschafft werden und der öffentlichen Hand, d. h. dem Steuerzahler, die Aufgabe der Naturerhaltung oder »Naturersatzbeschaffung« zukommt.

Die Eidechsen wurden »umgesiedelt« und ihre angestammten Mauern planiert. Sie scheinen sich nun, nicht zuletzt dank der Betreuung durch Naturschützer, Behörden und private Organisationen, recht wohl in ihrem Reservat zu fühlen. Aber ist dies der richtige Umgang mit der Natur? Ist es vertretbar, daß nach Jahrhunderten des Zusammenlebens von Mensch, Tier und Pflanze in der Wirtschaftsfläche nun eine völlige Trennung erfolgt: hier Ertragslandschaft, dort Naturreservat? Und kann es sich die öffentliche Hand weiterhin leisten, solche »Kompromisse« einzugehen; wird es weiterhin möglich sein, Privatleuten mit Millionen und Milliarden an Steuergeldern wirtschaftliche Vorteile zu verschaffen und über Jahre und Jahrzehnte die »Last« der Erhaltung von Biotopen dem Staat aufzubürden? Fragen, die hier nicht beantwortet werden können, die uns aber zum Nachdenken über den Umgang mit Natur anregen sollen!

Rechtlicher Schutz – ein erster Schritt

Der generelle rechtliche Schutz gefährdeter Biotope ist ein erster Schritt zur umfassenden Sicherung unserer landschaftlichen Vielfalt. Durch das Biotopschutzgesetz (eine Änderung bzw. Ergänzung des Landesnaturschutzgesetzes) hat etwa das Land Baden-Württemberg mit Wirkung vom 1. Januar 1992 rund 6% der Landesfläche generell einem qualifizierten rechtlichen Schutz zugeführt. Wie gefährdet gerade die Trockenstandorte sind, zeigt die Tatsache, daß solche Biotopelemente neben den Feuchtstandorten fast die Hälfte der schutzbedürftigen Biotope ausmacht.

Der nachfolgende Auszug aus dem Gesetzestext ist zugleich ein Beispiel dafür, wie viele Trockenbiotop-Strukturen, die über Jahrhunderte und Jahrtausende in Mitteleuropa ganz selbstverständlich existierten, durch Landschaftsübernutzung, Bewirtschaftungswandel und Umweltverschmutzung an den Rand der Überlebensfähigkeit gedrängt wurden.

Gesetz zur Änderung des Naturschutzgesetzes von Baden-Württemberg (Biotopschutzgesetz) vom 19. November 1991
– Auszug –

§ 24 a
Besonders geschützte Biotope

(1) Die folgenden Biotope in der in der Anlage zu diesem Gesetz beschriebenen Ausprägung sind besonders geschützt:
1. Moore, Sümpfe, naturnahe Bruch-, Sumpf- und Auwälder, Streuwiesen, Röhrichtbestände und Riede, seggen- und binsenreiche Naßwiesen;
2. naturnahe und unverbaute Bach- und Flußabschnitte, Altarme fließender Gewässer, Hülen und Tümpel, jeweils einschließlich der Ufervegetation, Quellbereiche, Verlandungsbereiche stehender Gewässer sowie naturnahe Uferbereiche und naturnahe Bereiche der Flachwasserzonen des Bodensees;
3. offene Binnendünen, Zwergstrauch- und Wacholderheiden, Trocken- und Magerrasen, Gebüsche und naturnahe Wälder trockenwarmer Standorte einschließlich ihrer Staudensäume;
4. offene Felsbildungen, offene natürliche Block- und Geröllhalden;
5. Höhlen, Dolinen;
6. Feldhecken, Feldgehölze, Hohlwege, Trockenmauern und Steinriegel, jeweils in der freien Landschaft.

(2) Alle Handlungen, die zu einer Zerstörung oder erheblichen oder nachhaltigen Beeinträchtigung der besonders geschützten Biotope führen können, sind verboten. Weitergehende Verbote in Rechtsverordnungen und Satzungen über geschützte Gebiete und Gegenstände bleiben unberührt.

(3) Abweichend von Absatz 2 Satz 1 ist es zulässig,
1. Pflege- und Unterhaltungsmaßnahmen durchzuführen, die zur Erhaltung oder Wiederherstellung der besonders geschützten Biotope notwendig sind;
2. die land- und forstwirtschaftliche Nutzung in der Art und in dem Umfang fortzusetzen, wie sie am 31. Dezember 1991 ordnungsgemäß ausgeübt wird;
3. die land- und forstwirtschaftliche Nutzung wieder aufzunehmen, die auf Grund vertraglicher Bewirtschaftungsbeschränkungen oder der Teilnahme an einem Extensivierungs- oder Stillegungsprogramm zeitweise eingeschränkt oder aufgegeben worden war;
4. Nutzungen fortzusetzen oder aufzunehmen, die am 31. Dezember 1991 auf Grund einer behördlichen Gestaltung oder einer ausdrücklichen Regelung in einer Rechtsverordnung nach §§ 21 oder 24 (Anm. d. Red.: dies betrifft Naturschutzgebiete und Naturdenkmale) ausgeübt werden oder begonnen werden dürfen;
5. Vorhaben im Sinne von § 35 Abs. 1 Nr. 1 und 2 des Baugesetzbuches durchzuführen, die in unmittelbarem räumlichen Zusammenhang mit einer landwirtschaftlichen Hofstelle oder einem ausgesiedelten Betriebszweig stehen.

(4) Die Naturschutzbehörde kann Ausnahmen von den Verboten des Absatzes 2 Satz 1 zulassen, wenn
1. überwiegende Gründe des Gemeinwohls diese erfordern oder
2. keine erhebliche oder nachhaltige Beeinträchtigungen des Biotops und der Lebensstätten gefährdeter Tier- und Pflanzenarten zu erwarten sind oder wenn durch Ausgleichsmaßnahmen ein gleichartiger Biotop geschaffen wird.

(...)

(7) Die Naturschutzbehörde erfaßt die besonders geschützten Biotope und trägt sie in Listen und Karten mit deklaratorischer Bedeutung ein. Die Listen und Karten liegen bei der Naturschutzbehörde und den Gemeinden zur Einsicht für jedermann aus. Die Gemeinden geben die Listen ortsüblich bekannt.

(8) Die Naturschutzbehörde teilt Eigentümern und sonstigen Nutzungsberechtigten auf Anfrage mit, ob sich auf ihrem Grundstück ein besonders geschützter Biotop befindet oder eine bestimmte Handlung verboten ist.

§ 24 b
Biotopschutzkommission

(1) Bei der Naturschutzbehörde wird eine Biotopschutzkommission gebildet. Sie hat die Aufgabe, bei der Entscheidung der Naturschutzbehörde über die Einstufung und Abgrenzung der besonders geschützten Biotope auf landwirtschaftlich genutzten Flächen unter Einbeziehung der Eigentümer mitzuwirken. (...)

(2) Die Naturschutzbehörde beruft auf Vorschlag des jeweiligen Verbandes in die Biotopschutzkommission je einen Vertreter der landwirtschaftlichen Berufsvertretung und des Landesnaturschutzverbandes. Der Kommission gehören darüber hinaus der Naturschutzbeauftragte und ein Vertreter des Landwirtschaftsamtes sowie der jeweiligen Gemeinde an. Ist eine Flurbereinigung angeordnet oder beabsichtigt, so ist ein Vertreter des zuständigen Flurbereinigungsamtes zuzuziehen. Die Naturschutzbehörde führt den Vorsitz in der Biotopschutzkommission.

(...)

Anlage zu § 24 a Abs. 1
Definitionen der besonders geschützten Biotoptypen

Inhaltsübersicht

Vorbemerkung

1.1 Moore
1.2 Sümpfe
1.3 Naturnahe Bruchwälder
1.4 Naturnahe Sumpfwälder
1.5 Naturnahe Auwälder
1.6 Streuwiesen
1.7 Röhrichtbestände und Riede
1.8 Seggen- und binsenreiche Naßwiesen
2.1 Naturnahe und unverbaute Bach- und Flußabschnitte einschließlich der Ufervegetation
2.2 Altarme fließender Gewässer einschließlich der Ufervegetation
2.3 Hülen und Tümpel einschließlich der Ufervegetation
2.4 Quellbereiche
2.5 Verlandungsbereiche stehender Gewässer
2.6 Naturnahe Uferbereiche und naturnahe Bereiche der Flachwasserzone des Bodensees
3.1 Offene Binnendünen
3.2 Zwergstrauchheiden
3.3 Wacholderheiden
3.4 Trockenrasen
3.5 Magerrasen
3.6 Gebüsche und naturnahe Wälder trockenwarmer Standorte einschließlich ihrer Staudensäume
4.1 Offene Felsbildungen

4.2 Offene natürliche Block- und Geröllhalden
5.1 Höhlen
5.2 Dolinen
6.1 Feldhecken und Feldgehölze
6.2 Hohlwege
6.3 Trockenmauern
6.4 Steinriegel

Vorbemerkung

1. Die nach § 24 a besonders geschützten Biotope werden anhand der Standortsverhältnisse, der Vegetation und sonstiger Eigenschaften definiert.
2. Zur Verdeutlichung der Biotopdefinition sind in der Regel besondere typische Arten aufgeführt. Insbesondere bei Wiesen- und Waldbiotopen begründet nicht das Vorkommen einer einzigen besonderen typischen Art, sondern erst die Kombination von mehreren der genannten Arten das Vorliegen eines besonders geschützten Biotops.
3. Bei den Nummern 1.6, 1.8 und 3.5 sind zusätzlich die Kenn- und Trennarten des jeweiligen Biotoptyps durch Fettdruck gekennzeichnet. Diese Arten kommen fast nur in besonders geschützten Grünlandbiotopen, in der Regel aber nicht auf intensiv genutztem Grünland vor. Erst wenn mehrere der Kenn- und Trennarten auftreten, ist davon auszugehen, daß ein besonders geschützter Biotop vorliegt.
4. Als naturnah werden Biotope bezeichnet, die ohne gezielte Veränderung des Standortes oder ohne direkten menschlichen Einfluß entstanden sind, nicht wesentlich vom Menschen verändert wurden und höchstens extensiv genutzt werden sowie künstlich geschaffene Biotope, die nach ihrer Entstehung einer weitgehend natürlichen Entwicklung überlassen wurden und für den Standort typische Pflanzen- und Tierarten aufweisen. Als naturnahe Wälder werden Wälder bezeichnet, deren Baumschicht weitgehend aus standortheimischen Baumarten besteht und die eine weitgehende Übereinstimmung von Standort, Waldbestand und Bodenvegetation aufweisen.
(...)

3.1 Offene Binnendünen

Offene Binnendünen sind waldfreie, vom Wind aufgewehte Sandhügel. Die mehr oder weniger lückige Vegetation besteht aus Pionierrasen, Sandrasen oder Zwergstrauchheiden, einzelne Gehölze können eingestreut sein.
Besondere typische Arten der offenen Binnendünen sind:
Silbergras (Corynephorus canescens), Blaugraue Kammschmiele (Koeleria glauca), Sand-Hornkraut (Cerastium semidecandrum), Sand-Strohblume (Helichrysum arenarium), Schmielenhafer-Arten (Aira spp.), Silberscharte (Jurinea cyanoides), Blauflügige Sandschrecke (Sphingonotus caerulans), Ameisenlöwe (Euroleon nostras), Sandbiene (Andrena argentata), Sandgängerbiene (Ammobates punctatus).

3.2 Zwergstrauchheiden

Zwergstrauchheiden sind von Zwergsträuchern, insbesondere Heidekrautgewächsen beherrschte, überwiegend durch Beweidung entstandene Heiden und Triften einschließlich der Brachestadien bis hin zu Gebüschen und lichten Wäldern. Nicht erfaßt sind von Zwergsträuchern dominierte Schlagflächen im Wald.
Besondere typische Arten der Zwergstrauchheiden sind:
Heide-Ginster (Genista pilosa), Deutscher Ginster (Genista germanica), Heidekraut (Calluna vulgaris) sowie Arten der Magerrasen.

3.3 Wacholderheiden

Wacholderheiden sind beweidete oder ehemals beweidete Magerrasen, einschließlich deren Brachestadien, mit lockerstehenden Wacholderbüschen sowie anderen Sträuchern und Bäumen, meist auf kalkreichen, zum Teil auch oberflächlich entkalkten Standorten.
Nicht erfaßt sind Wacholderheiden unter einer Fläche von 1000 m², soweit es sich nicht um Magerrasen im Sinne von Nummer 3.5 handelt.
Besondere typische Arten der Wacholderheiden sind Arten der Magerrasen und folgende Arten:
Wacholder (Juniperus communis), Silberdistel (Carlina acaulis), Enzian-Arten (Gentianella ciliata, Gentianella germanica, Gentiana verna), Schaf-Schwingel (Festuca ovina), Fieder-Zwenke (Brachypodium pinnatum), Aufrechte Trespe (Bromus erectus).

3.4 Trockenrasen

Trockenrasen sind meist lückige, von niedrigwüchsigen Gräsern und Kräutern geprägte, nicht genutzte oder extensiv genutzte Magerrasen auf trockenen, flachgründigen Böden.
Besondere typische Arten der Trockenrasen sind:
Federschwingel (Vulpia myuros, Vulpia bromoides), Kleines Filzkraut (Filago minima), Bauernsenf (Teesdalia nudicaulis), Vogelfuß (Ornithopus perpusillus), Triften-Knäuelkraut (Scleranthus polycarpos), Zierliches Schillergras (Koeleria macrantha), Glanz-Lieschgras (Phleum phleoides), Sand-Grasnelke (Armeria elongata), Berg-Gamander (Teucrium montanum), Gewöhnliche Kugelblume (Globularia punctata), Zarter Lein (Linum tenuifolium), Zwerg-Sonnenröschen (Fumana procumbens), Erd-Segge (Carex humilis), Federgras-Arten (Stipa spp.) sowie Arten der Magerrasen, der offenen Felsbildungen und der offenen Binnendünen.

3.5 Magerrasen

Magerrasen sind durch Nährstoffarmut oder geringe Nährstoffverfügbarkeit gekennzeichnete, extensiv nutzbare Weiden und Wiesen sowie deren Brachestadien einschließlich locker mit Gehölzen bestandener Flächen.
Dazu gehören Borstgrasrasen, Flügelginsterweiden, Besenginsterweiden und Trespenrasen.
Nicht erfaßt sind Flächen, die kleiner als 500 m² sind, es sei denn, sie liegen in engem räumlichen Verbund zueinander oder zu anderen besonders geschützten Biotopen.
Besondere typische Arten der Magerrasen sind:
Wiesen-Salbei (Salvia pratensis), Aufrechte Trespe (Bromus erectus), Knollen-Hahnenfuß (Ranunculus bulbosus), Fingerkraut-Arten (Potentilla renaria, Potentilla verna, Potentilla heptaphylla), Gewöhnliche Küchenschelle (Pulsatilla vulgaris), Wohlriechende Skabiose (Scabiosa canescens), Gewöhnliches Sonnenröschen (Helianthemum nummularium), Wolfsmilch-Arten (Euphorbia seguieriana, Euphorbia cyparissias), Kleine Bibernelle (Pimpinella saxifraga), Karthäuser-Nelke (Dianthus carthusianorum), Hufeisenklee (Anthyllis vulneraria), Echter Gamander (Teucrium chamaedrys), Aufrechter Ziest (Stachys recta), Trift-Hafer (Avenochloa pratensis), Taubenkropf (Silene vulgaris), Skabiosen-Flockenblume (Centaurea scabiosa), Knabenkraut-Arten (Orchis militaris, Orchis simia), Ragwurz-Arten (Ophrys spp.), Hundswurz (Anacamptis pyramidalis), Kreuzblumen-Arten (Polygala comosa, Polygala amarella), Blaugras (Sesleria varia), Echtes Labkraut (Galium verum), Knollige Spierstaude (Filipendula vulgaris), Hügel-Meister (Asperula cynanchica), Großes Schillergras (Koeleria pyramidata), Berg-Klee (Trifolium montanum), Frühlings-Segge (Carex caryophyllea), Borstgras (Nardus stricta), Bärwurz (Meum athamanticum), Mausöhrchen (Hieracium pilosella), Harzer Labkraut (Galium harcynicum), Wald-Ehrenpreis (Veronica officinalis), Dreizahn (Danthonia decumbens), Draht-Schmiele (Avenella flexuosa), Pillen-Segge (Carex pilulifera), Arnika (Arnica montana), Gelber Enzian (Gentiana lutea), Schweizer Löwenzahn (Leontodon helveticus), Flügelginster (Chamaespartium sagittale), Heide-Nelke (Dianthus deltoides), Knöllchen-Knöterich (Polygonum viviparum), Gewöhnliche Katzenpfötchen (Antennaria dioi-

ca), Ausdauernde Sandrapunzel (Jasione laevis), Weißzüngel (Pseudorchis albida), Sparrige Binse (Juncus squarrosus), Wald-Läusekraut (Pedicularis sylvatica), Quendel-Kreuzblume (Polygala serpyllifolia) sowie Arten der Gebüsche trockenwarmer Standorte und ihrer Staudensäume.

3.6 Gebüsche und naturnahe Wälder trockenwarmer Standorte einschließlich ihrer Staudensäume

Gebüsche trockenwarmer Standorte sind meist süd- bis südwestexponierte Gebüsche in Felsbereichen und an anderen trockenen Standorten sowie sonstige Trockenheit ertragende Gebüsche an meist süd- bis südwestexponierten Waldrändern oder in der Feldflur an Standorten, an denen Frische oder Feuchtigkeit anzeigende Gehölzarten und Lianen weitgehend fehlen.

Naturnahe Wälder trockenwarmer Standorte sind Steppenheidewälder und andere natürliche oder naturnahe Wälder auf Felsstandorten, auf trockenen, flachgründigen oder auf wechseltrockenen Böden sowie auf sonnigen, warmen Steinschutthängen. Dazu gehören Flaumeichenwälder, trockene und wechseltrockene Eichen-Hainbuchenwälder, trockene Birken-Eichenwälder, trockene Seggen-Buchenwälder, trockene Linden-AhornMischwälder und trockene oder wechseltrockene, natürliche oder naturnahe Kiefernwälder, insbesondere Pfeifengras- und Reitgras-Kiefernwälder, Kiefern-Steppenheidewälder sowie Kalksand-Kiefernwälder und Moos-Kiefernwälder der nördlichen Oberrheinebene (Dünengebiete).

Staudensäume von Gebüschen und naturnahen Wäldern trockenwarmer Standorte sind Staudenfluren an meist süd- bis südwestexponierten, trockenen Wald- oder Gebüschrändern mit Trockenheit ertragenden und meist wärmebedürftigen Arten.

Besondere typische Arten der Gebüsche und naturnahen Wälder trockenwarmer Standorte einschließlich ihrer Staudensäume sind:
– Gebüsche
Felsenbirne (Amelanchier ovalis), Gewöhnliche Zwergmispel (Cotoneaster integerrimus), Felsen-Kirsche (Prunus mahaleb), Schlehe (Prunus spinosa), Berberitze (Berberis vulgaris), Liguster (Ligustrum vulgare), Wolliger Schneeball (Viburnum lantana), Echter Kreuzdorn (Rhamnus catharticus), Strauch-Kronwicke (Coronilla emerus), Apfel-Rose (Rosa villosa), Blaugrüne Rose (Rosa vosagiaca), Sanddorn (Hippophaë rhamnoides), Besenginster (Cytisus scoparius);
– Wälder
Flaum-Eiche (Quercus pubescens), Elsbeere (Sorbus torminalis), Winter-Linde (Tilia cordata), Buchsbaum (Buxus sempervirens), Felsen-Kreuzdorn (Rhamnus saxatilis), Schwärzender Geißklee (Lembotropis nigricans), Reckhölderle (Daphne cneorum), Zwergbuchs (Polygala chamaebuxus), Scheiden-Kronwicke (Coronilla vaginalis), Wintergrün (Pyrola chlorantha), Winterlieb (Chimaphila umbellata), Blauroter Steinsame (Buglossoides purpurocaerulea), Immenblatt (Melittis melissophyllum), Habichtskräuter (Hieracium umbellatum, Hieracium glaucinum), Gewöhnlicher Tüpfelfarn (Polypodium vulgare), Waldvöglein-Arten (Cephalanthera damasonium, Cephalanthera rubra, Cephalanthera longifolia), Stinkende Nieswurz (Helleborus foetidus), Vogelfuß-Segge (Carex ornithopoda);
– Staudensäume trockenwarmer Gebüsche und naturnaher Wälder
Blut-Storchschnabel (Geranium sanguineum), Sichelblättriges Hasenohr (Bupleurum falcatum), Graslilien-Arten (Anthericum ramosum, Anthericum liliago), Kronwicken-Arten (Coronilla varia, Coronilla coronata), Haarstrang-Arten (Peucedanum cervaria, Peucedanum oreoselinum), Diptam (Dictamnus albus), Kalk-Aster (Aster amellus), Weißes Fingerkraut (Potentilla alba), Hügel-Klee (Trifolium alpestre), Hain-Flockenblume (Centaurea nemoralis), Heide-Wicke (Vicia orobus), spezielle Habichtskraut-Arten (Hieracium sabaudum, Hieracium laevigatum, Hieracium racemosum), Salbei-Gamander (Teucrium scorodonia).

4.1 Offene Felsbildungen

Offene Felsbildungen umfassen innerhalb und außerhalb des Waldes fast vegetationsfreie, oft nur von Moosen und Flechten bewachsene Felsen, spärlich bewachsene Felsköpfe, Felsspalten und Felsbänder mit zum Teil geringem Gehölzanteil sowie Felsüberhänge (Balmen) mit einer speziellen Balmvegetation.

Besondere typische Arten der offenen Felsbildungen sind:
Streifenfarn-Arten (Asplenium viride, Asplenium septentrionale, Asplenium adiantum-nigrum, Asplenium rutamuraria), Trauben-Steinbrech (Saxifraga paniculata), Habichtskräuter (Hieracium humile, Hieracium pallidum), Gewöhnlicher Tüpfelfarn (Polypodium vulgare), Weißer Mauerpfeffer (Sedum album), Einjährige Fetthenne (Sedum annuum), Felsen-Leimkraut (Silene rupestris), Niedriges Hornkraut (Cerastium pumilum), Kelch-Steinkraut (Alyssum alyssoides), Pfingst-Nelke (Dianthus gratianopolitanus), Blasser Schwingel (Festuca pallens), Perlgras-Arten (Melica ciliata, Melica transsilvanica), Blaugras (Sesleria varia), Stein-Baldrian (Valeriana tripteris), Österreichische Rauke (Sisymbrium austriacum), Scharfkraut (Asperugo procumbens) und zahlreiche spezielle Moos- und Flechten-Arten.

4.2 Offene natürliche Block- und Geröllhalden

Offene natürliche Block- und Geröllhalden sind unbewaldete Anhäufungen von Gesteinsblöcken und Geröllen, die weitgehend auf natürliche Weise entstanden sind.

Erfaßt sind auch durch häufige Rutschungen charakterisierte natürliche Mergelhalden und Schutthalden mit einem hohen Anteil an Feinmaterial sowie naturnahe Block- und Geröllhalden mit geringem Gehölzanteil.

Besondere typische Arten der offenen Block- und Geröllhalden sind:
Rollfarn (Cryptogramma crispa), Gelber Hohlzahn (Galeopsis segetum), Lanzettblättriges Weidenröschen (Epilobium lanceolatum), Ruprechtsfarn (Gymnocarpium robertianum), Schild-Ampfer (Rumex scutatus), Schwalbwurz (Vincetoxicum hirundinaria), Hainlattichblättriger Löwenzahn (Leontodon hispidus subsp. hyoseroides), Alpen-Wundklee (Anthyllis vulneraria subsp. alpestris), Weiße Pestwurz (Petasites albus), Blaugras (Sesleria varia), Buntes Reitgras (Calamagrostis varia), Amethyst-Schwingel (Festuca amethystina), Mauerbiene (Osmia andrenoides), Kegelbiene (Coelioxys afra).

(...)

6.3 Trockenmauern

Trockenmauern sind Mauern in der freien Landschaft, die ohne Verwendung von Mörtel aus Steinen aufgeschichtet wurden.
Nicht erfaßt sind Trockenmauern mit weniger als 0,5 m Höhe oder einer Mauerfläche von weniger als 2 m².
Besondere typische Arten der Trockenmauern sind:
Streifenfarn-Arten (Asplenium spp.), Mauer-Glaskraut (Parietaria judaica), spezielle Moos- und Flechten-Arten, Mauereidechse (Lacerta muralis), Rote Dickfußschrecke (Oedipoda germanica) sowie Arten der offenen Felsbildungen.

6.4 Steinriegel

Steinriegel sind linienförmige Steinanhäufungen in der freien Landschaft, die dadurch entstanden sind, daß von landwirtschaftlich genutzten Flächen Steine abgesammelt und zumeist an deren Rändern abgelagert wurden. Die Vegetation der Steinriegel kann entsprechend den Feldhecken und Feldgehölzen, den Gebüschen trockenwarmer Standorte und ihrer Staudensäume oder der offenen natürlichen Block- und Geröllhalden entwickelt sein.
Nicht erfaßt sind Steinriegel von weniger als 5 m Länge.

Landschaftspflege als praktische Biotopsicherung

Lebende Rasenmäher

Es liegt auf der Hand zu fordern, Trockengebiete mit besonderer landschaftlicher Ausstrahlung oder seltenen Vorkommen von Tier- und Pflanzenarten müßten so weiterbewirtschaftet werden, wie es der traditionellen Nutzung entspricht. Dadurch könnte am ehesten gesichert werden, daß sich weder der Landschaftscharakter noch das Artengefüge nachhaltig ändert. In der Tat wäre die Aufrechterhaltung der althergebrachten Nutzung – im einen Fall Schafbeweidung, im anderen spätsommerliche Mahd – die beste Methode der längerfristigen Sicherung. Doch ist dies unter den heutigen wirtschaftlichen Rahmenbedingungen nur selten möglich und beim heutigen Denkschema der Landwirtschaftspolitik nahezu illusorisch.

Dabei könnte mit einem Bruchteil der Fördermittel, die in die Intensivierung der Landwirtschaft und die Vernichtung zuviel produzierter Lebensmittel fließen, die Schäferei in weiten Teilen der traditionellen Schafweidegebiete sowie großflächig in Verwachsung übergegangene Trockengebiete aufrecht erhalten werden! Und wo die Schäferei nicht angebracht ist, könnten Landschaftspflegehöfe unterstützt oder gar neu gegründet werden, welche die Pflege der Kulturlandschaft übernehmen und ihre Produkte wie kräuterreiches, rauhes Heu in anderen Regionen an Pferdehalter etc. absetzen.

Doch Schäferei und Landschaftspflege haben keine Lobby bei den Agrarpolitikern und erfreuen sich deshalb nur relativ geringer Unterstützung durch die finanzschwache Naturschutzverwaltung. So muß man in der Rhön, auf der Schwäbischen Alb und im Schweizer Jura froh sein, wenn man Schäfer findet, die die Heiden weiterhin nutzen und den Übergang zum Wald verhindern. Und wo mechanische Pflegemaßnahmen, also das Absägen überzähliger Wacholder, das Zurückdrängen von Wald und Buschwerk und das Mähen und Abräumen von Halbtrockenrasen notwendig sind, haben um 1960 ehrenamtliche Naturschützer und einzelne Naturschutzbehörden damit begonnen, der Verwachsung von einzelnen Trockengebieten vorzubeugen, indem die traditionellen Nutzungen nachgeahmt wurden. Das heißt, nachgeahmt wurde eigentlich nur das äußere Erscheinungsbild, wie man es in Erinnerung hatte oder es gerne gehabt hätte. Die Methoden, mit der die Pflegemaßnahmen durchgeführt wurden, unterschieden sich zum Teil gravierend von der ursprünglichen Nutzung.

Schafbeweidung wurde durch Mahd mit Traktoren oder Freischneidegeräten ersetzt. Dies schien zunächst zweitrangig, und die Erfolge stellten sich in der Regel auch ein: Orchideen, Enziane, Küchenschellen und andere charakteristische Pflanzenarten blühten auf und vermehrten sich, wenn verfilztes Gras beseitigt und beschattender Gehölzaufwuchs mit Motorsäge und Freischneider entfernt worden war. Und die Artenlisten – gern als »Barometer« für den Erfolg einer Pflegemaßnahme angesehen – wuchsen an. Ja, nicht nur die Pflanzen, die zuvor nur noch in kümmerlichen Exemplaren da waren, kamen wieder zur Blüte, sondern auch zusätzliche Arten, von deren Existenz man an jenem Standort gar nichts wußte.

In Einzelfällen wurde sogar noch nachgeholfen. Wo es zweckmäßig erschien, wurden einzelne Pflanzen über Samen, Zwiebeln oder Ausgraben und Einpflanzen an gewünschter Stelle »vermehrt«. Derartige »Erfolge« freuen jeden, der die harte Pflegearbeit auf sich nimmt oder organisiert. Von Dauer freilich sind diese Erfolge meist nicht, denn schon meist nach wenigen Jahren kann beobachtet werden, daß sich die Pflanzen- und Tierwelt dennoch ändert. Aus einer Schafweide mit deren typischem Arteninventar wird eine Magerwiese ganz anderer Artenzusammensetzung und ganz anderem Aussehen.

Diese Veränderungen sind vom Grundsatz her nicht unbedingt negativ zu werten, jedoch muß grundsätzlich eines bedacht werden: Die Tier- und Pflanzenwelt ist nicht nur von den natürlichen Standortbedingungen, sondern maßgeblich auch von der Art der Nutzung abhängig. Und das selektierende Schafmaul fördert bzw. unterdrückt eben andere Pflanzen als diejenigen, die den alles zum gleichen Zeitpunkt auf einheitliche Höhe kürzenden Messerbalken des Traktors erdulden müssen.

Doch daraus schließen zu wollen, man solle auf Pflegemaßnahmen verzichten, wenn man den Fortbestand des schützenswerten Arteninventars nicht mit Sicherheit garantieren könne, wäre freilich falsch. Es ist nämlich trotz aller damit verbundenen Probleme zweierlei, ob etwa ein Orchideenbestand durch zunehmende Beschattung erlischt, weil er über die natürliche Sukzession in Wald übergeht, oder ob der Orchideenbestand nach Pflege des Standorts, also Auflichtung und Verhinderung der Verbuschung, zwar einige Jahre schöner erblüht denn je, danach aber dem Konkurrenzdruck eindringender Gräser nicht standhält und langsam einer anderen Pflanzengemeinschaft Platz macht. Im ersten Fall ist ein Trockenbiotop in Wald übergegangen, im zweiten Fall dagegen immerhin, wenn auch in anderer Ausprägung, erhalten geblieben. Die Standort- und Artenvielfalt blieb auf jeden Fall erhalten.

Deshalb muß vor jeglicher Pflegemaßnahme über Sinn und Zweck sowie die Art der Durchführung nachgedacht werden.

Die Aktion

Die Aufrechterhaltung historischer Nutzungen durch Beweidungsverträge sind immer noch bester Garant für die Erhaltung der durch die »lebenden Rasenmäher« entstandenen Biotopstrukturen.

Damit ist auch klar, daß landschaftspflegerische Maßnahmen eine Sache für Fachleute wie Biologen, Landespfleger, geschulte Landwirte oder Forstleute ist, die aufgrund eigener Erfahrungen die Entwicklung eines Standorts und die Auswirkungen von Pflegemaßnahmen abschätzen können.

Doch auch etwas anderes wird offenkundig. Über den Sinn, die Durchführung und den »Erfolg« von Pflegemaßnahmen läßt sich lange streiten. So haben in den letzten Jahren rege Diskussionen zwischen »Sukzessionisten«, die Pflegemaßnahmen als unverantwortbare Eingriffe ablehnen und der natürlichen Entwicklung das Wort reden, und Befürwortern von Pflegemaßnahmen stattgefunden. Die Entwicklungen in unserer Kulturlandschaft laufen direkt auf zwei aneinandergrenzende Extreme zu: hier das Intensivwirtschaftsland und dort das durch Sukzession oder Aufforstung zu Wald werdende, eigentlich pflegebedürftige Brachland. Extensiv genutzte Trockenstandorte zu pflegen – auch unter Inkaufnahme von Veränderungen des Arteninventars – muß daher im Interesse der Sicherung der Standort- und Artenvielfalt eine wesentliche Aufgabe des Naturschutzes sein. Im übrigen erlaubt es die Größe der in Wald übergehenden Trockenbiotope in den meisten Landesteilen, statt eines »Entweder Pflege oder Sukzession« zu einem »Hier Pflege, dort Sukzession« zu kommen.

Es ist also nicht damit getan, zu Säge und Freischneidegerät zu greifen und mit den Pflegemaßnahmen zu beginnen, vielmehr bedarf es vorheriger sorgfältiger Planung. Auch wenn noch so erfahrene Mitarbeiter ans Werk gehen, um die in jeder Wissenschaft üblichen Schritte Analyse, Diagnose, Maßnahmenplan, Durchführung, Beobachtung und Anpassung an neue Erkenntnisse kommt niemand herum. Aus diesem Grund empfiehlt es sich, Pflegepläne und Dokumentationen der durchgeführten Pflegemaßnahmen zu erstellen, um eine begründete Vorgehensweise zu haben und darüber hinaus die Vorgänge für spätere Bearbeiter und Beobachter nachvollziehbar zu machen. Betrachten wir im folgenden an einem Beispiel die Pflegemaßnahme für ein kleineres Gebiet.

Ein Pflegeprogramm für Küchenschelle, Schwalbenschwanz und Neuntöter

Im Landkreis Ludwigsburg (Baden-Württemberg) war die Küchenschelle nach alten Aufzeichnungen eine häufig vorkommende Pflanze. Um 1860 gab es im Gebiet des heutigen Landkreises nördlich von Stuttgart – eingestreut in kleinen und kleinsten Flächen in die Feldflur – etwa 930 Hektar Schafweiden, die von rund 31 000 Schafen beweidet wurden. 1984 gab es davon noch etwa 70 ha offene Heide (Rückgang 92,5 %); die 690 Schafe waren zumeist Koppelschafe, nur etwa 250 Schafe beweideten Halbtrockenrasen. Da ist es nicht verwunderlich, daß die Küchenschelle, eine für süddeutsche Schafweiden stellenweise typische und dann hin und wieder in Massenbeständen auftretende Pflanze, zur Rarität geworden ist. Noch aus dem Jahr 1930 wurde berichtet, daß man mancherorts die Küchenschelle körbeweise zum Färben von Ostereiern gepflückt habe. 1984 gab es noch ein Dutzend Standorte, davon war über die Hälfte durch Verwachsung, Motocross, Bebauung und andere landschaftsfremde Nutzungen gefährdet.

Alle Standorte wurden 1977 genau untersucht und dokumentiert. Seither wird an acht bis zehn Standorten regelmäßig im Spätherbst gemäht und das Material abgeräumt. Naturschutzbehörden, Mitglieder der Naturschutzverbände und Gemeindeverwaltungen arbeiten dabei eng zusammen. Die Naturschutzbehörde leitet die Arbeiten an, Arbeiter der Gemeinden mähen die Woche über, ziehen für Baumfällungen hin und wieder auch Forstarbeiter hinzu, und in Aktionen an Samstagvormittagen tragen ehrenamtliche Helfer das Mähgut zusammen und helfen beim Häckseln und Aufladen des Materials, das dann meist einem Kompostplatz zugeführt wird. Fallen Kosten für Maschinen an, finanziert dies in der Regel die Naturschutzverwaltung. Das Vesper für die Helfer übernimmt die Gemeindeverwaltung.

Die Gebiete haben sich allesamt prächtig entwickelt. Die Zahl der zur Blüte kommenden Küchenschellen hat sich vervielfacht. Im einzelnen wurde dabei folgendermaßen vorgegangen: Für jeden der in der Regel nur wenige Ar, in Einzelfällen zwei bis drei Hektar großen Standorte wurde eine spezielle Vorgehensweise entwickelt. Meist wurde von den Bauhöfen der Gemeindeverwaltungen die Motorsägearbeit geleistet: Beschattende Kiefern, Eichen, Robinien und Hainbuchen wurden gefällt und abtransportiert. Durch Landwirte wurde zu dicht aufkommendes Gebüsch, meist bestehend aus Schwarzdorn und Hartriegel, entfernt und weggebracht. Darauf folgten an Samstagvormittagen Einsätze der Naturschutzverbände. Mit eigens dafür angeschafften Freischneidegeräten wurde verfilztes Gras und junges Gebüsch entfernt, mit einer speziell für steile Böschungen geeigneten Handmähmaschine größere Flächen gemäht. Mit Rechen und Gabeln wurden die Hänge abgerecht und das Material anfangs verbrannt, in späteren Jahren der Kompostierung zugeführt. Jahr für Jahr wiederholte sich diese Arbeit, wobei die »Grobarbeiten« laufend weniger wurden. Wo es sich als sinnvoll erwiesen hatte, konnten die Pflegeflächen erweitert werden. Zwischenzeitlich ist ein Stand erreicht, so daß in der Regel das Mähen und Abräumen genügt, Arbeiten an Gehölzen sind kaum mehr notwendig. Mit dem Mähen darf allerdings höchstens einmal ein Jahr ausgesetzt werden, sonst dringen sofort wieder Gehölze vor.

Die beschriebenen, langsamen Veränderungen der Standorte kann man zwar auch hier beobachten, aber immerhin konnte seit über 10 Jahren mit der Küchenschelle und mehreren Orchideen- und Enzianarten wichtigen Elementen der Trockenstandorte wirkungsvoll geholfen werden!

Landschaftspflege – was ist zu beachten?

Als am Hammelrain bei Markgröningen die Motorsägen kreischten und die ersten Kiefern und Robinien fielen, war die Empörung groß. Viele Wanderer entsetzten sich über den vermeintlichen Naturfrevel, als unter der Koordination der Bezirksstelle für Naturschutz und Landschaftspflege Stuttgart die ersten umfangreichen Pflegemaßnahmen im Bereich der verbuschten Heideflächen und Trockenrasen der Schäferlaufstadt im Landkreis Ludwigsburg begonnen wurden. Helfer des Schwäbischen Albvereins, des Bundes für Umwelt und Naturschutz sowie des Naturschutzbundes machten sich mit Unterstützung des städtischen Bauhofes über die Flächen her.

1980 wurden auf diese Weise umfassende Trockenbiotop-Sicherungsmaßnahmen gestartet, die sich innerhalb weniger Jahre auf mehrere Hektar Fläche ausdehnen sollten. Die Mühe hat sich gelohnt; das zeigen die heute als Naturschutzgebiete ausgewiesenen Flächen mit ihren gerade noch vor der Verwaldung geretteten Standorte von Orchideen, Enzianen und anderen seltenen Pflanzenarten.

Während in der Kulturlandschaft über Jahrhunderte hinweg Lebensräume durch menschliche Nutzung entstanden und aufrecht erhalten wurden und sich auch bei deren Wegfall durch die langsamen Entwicklungen neue Lebensräume bildeten, läßt die schnelle Vernichtung von Lebensräumen heute der Natur kaum mehr eine Chance. Vor allem Trockenrasen und Heideflächen sind durch die ab 1950 erfolgte Nutzungsaufgabe in natürliche

Die Aktion

Sukzession übergegangen und schon in vielen Regionen verschwunden oder auf Restflächen zusammengeschmolzen. Wo immer der Naturschutz solche Flächen sichern will, muß durch eine begleitende Öffentlichkeitsinformation Hintergrund, Zweck und Zielsetzung verdeutlicht werden. Dies gelang auch am Beispiel von Markgröningen. Heute identifizieren sich Gemeinderat und Bürger mit diesen Kleinodien der Landschaft und man beschäftigt zu deren Schutz eine ökologische Fachkraft.

Nun kann die gezielte Pflege ehemalige Nutzung nicht ersetzen. Dem sind viele Grenzen gesetzt. Zum einen fehlt es an Personal und zum anderen am Geld. Hinzu kommt die großflächige Ausdehnung mancher Trockenstandorte oder deren Zersplitterung in der Landschaft. Wo frühere Nutzungen nicht, wie stellenweise auf der Schwäbischen Alb, in der Rhön, im Böhmerwald oder in anderen Regionen, durch die Schafbeweidung geschieht, aufrecht erhalten oder wiederhergestellt werden können, kann eine gezielte Pflege durch Mahd bedeutende Pflanzenstandorte und Tiervorkommen sichern helfen. Damit der Natur dabei nicht mehr geschadet als geholfen wird, müssen von den Helfern, Pflegetrupps und Naturschutzgruppen – wie auch bei anderen Maßnahmen des Biotopmanagements – folgende Punkte sichergestellt und beachtet werden:

– Gründliche Bestandsaufnahmen, um einen Überblick über gefährdete Tier- und Pflanzenarten des jeweiligen Gebietes zu erhalten.
– Informationen über die Entstehung des Gebietes, frühere Pflege, landschaftskulturelle und kulturhistorische Bedeutung sammeln.
– Sorgfältige Planung der Pflegemaßnahme. Vor allem Pflegeeingriffe möglichst nach der Blütezeit.
– Festlegen der Ziele, die der Naturschutz auf dieser Fläche verfolgt.
– Rechtzeitige Absprache mit der zuständigen Naturschutzbehörde (Adresse über Gemeinde- oder Stadtverwaltung erfragen). Naturschutzbehörden haben oft auch die Möglichkeit, im Rahmen von Landschaftspflegeprogrammen finanzielle Unterstützung (Geräteanschaffung, Verpflegung der Teilnehmer, Fahrtkosten und Treibstoffkosten für Mähgeräte) zu gewähren.
– Einholung des Einverständnisses des Eigentümers bei Flächen, die nicht im öffentlichen Besitz sind.
– Bei öffentlichen Flächen: Information und entsprechende Absprache mit dem zuständigen Liegenschaftsamt.
– Information der jeweiligen Gemeinde- bzw. Stadtverwaltung. Möglichst eine Vertreterin oder einen Vertreter der jeweiligen Kommune zur Aktion einladen.
– Prüfen, ob Landwirte die Aktion mit Sachverstand und mit Geräten unterstützen könnten. Mit einzelnen Landwirten oder dem betreffenden Bauernverband Verbindung aufnehmen.
– Rechtzeitige Information der Öffentlichkeit, damit Pflegemaßnahmen nicht als negative Eingriffe in die Natur mißverstanden werden.
– Dokumentation der Pflegemaßnahme.
– Öffentlichkeitsarbeit nach der Maßnahme.
– Erfolgskontrolle: Beobachtung des Gebiets in der Vegetationsperiode nach der Maßnahme. Fortführung der Inventarisierung des Artenspektrums.
– Frühzeitige Festlegung des erforderlichen Termins für die Folgepflege.
– Langfristige Pflege sicherstellen; etwa durch Pflegeverträge mit Landwirten (Vertragsnaturschutz) oder durch Einschaltung des örtlichen Bauhofs oder der jeweiligen Stadtgärtnerei.
– Terminüberwachung.
– Wo entsprechende Flächen noch nicht als Naturdenkmale, Naturschutzgebiete, geschützte Grünbestände oder generell geschützte Biotope ausgewiesen sind, die Unterschutzstellung bei der zuständigen Naturschutzbehörde beantragen.

Auch Forstverwaltungen können mithelfen, seltene Pflanzenstandorte im Bereich von Trockenbiotopen zu schützen. So kann bei Vordringen des Waldes in Steppenheidebereiche durch Auslichtungsmaßnahmen der Diptam erhalten werden.

Trockenbiotopschutz – nicht nur eine Sache von Naturschützern

Besucherlenkung

Überlegen wir uns einmal die Funktion von Schutzgebieten, wird klar: Mit dem Erlaß von Rechtsverordnungen und mit dem Aufstellen von Schildern ist es nicht getan! In unseren dichtbevölkerten Ländern kann der Mensch nur aus kleinen Gebieten, aber nicht aus größeren Landschaften völlig ausgeschlossen werden. Das Bedürfnis – und der Anspruch – der Bevölkerung auf Erholung in freier Natur bringt es mit sich, daß Schutzgebiete in Mitteleuropa nur in wenigen Fällen Totalreservate für Tiere und Pflanzen sind, sondern vielerlei Funktionen zu erfüllen haben. Fast alle größeren Schutzgebiete sind landwirtschaftlich bzw. forstwirtschaftlich sowie jagdlich genutzt. Selbst zu der Einrichtung von mehrere hundert Hektar großen Bannwäldern ohne jegliche Nutzung, um die Natur sich frei entwickeln zu lassen, kann man sich in Deutschland, Österreich und der Schweiz nicht entschließen.

Solange diese Mehrfachnutzung unter Beschränkungen ausgeübt wird, halten sich Beeinträchtigungen in Grenzen, und ein Miteinander ist durchaus möglich. Es gibt allerdings genügend Beispiele, in denen Übernutzungserscheinungen den Schutzzweck gefährden. Meist sind diese Übernutzungen im Verlauf von Jahren oder Jahrzehnten zustandegekommen, und niemand hatte den Mut, zu einem bestimmten Zeitpunkt auf die Schäden hinzuweisen, die Nutzung zu verbieten oder doch wenigstens zurückzunehmen.

Ein Beispiel: Im Neckarland zwischen Stuttgart und Heilbronn (Baden-Württemberg) gibt es bei Besigheim das weit bekannte Naturschutzgebiet »Felsengärten«. Oberhalb steiler, terrassierter Weinberge ziert ein Felsband die Hangkante des Neckartales. Bei näherem Hinschauen ist es aber kein Felsband, sondern eine in etliche Türme aufgelöste freistehende Felsmauer, die sich vom festen Gesteinsverband gelöst hat und eine mehrere Meter breite Kluft entstehen ließ. Die senkrechten Felswände sind über zehn Meter hoch und stellen in diesem Raum eine Seltenheit dar – die nächsten vergleichbaren Felsen sind rund 50 Kilometer entfernt.

So ist zu erklären, daß die »Hessigheimer Felsengärten«, so der Name des 1942 ausgewiesenen, rund drei Hektar (!) großen Naturschutzgebietes, ein Eldorado für Kletterer sind. Alles hat ganz klein angefangen. Um 1900 haben einige wenige Klet-

Wo die Freizeit- und Kletterlawine selbst abgelegene Felsbereiche überrollt, wachsen kein Gras und erst recht keine Lebensraumspezialisten wie Steinnelke und Küchenschelle mehr.

terer die Felsengärten aufgesucht, damals war das Betreten von der Markungsgemeinde noch offiziell verboten. 1934 wurde erstmals von Schäden an der Vegetation der Felsköpfe berichtet. Das Naturschutzgebiet wurde von vielen Kletterern als Übungsgebiet vor größeren Touren im Gebirge aufgesucht, und neben den Kletterern waren es vor allem Zuschauer und Spaziergänger, die Trampelpfade anlegten, in den Heideböschungen lagerten usw. Die geschäftstüchtige Gemeindeverwaltung hatte ihre Politik geändert, das Betreten gegen ein geringes Entgelt zugelassen und sogar eine Imbißbude aufgestellt.

Ab den 50er Jahren wurden die »Felsengärten« zunehmend zum beliebten Ausflugsziel, die Trampelpfade wurden ausge-

Die Aktion

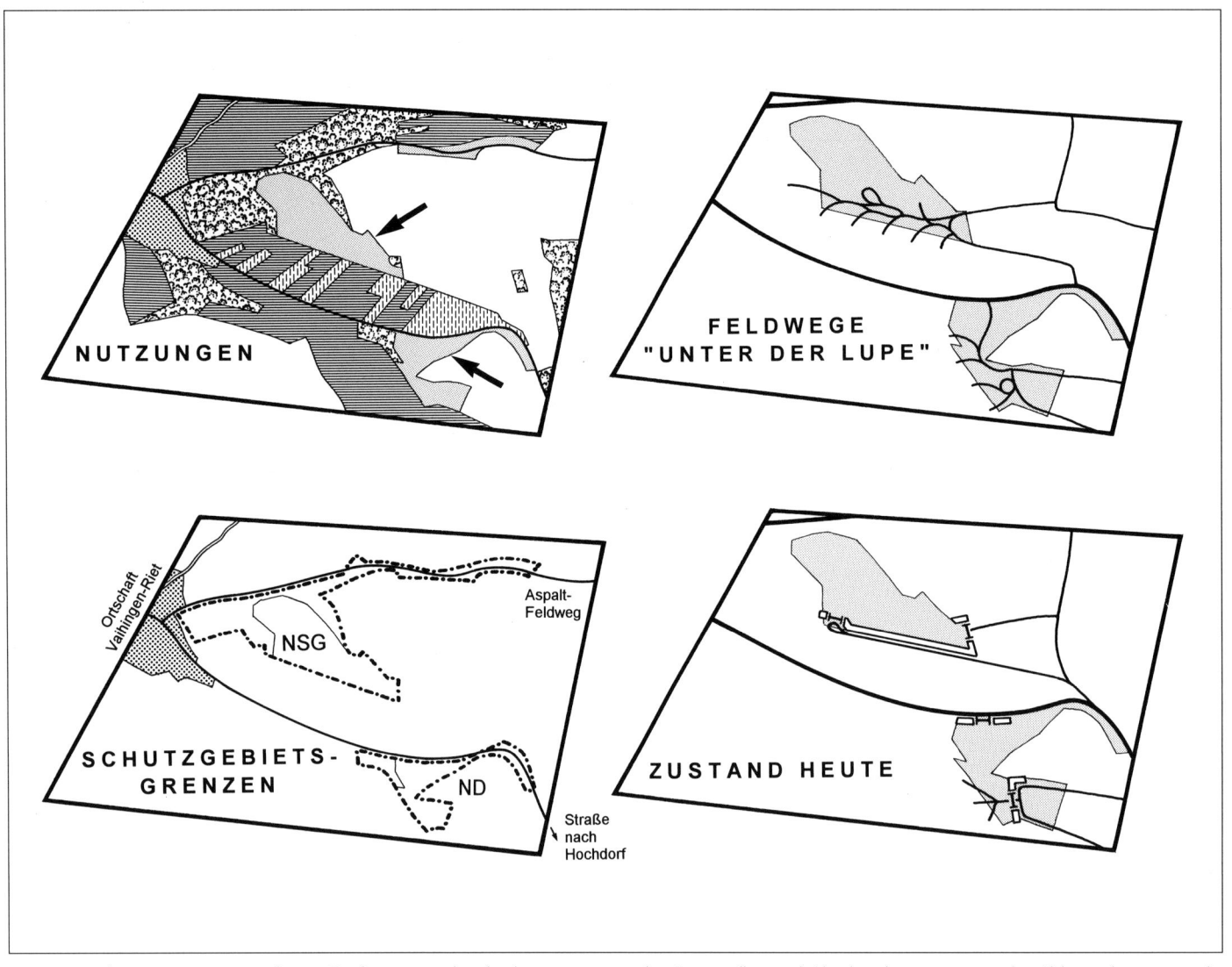

Das Beispiel zeigt, wie ein wichtiger Trockenrasen, der durch eine zu starke Wegeerschließung und damit durch eine große Belastung gefährdet war, durch aktive Biotopsicherung geschützt werden kann. Mit umgebenden Steinwällen und Abschrankungen sowie der Abkoppelung eines die angrenzende Flur erschließenden Weges konnte das Gebiet beruhigt und so ökologisch wieder aufgewertet werden.

baut und mit Treppenstufen versehen. Dennoch entwickelten sich zahlreiche weitere Pfade. Der Kletterbetrieb hat bis heute stark zugenommen. Zeitweise üben mehrere Dutzend Kletterer gleichzeitig ihre Künste, und das bei einer Größe des Gebietes von nur drei Hektar! An Schönwetter-Wochenenden wurden schon über 2000 Personen gezählt, die das kleine Naturschutzgebiet aufsuchten.

Die Konsequenzen liegen auf der Hand: Von selteneren Pflanzenarten wie der Küchenschelle, die es in den 40er Jahren noch zuhauf gegeben hat, ist nichts mehr zu finden. Die zugänglichen Felsköpfe oberhalb der Kletterwände sind »blankgewetzt«, und die Felswände sind darüber hinaus mit dem die Griffigkeit verbessernden Magnesiapulver gut eingerieben. Den Mut, das Klettern zu untersagen und das Begehen einzuschränken, hat bis heute niemand aufgebracht. Lediglich Bergwacht und Naturschutzverbände haben sich zusammengefunden, entlang der Wege Geländer zu bauen und an besonders turbulenten Wochenenden Übergriffe in die nur noch wenige Ar großen Trockenflächen mit Blaugras, Aufrechter Trespe und Esparsette zu verhindern. So stehen die »Hessigheimer Felsengärten« da-

Trockenbiotopschutz – nicht nur eine Sache von Naturschützern

Hier wurde es bei der Restaurierung der alten Mauer zu gut gemeint: Keine Ritze und Fuge blieb übrig, damit mauerbewohnende Pflanzen und Tiere wie ...
... beispielsweise die Mauereidechse einen Lebensraum haben.

für, wie durch ständig zunehmende Nutzung aus einem Naturschutzgebiet ein »Rummelplatz« wird.

In den letzten Jahren wurden auf Initiative der Naturschutzbehörden und der Verbände an verschiedenen Orten gezielte Besucherlenkungsmaßnahmen durchgeführt. So wurden vielerorts wilde Trampelpfade quer durch Heidegebiete gesperrt, provisorisch abgezäunt und längerfristig durch das Pflanzen dorniger Sträucher unbenutzbar gemacht. Auch offiziell ausgeschilderte Wanderwege mußten in Einzelfällen in weniger sensible Bereiche verlegt werden. An Aussichtspunkten auf Felsvorsprüngen wurde durch Abschrankungen erreicht, daß die von Felspflanzen besiedelten vordersten Bereiche der Felsköpfe nicht mehr betreten werden können; an größeren Felsen wurden die Besucher an eine bestimmte Stelle gelenkt und dafür andere Bereiche der Natur überlassen.

Ein besonders anschauliches Beispiel ist das Naturschutzgebiet »Heulerberg« im Landkreis Ludwigsburg. Eine ungefähr zwölf Hektar große ehemalige Schafweide mit einem kleinen Steinbruch wird umrahmt von Weinbergen und Feldern. Silberdisteln, der Deutsche Enzian und der Gefranste Enzian gehören in diesem Gebiet zu den Besonderheiten. Mehr und mehr hatte sich seit 1960 eingebürgert, daß Landwirte ihr übriges Stroh auf der Heide zwischenlagerten, vor allem aber wurden die benachbarten Weinberge mit Fahrzeugen über die Heide angefahren, wodurch die schützenswerte Flora stellenweise stark in Mitleidenschaft gezogen worden war. Fahrspuren, die Ablagerung von Reisig, Dung und Erde und schließlich aufkommender Freizeitbetrieb mit mehreren wilden Feuerstellen waren die Folge, so daß eine zunehmende Beeinträchtigung des Naturschutzgebietes erfolgte. Der einfachste Weg war der, entlang der Weinberge einen neuen Fahrweg anzulegen und diesen gegen die Heide mit einem Steinwall abzugrenzen. Eine für Pflegemaßnahmen notwendige Zufahrt zur Heide wurde mit einer Schranke versehen.

Der 1985 angelegte Steinwall ist zwischenzeitlich von Brombeeren, Heckenrosen und Schwarzdorn überwuchert, sogar Zauneidechsen haben hier eine neue Heimstatt gefunden. Mit diesem Kompromiß sind alle zufrieden: Die Weingärtner haben einen befestigten Weg statt der bei Regenwetter oft glitschigen Fahrspuren durch die Heide, und diese, seit damals zwar um einige Ar kleiner geworden, ist durch den Bau des Steinwalls ungestört und ruhig.

Die Aktion

Mehr als ein Funke Hoffnung – Was Denkmalschützer zur Erhaltung von Trockenstandorten tun können

Viele Trockenbiotope werden aus Unwissenheit und Unachtsamkeit vernichtet. Aber hier ist wie so oft das Gegenteil von »gut« »gut gemeint«. Und gut gemeint führt in vielen Fällen eben zum Aus von Tier- und Pflanzenpopulationen und damit zu einer weiteren Verarmung von Natur und Landschaft. Müssen Burg- und Schloßruinen oder die alten Gemäuer längst verlassener Klosteranlagen, Mühlen und Scheunengebäude zur Substanzsicherung aus anderen denkmalpflegerischen Gründen saniert werden, so ist in erster Linie Behutsamkeit angebracht. Am besten ist es hierbei, wenn sich die verantwortlichen Denkmalschützer frühzeitig mit kompetenten Vertretern des Naturschutzes und der Landschaftspflege absprechen.
Fachkolloquien der Akademie für Natur- und Umweltschutz Baden-Württemberg für Denkmal- und Naturschutzexperten haben gezeigt, daß auf beiden Seiten eine große Bereitschaft besteht zusammenzuarbeiten. Die Gründe liegen auf der Hand. Sind doch beide Disziplinen damit beschäftigt, zu konservieren, zu erhalten und damit unersetzliches Natur- und Kulturerbe für kommende Generationen zu bewahren. So kommt es darauf an, daß die Ruinen nicht vollständig mit Zementmörtel verfugt werden und daß abschnittsweise vorgegangen wird. Auch kann nach der Sanierung von Mauerköpfen das zuvor sorgfältig abgetragene und fachgerecht zwischengelagerte Substrat mit den dazugehörenden Trockenstandort-Spezialisten wieder aufgebracht werden.
Das gilt auch für die Mauern selbst. Werden etwa sämtliche über Jahrhunderte hinweg existierenden Fugen einer Burgmauer vollständig neu verfugt, so verschwinden damit mitunter die letzten Lebensräume der ohnehin auf Restbestände zusammengeschmolzenen Mauereidechsen-Populationen. Gerade die Mauereidechsen zeigen, wie eng oft Natur und Kultur in Mitteleuropa miteinander verwoben sind. Für die unabdingbar notwendige Sanierung von Natursteingemäuer wurden im Hinblick auf den Mauereidechsenschutz vom Naturschutzzentrum Nordrhein-Westfalen folgende Punkte empfohlen:

1. Sanierung nur abschnittsweise. Damit soll gewährleistet werden, daß ein Großteil der Mauereidechsen-Population nicht beeinträchtigt wird. Eidechsen sind nämlich bei ihrer Fortpflanzung von klimatisch günstigen Jahren abhängig. Dies wiederum läßt nicht zu, daß ganze Nachwuchsjahrgänge durch vermeidbare Störungen verlorengehen.
2. Wo möglich, bestimmte Abschnitte mit großer Eidechsen-Siedlungsdichte absperren. Dies ermöglicht, daß Ansprüche an die Verkehrssicherheit des Mauerwerks reduziert werden.
3. Stellen, an denen Winterquartiere vermutet werden, besonders schonend behandeln (dies gilt nicht nur für Eidechsen-Populationen, sondern auch für Vorkommen von Fledermäusen, die sich ja bekanntlich ebenfalls in Ruinen aufhalten können).
4. Nur verholzte Pflanzen aus dem Mauerwerk entfernen. Unverholzte Vegetation schadet dem Mauerwerk kaum.
5. Keine Sandstrahl- und andere radikale Sanierungsverfahren.
6. Wo auf die Verfugung einzelner Bereiche nicht verzichtet werden kann, sollte nur grobsandiger Kalkmörtel Verwendung finden; kein moderner Zement.
7. Die Schaffung neuer Unterschlupfmöglichkeiten ist durch Entfernung von Mörtel möglich; insbesondere wenn nur oberflächlich verputzt wurde.
8. Das Aufkommen von zu üppigem Bewuchs, der das extreme Mikroklima, auf das die Eidechsen angewiesen sind, beeinflußt, sollte verhindert werden. Deshalb ist gelegentliche Pflege erforderlich.

Zukunft für die Natur am Wegesrand – Was Straßenbauer und Gemeinden tun können

Früher war das ganz selbstverständlich. Noch bis etwa 1960 wurde so manche Magerböschung immer wieder gepflegt, in dem Leute dort mit der Sense oder mit der Sichel Futter für ihre Ziegen oder Stallkaninchen holten. So entstanden artenreiche Klein- und Kleinstlebensräume, die nicht nur einer interessanten Pflanzenwelt, sondern auch ganz speziell angepaßten Tieren, sei es nun Zauneidechse oder Blindschleiche, einen Lebensraum boten. Da diese Art von Nutzung und Pflege zumindest in Mitteleuropa der Vergangenheit angehört, sind so manche Trockenstandorte mittlerweile verwachsen und präsentieren sich jetzt als Hecken oder Gehölze. Nun gehören auch diese in die Landschaft. Aber aus Gründen des Landschaftsbildes, des Biotop- und Artenschutzes sollten die wichtigen und artenreichen Trockenlebensräume entlang der Wege, Straßen und auch der Schienen erhalten werden.
Eine wichtige Rolle kommt dabei den örtlichen Bauhöfen und Stadtgärtnereien zu und – im Bereich der Straßenunterhaltung – den Straßenbaubehörden und Straßenmeistereien. Damit Landschaft hier nicht generell über einen Kamm oder vielmehr über eine Mähmaschine geschert wird, sollten die verschiedenen Straßenseitenflächen in einer Zusammenarbeit mit dem Naturschutz erfaßt und auf ihre individuelle Pflegebedürftigkeit hin überprüft werden. Wie die gezielte Pflege von Trockenstandor-

Trockenbiotopschutz – nicht nur eine Sache von Naturschützern

Bei der Unterhaltung der Seitenflächen an Straßen kommt es darauf an, daß neu entstandene Böschungen wie hier an der Autobahn im Donautal bei Geisingen nicht mit Humus abgedeckt werden. Überläßt man die angeschnittenen Rohböden sich selbst, können sich interessante Trockenbiotope herausbilden. Mehr Mut ist also gefragt seitens der Verantwortlichen, der Natur mehr Platz und mehr Entwicklungsmöglichkeiten einzuräumen. Dies ist zwar kein Ersatz für großflächige Trockenbiotope und notwendige Biotopvernetzung, aber eine wichtige punktuelle Landschaftsaufwertung. Gefordert sind hier gleichermaßen Landschaftsplaner, Straßenbauämter, Straßenmeistereien und in besonderem Maße die von den Verkehrswegen berührten Gemeinden, Städte und Landkreise.

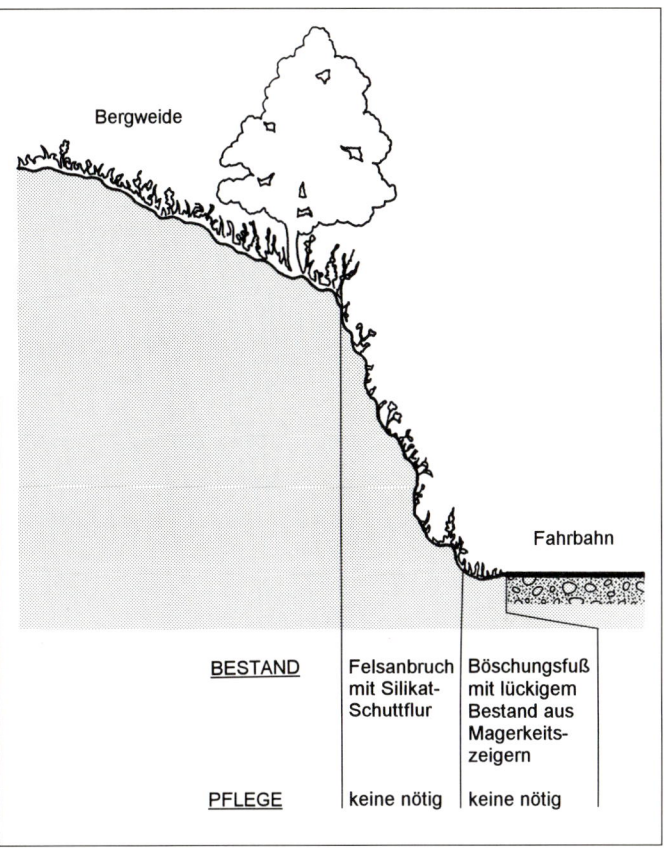

Beispiele für gezielte Landschafts- und Trockenbiotoppflege bei der Straßenunterhaltung: Die Straßenmeisterei in Müllheim im badischen Landesteil Baden-Württembergs hat im Rahmen eines Modellprojekts gründliche Bestandsaufnahmen vorgenommen und gezielte Pflegepläne, die sich an den einzelnen Standorten orientieren, entwickelt. Dieses Beispiel zeigt, wie Pflege- und Entwicklungspläne angelegt sein können.

ten im Rahmen der Straßen- und Wegeunterhaltung aussehen kann, zeigt ein Modellprojekt zur »ökologischen Pflege der Straßenböschungen in Baden-Württemberg«, bei dem die Straßenbauverwaltung im Zusammenwirken mit der Naturschutzverwaltung und einem Landschaftsplanungsbüro anhand ausgewählter Probeflächen klare, an die jeweilige Flora und Fauna besonders schutzwürdiger Standorte ausgerichtete Pflegeziele formulierte.

Dazu wurden verschiedene Modellfälle ausgesucht. Einer davon ist das Straßennetz der Straßenmeisterei Müllheim, das sich über Teile des oberrheinischen Tieflandes südlich von Freiburg und des Schwarzwaldes erstreckt. Landschaftsprägend ist dort der starke Gegensatz zwischen dem bis in die subalpine Stufe reichenden zerklüfteten Hochschwarzwald und der weiten, flachen Rheinebene. So wie sich diese Landschaftseinheiten hinsichtlich Geologie, Klima, Boden und Oberflächengestalt erheblich unterscheiden, muß auch die Pflege schutzwürdiger Pflanzen- und Tiervorkommen entlang von Straßen eine unterschiedliche Ausprägung erfahren.

Im Rahmen umfangreicher Kartierungsarbeiten wurden Pflegekataloge für die verschiedenen Standorte entwickelt. Für eine nach Südosten ausgerichtete Steilböschung mit sehr artenreicher Glatthaferwiese, die auch Arten der Halbtrockenrasen enthält, wurde eine einmalige Mahd im Jahr mit anschließender Abräumung des Mähgutes festgelegt. Gleichzeitig wurde als Pflegeziel auch die Entfernung aufkommenden Spitzahorne festgelegt. An der Böschungsoberkante werden – auch als Begrenzung zur benachbarten landwirtschaftlichen Fläche – ergänzende Pflanzungen von Sträuchern der wärmeliebenden Gebüschgesellschaften vorgesehen.

Die Aktion

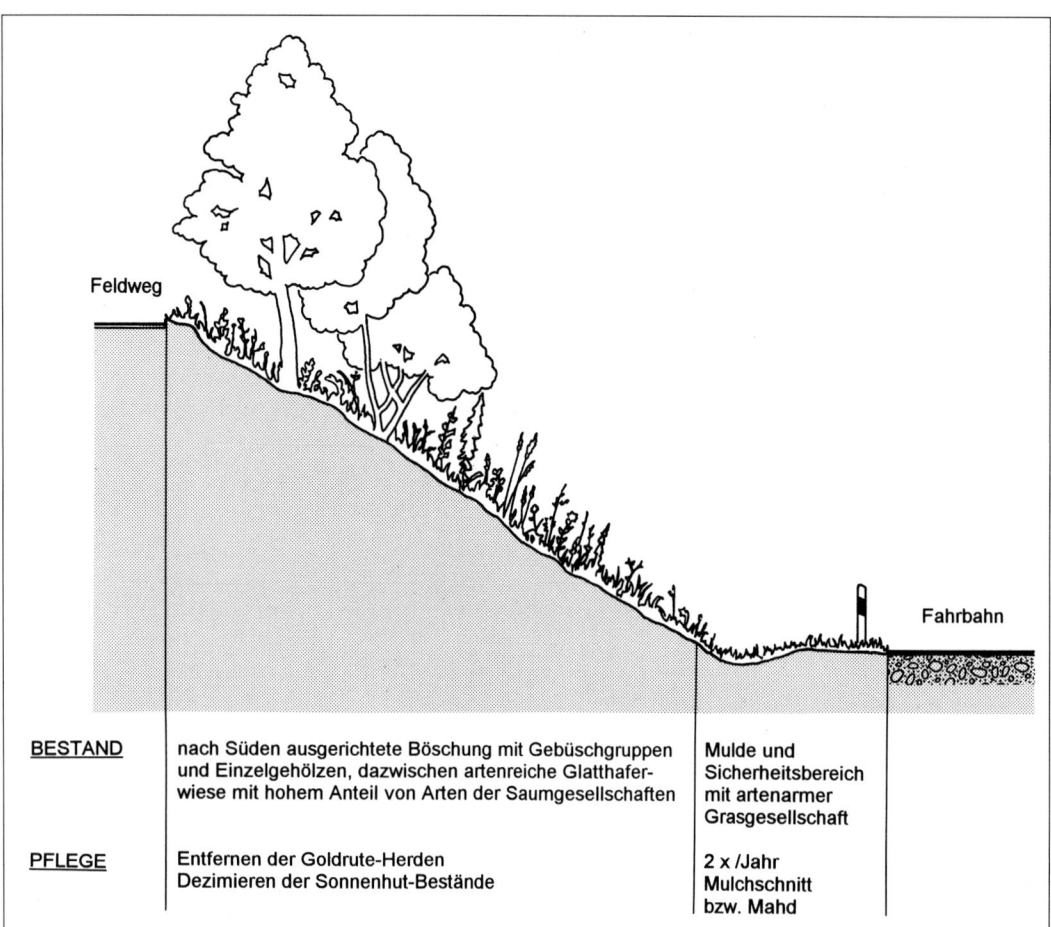

Bestandsaufnahme und Pflegemuster der Straßenmeisterei in Müllheim für eine südlich exponierte Straßenböschung...

In einem anderen Beispiel wurde zum Erhalt der seltenen Lebensgemeinschaft im Bereich eines Felsabbruchs mit Silikat-Schuttflur festgelegt, die Flächen der natürlichen Entwicklung zu überlassen. Hier kommt es ganz besonders darauf an, daß im Bereich der Straßenmeistereien und vergleichbar auch der Bauhöfe und Stadtgärtnereien, wenn es sich um Feldwege handelt, regelmäßige Mitarbeiterschulungen durchgeführt werden, damit dann in der täglichen Praxis die festgelegten Pflege- und Schutzziele auch Anwendung finden.

Besonders vorbildlich ist bei diesem Modellprojekt, daß bei anderen Probeflächen auch völlig landschaftsfremde und konzeptionslos eingebrachte junge Gehölzpflanzungen wieder entfernt wurden, damit trockene, magere Wiesenbestände mit Kleinem Wiesenknopf, Wilder Möhre, Hornklee, Bunter Kronwicke und Schafschwingel nicht verdrängt werden und damit auch der Lebensraum für Reptilien und eine mannigfaltige Insektenwelt erhalten bleibt.

... sowie für eine nach Süd-Ost ausgerichtete Steilböschung. Entscheidend ist hier die unterschiedliche Pflege für verschiedene Biotoptypen. Vielfalt statt Einheitspflege!

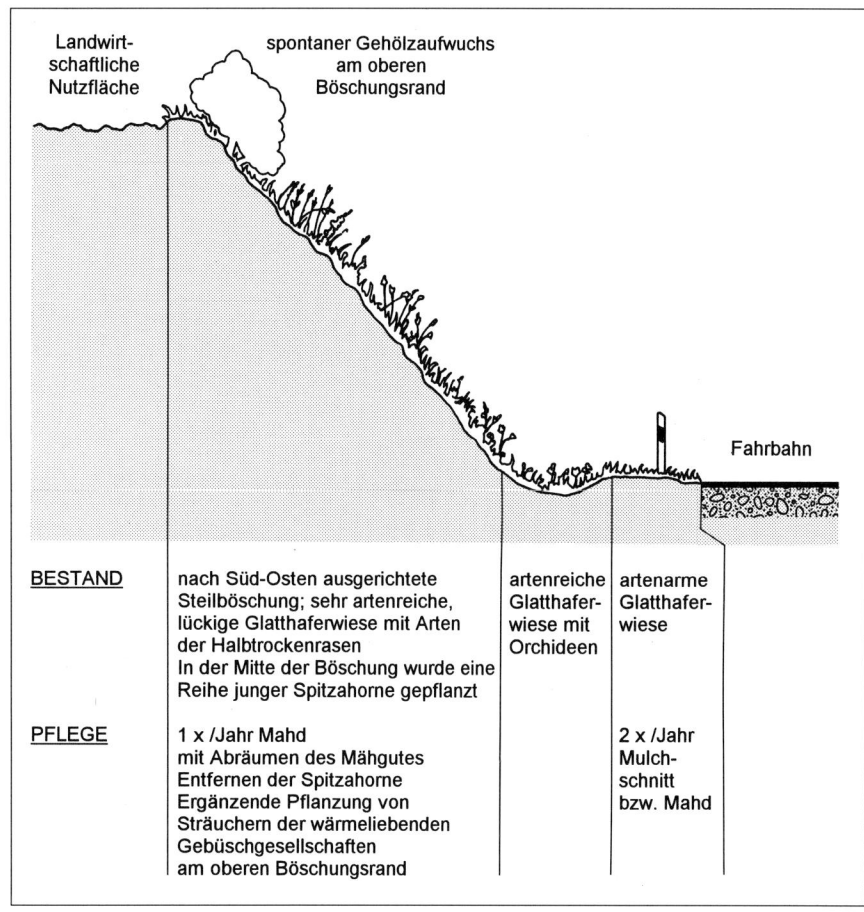

Mut zur Natur

Überall in Deutschland und in der Schweiz könnten sich die Wege und Straßenränder wieder zu biologischen Zierleisten mit einer wichtigen Vernetzungsfunktion im System der verschiedenen Biotoptypen entwickeln. Notwendig dazu ist vor allem Mut, der Natur wieder mehr Freiraum zu geben und Pflegemaßnahmen nicht nach einem Einheitsschema durchzuführen. Alle, die mit der Unterhaltung von Flächen entlang von Schienen, von Straßen, von Wegen und anderer öffentlichen Gelände betraut sind, haben hier eine große Verantwortung und vielfältige Möglichkeiten für mehr Natur in unseren Landschaften.

Eine Chance für das Leben im Abseits

In den stahlblauen Himmel scheinen sich die zwei Mäusebussarde regelrecht hineinzuschrauben. Die schon warmen Strahlen der aufsteigenden Sonne brechen sich zu glitzernden Funken in den Tautröpfchen, die noch überall an den frühlingsfrischen Blumen und Grasstengeln hängen. Eine angenehme Ruhe liegt über dem Tal. So sehen das auch die Leute, die sich schon frühmorgens auf den Weg gemacht haben und nun an der steilen, sonnenbeschienenen Felswand hängen. Selbstverständlich fühlen sich diese Kletterer als Naturfreunde und wollen die Natur in vollen Zügen und unter Beweis der eigenen Leistungsfähigkeit genießen.

Das Wanderfalkenpaar, das schon seit einigen Tagen immer wieder einen möglichen Brutplatz im Bereich einer Felsnische an der Kalksteinwand anfliegt, wurde jedoch verscheucht, ohne daß es die Kletterfreunde bemerkt hätten. Was ihnen ebenfalls

Die Aktion

Für die einen ist es Freizeitspaß; für viele Mitlebewesen bedeutet das Vordringen selbst in abgelegene Bereiche das endgültige Aus.

Ein Öko-Knigge für die Welt zwischen Stein und Fels

Um die letzten noch weitgehend intakten Felsenbiotope mit ihren ausgeprägten Trockenstandorten zu retten, hat der Naturschutzbund am Beispiel der Felsen Baden-Württembergs einen auch von anderen Umweltorganisationen unterstützten Forderungskatalog erarbeitet, der auch auf andere Gebiete übertragbar ist. Die Punkte sind im einzelnen:

1. Weitgehend kletterfreies Baden-Württemberg
   Baden-Württemberg muß angesichts der Bedrohung des Biotoptyps Fels und der fehlenden qualifizierten und großräumigen Grundlagen-Untersuchungen hierzu ein qualifiziertes Freizeitnutzungskonzept von Landschaftsräumen finden und weitgehend kletterefrei werden.
2. Ausnahmen nur bei Gesamtkonzept für Naturräume und alle Nutzungsformen
   Ausnahmen sind nur dann begründbar, wenn für einen Naturraum ein Gesamtkonzept zum Spannungsfeld Naturschutz und Freizeitnutzungen auf der Grundlage solider Datenerfassung und sensibler Planung erstellt wird. Hierbei müßte dann eine Liste der wenigen Kletterfelsen veröffentlicht werden. Diese müßten entsprechende Beschilderungen erhalten. Alle übrigen sollen bis zur Akzeptanz durch die Freizeitsportler hauptamtlich (Polizei, Ranger) kontrolliert werden.
3. Behörden müssen Gesamtkonzepte vor Genehmigungen setzen
   Die Landratsämter als untere Naturschutzbehörden müssen daher entsprechende Naturraumkonzepte in Auftrag geben. Dazu muß der status quo aller Freizeitnutzungen und ihrer Auswirkungen erfaßt und dokumentiert werden. Dann gilt es, Naturschutzzonen, Pufferzonen und Freizeitzonen zu planen. Hierbei müssen freizeitfreie Flächen entstehen.
4. Inselbiotope und ökologische Vernetzung
   Alle Beteiligten müssen anerkennen, daß bei inselartig verstreuten Biotopen die großräumige Vernetzung von Tieren und Pflanzen schon bei der Inanspruchnahme weniger Felsen erheblich leiden kann. Die Berücksichtigung der großräumigen Vernetzung, die zur Erhaltung der Arten lebenswichtig ist, wird bisher außer acht gelassen. Die bisherigen Kompromisse sind nicht Stand heutiger ökologischer Erkenntnisse.
5. Klettern nur in Felsgebirgen
   Kompromisse sind nur dort möglich, wo ausreichend Felsmasse zur Verfügung steht. Dies gilt vor allem für felsige Gebirge wie die Alpen. Mittelgebirge und Berglandschaften mit Einzelfelsen erlauben mangels Substanz nur wenige

nicht auffällt, ist der Schaden, den sie an der schütteren Felsvegetation anrichten. Denn nicht nur Felsbewohner wie Wanderfalke und Uhu sind durch das Vordringen des Menschen in diese abgelegenen Regionen und letzten Naturwildnisse bedroht, sondern auch Bergsteinkraut, Felsnelke, Steinbrech und andere Überlebensstrategen.

In vielen Bereichen, wo geklettert wird, sind die Felsen schon so abgewetzt, daß es für die an diese extremen Lebensräume angepaßten Pflanzen keine Chance mehr gibt. Konzentrieren sie sich im Alpenraum dazu noch auf verschiedene Stellen, so werden diese Freizeitaktivisten in den Felsbereichen der Mittelgebirge zur latenten Gefahr für eine dort zuvor jahrhundert- und jahrtausendelange unberührte Natur. So sind die Felsbereiche Baden-Württembergs im Schwarzwald, auf der Schwäbischen Alb oder im Odenwald mit ihren ganz speziellen Ökosystemen auf das höchste durch diese Art der Freizeitgestaltung bedroht.

Kompromisse. Bei Nutzung von verstreuten Einzelfelsen kommt dies immer einer schwerwiegenden Schädigung der Natur gleich. Dies ist beim Abwägen zwischen Anspruchsdenken von Naturnutzern und dem Allgemeinwohl Naturschutz zu bedenken.

Eine Zukunft für das Leben im Abseits?

Viel zu lange wurde die Erhaltung von Pflanzen- und Tierarten, die Erhaltung ihrer und unserer Lebensräume, wie überhaupt die ganze Naturbewahrung als Sache von Naturschützern angesehen. Doch Naturschutz muß ein Thema für unsere gesamte Gesellschaft sein. Nur wenn es gelingt, gefährdete Lebensräume und deren Schutzbedürftigkeit im gesellschaftlichen Bewußtsein zu etablieren, haben die Trockenbiotope und mit ihnen eine faszinierende Pflanzen- und Tierwelt eine Zukunft.

Die Bereitschaft zur Sicherung der jahrhunderte- und jahrtausendealten Trockenbiotope muß sich dabei auch in der Bereitstellung von Personal- und Finanzmitteln in den Gemeinden, Städten und Landkreisen ebenso niederschlagen wie in unserer gesamten Betrachtung von Natur. Wir müssen endlich damit aufhören, die Landschaft nur nach Gesichtspunkten der Nutz- und Verfügbarkeit zu betrachten. Es genügt nicht, Orchideen oder Schmetterlinge auf Hochglanzkalendern oder Grußkarten abzubilden, wenn deren letzte Überlebensnischen kurz vor der Auslöschung stehen.

Es bleibt vom konsequenten Handeln der Verantwortlichen in Wirtschaft, Politik, Verwaltung und Wissenschaft auf den verschiedenen Ebenen abhängig, ob dieser Band aus der Reihe BiotopBestimmungsBücher eine Dokumentation einstiger Vielfalt von Natur- und Kulturlandschaft wird, oder ob das Buch ein Führer durch einen der schönsten Lebensraumtypen Mitteleuropas bleibt!

So wie der Wanderfalke Freiheit und Kraft versinnbildlicht, müssen auch wir so frei sein und die Kräfte aufbringen, die bedrohte Welt der Trockenbiotope für die Zukunft zu retten. Es lohnt sich der Einsatz für das mal blumenbunte, mal bizarre und dann wieder spezialisierte Leben im Abseits.

Kleines Lexikon zum Trockenbiotopschutz

abiotisch	nicht lebend, nicht zur Biosphäre bzw. zum Leben gehörig
Abundanz	Häufigkeit
Alluvium	geologische Zeitepoche, in der Bodenmaterial durch Flüsse angeschwemmt wurde (Holozän)
anemochore Art	Pflanze, deren Samen durch den Wind verbreitet werden
Annuelle	einjährige Pflanze (Mutterpflanze kann nicht überwintern)
anorganisch	nicht dem Leben zugehörig bzw. nicht von Lebendem herstammend; in der Chemie: alle Stoffe, die keinen Kohlenstoff enthalten, meist Salze. Gegensatz: organisch
anthropogen	durch den Menschen hervorgerufen oder verursacht
Assimilation	Aufbau körpereigener Substanzen aus körperfremden Nahrungsstoffen. Bei der Photosynthese grüner Pflanzen: Aufbau von Kohlenhydraten aus CO_2 (Kohlendioxid) und Wasser mit Hilfe von Licht
Ausläufer	vegetatives Vermehrungsorgan bei Pflanzen
autotroph	sich von anorganischen Stoffen (Mineralien) ernährend
Basen	die Elemente Kalzium, Kalium, Magnesium, Natrium
basiphil	basische Böden bevorzugend
Bergsturz	geomorphologische Erscheinung an Steilstufen aus Kalkgestein, in niederschlagsreichen Perioden der Nacheiszeit auf plastischem Untergrund abgerutschte Gesteinsmassen, hinterlassen schroffe Abrißwände als natürliche Waldgrenzstandorte
Biosphäre	die belebte Natur. Alle Vorgänge, die sich in Lebewesen abspielen oder von diesen bewirkt werden
biotisch	lebend, der Biosphäre (dem Reich der Lebewesen) zugehörig
Biotop	Lebensraum, Raum, der von einer Biozönose (Lebensgemeinschaft) eingenommen wird. Zum Unterschied: Lebensraum von Einzelwesen = Habitat
Biozid	(von griech.: bios = Leben, und ...zid von lat.: caedere = töten) Sammelbegriff für Mittel, die eingesetzt werden, um Leben abzutöten (Insektizide, Fungizide, Herbizide usw.)
Biozönose	Lebensgemeinschaft (meist aus Tieren und Pflanzen)
Blockhalde	flächenhafte Ansammlung von grobem Verwitterungsschutt, vegetationsfeindlicher Extremstandort
Bodenerosion	Abtragung des Bodens durch Wind oder Wasser
Destruenten	Zersetzer (von organischer Substanz)
Diasporen	Überbegriff für Früchte, Samen, Sporen, Rhizome, Sproßteilchen (Verbreitungseinheit)
Diluvium	Eiszeitalter (älteres Quartär) mit den durch Gletscher abgelagerten Sedimenten wie Schotter, Geschiebemergel, Sande, Moränenrücken
Dissimilation	Atmung
Diversität	breite Streuung; Vielfalt
Dolomit	in mächtigen Schichtfolgen vorkommendes Kalkgestein, enthält kohlensaures Kalzium. Etwas schwerer und härter als Kalkstein, wirkt oberflächig sandig (zuckerkörnig)
Düne	durch Wind aufgewehter Sand, extremer Trockenstandort
Emission	Ausströmen, Freiwerden von verunreinigenden Stoffen (an der Quelle); Gegensatz: Immission = Einwirkungen von verunreinigenden Stoffen oder Geräuschen (Lärm)
endemisch	begrenzt vorkommend, in einem Bereich oder Areal
eutroph	reich bzw. überreich an Pflanzennährstoffen
Eutrophierung	Nährstoffanreicherung. Bezeichnung für die Überdüngung von Oberflächengewässern oder Böden mit Pflanzennährstoffen
Exposition	exponiert sein, ausgesetzt sein
extrazonale Vegetation	kleinklimatisch bedingte Vegetation aus anderen Vegetationsgebieten (z. B. Südhang-Vegetation) mit Pflanzen aus dem mediterranen Bereich
Fauna	Tierreich. Gesamtheit der Tiere, die zu einem bestimmten Zeitpunkt in einem bestimmten Lebensraum lebt
Geest	vorwiegend sandiger Boden der nordwestdeutschen Tiefebene
Genese	Entstehung, Entwicklung
Habitat	Standort, an dem eine Tierart regelmäßig vorkommt (s. auch Biotop)
Halbtrockenrasen	meist anthropogener Rasen mit mehr oder weniger geschlossener Grasnarbe auf mäßig trockenen Standorten
halophil	Salz ertragend
Heide	ursprünglich Bezeichnung für nichtparzellierte, geschlossene Waldgebiete und für buschbewachsenes Weideland, vegetationskundlich Begriff für Pflanzengemeinschaften, die von Zwergsträuchern, z. B. Heidekraut, Krähenbeere, bestimmt werden

Kleines Lexikon zum Trockenbiotopschutz

heliophil	lichtliebend
Hemisphäre	Erd-Halbkugel; Bezeichnung für die Erdoberfläche nördlich bzw. südlich des Äquators
heterotroph	sich von organischen Stoffen ernährend
Holozän	geologische Zeitepoche, in der Bodenmaterial durch Flüsse angeschwemmt wurde (Alluvium)
humid	feucht
Humidität	Feuchtigkeit
Humus	organische Substanz des Oberbodens
Hymenopteren	Hautflügler (Insekten)
irreversibel	unumkehrbar, nicht mehr rückgängig zu machen
Kalzit	Kalziumkarbonat (CaCO), Salz der Kohlensäure
kolluviale Böden	durch Abspülen hangabwärts transportierte Böden
Magerwiesen	vielfältige Pflanzengemeinschaft auf durchlässigem nährstoffarmem Boden. Der heute in der Schweiz noch verbreitetste Typ ist der Trespen-Halbtrockenrasen (= Mesobromion), vor allem im Wallis, Vorderrheintal, Südtessin und Jura. Charakteristisch für die extensive Landwirtschaft
mediterran	Arten, die vor allem im Mittelmeerraum verbreitet sind, heißen mediterrane Arten
Melioration	technische Maßnahmen, die zur Ertragssteigerung land- und forstwirtschaftlich genutzter Böden führen, z. B. Urbarmachung von sog. »Ödland«, Be- und Entwässerung, Grundstückszusammenlegungen
Mergel	kalkhaltiger Tonboden, früher: »mergeln« = mit Mergel düngen
Mikroorganismen	Kleinstlebewesen. Mikroskopisch kleine (im allgemeinen unter 0,1 mm große), einzellige, teils faden- oder kolonienbildende Organismen, also Bakterien, niedere Pilze und Algen, Protozoen. Viren werden im allgemeinen nicht zu den Mikroorganismen gezählt, da sie nicht zellulär organisiert sind
Monokultur	Anbau von nur einer Nutzpflanzenart auf ausgedehnten land- oder forstwirtschaftlichen Produktionsflächen
Muschelkalk	geologische Unterformation der Trias (Buntsandstein – Muschelkalk – Keuper) im Erdmittelalter, ca. 150 m mächtige Schichtenfolge aus Kalkablagerungen des Muschelkalkmeeres. Felsstufen und Steilhänge aus Muschelkalk enthalten natürliche trockenwarme Waldgrenzstandorte mit sehr reicher Pflanzenwelt
Naturlandschaft	Gebiet, das sich ohne menschlichen Einfluß entwickelt hat und vom Menschen nicht bewirtschaftet wird
naturnahe Landschaft	vom Menschen nur wenig beeinflußtes Gebiet, das kaum – jedenfalls ohne Hilfsstoffe wie Dünger und Chemikalien – bewirtschaftet wird
Neolithische Revolution	Jungsteinzeit. Vorgeschichtliche Epoche der menschlichen Entwicklung, in der unsere Vorfahren vom Jäger und Sammler zum seßhaften Akkerbauern übergingen
Neophyten	in jüngerer Zeit aus anderen Florengebieten eingewanderte Pflanzen
Nitrate	Salze der Salpetersäure (HNO_3). Endprodukte des biologischen, aeroben Stickstoffabbaus, gut wasserlöslich; daher (ins Grundwasser) auswaschbar
Nitrifikation	Umwandlung von Ammoniak (NH_3) über Nitrit (NO_2) zu Nitrat (NO_3)
Ökologie	Wissenschaft von den Beziehungen (Wechselwirkungen) der Lebewesen zueinander und zu ihrer unbelebten Umwelt; kurz: die Lehre von den Umweltbeziehungen der Lebewesen
ökologische Nische	Gefüge belebter und unbelebter Umweltfaktoren, in das eine Art eingebunden ist (»Lebensraum«)
Ökosystem	Wirkungs- und Beziehungsgefüge von Lebewesen und deren anorganischer Umwelt, das zwar offen, aber bis zu einem gewissen Grade zur Selbstregulation befähigt ist. Jedes Ökosystem besitzt besondere Strukturen und Funktionen. Als »vollständig« wird ein Ökosystem nur dann bezeichnet, wenn autotrophe Organismen (grüne Pflanzen) in genügender Menge vorhanden sind, um die im System verbrauchte Energie aus der Sonnenenergie zu gewinnen und zur Herstellung organischer Grundstoffe zu verwenden. Biotop + Biozönose = Ökosystem
Ökoton	Übergangsbereich zwischen Pflanzenformationen (z. B. zwischen Wald und Wiese)
oligotroph	Standort, der arm an Pflanzennährstoffen ist
organisch	ein Organ oder den Organismus betreffend; der belebten Natur angehörend; im chemischen Sinne: zur organischen Chemie gehörend. Organisch heißt demnach soviel wie »Kohlenstoff enthaltend« und umfaßt auch alle synthetischen Stoffe wie Kunststoffe (PVC, Polystyrol etc.)
Pestizid	Schädlingsbekämpfungsmittel. Je nach Art des zu bekämpfenden Schädlings verschiedene Benennungen, z. B. Insektizide gegen Insekten, Herbizide gegen (Un-)Kräuter, Fungizide gegen Pilze usw.
Pflanzensoziologie	Lehre von der Vergesellschaftung von Pflanzen
Phanerogamen	Blütenpflanzen

Phänologie	Wissenschaft von den jahreszeitlich bedingten Erscheinungsformen bei Tieren und Pflanzen	Steppenheide	von Rudolf Gradmann geprägter Begriff für Pflanzen an Waldgrenzstandorten der Schwäbischen Alb, Vegetationskomplex aus verschiedenen Strukturelementen (z. B. Buschwald, Staudensaum, Trockenrasen) und aus verschiedenen pflanzengeographischen Komponenten
Phytophage	Pflanzenfresser		
Phytozönose	Pflanzengemeinschaft		
Pleistozän	Eiszeitalter (älteres Quartär) mit den durch Gletscher abgelagerten Sedimenten wie Schotter, Geschiebemergel, Sande, Moränenrücken		
Polykormone	Sproßkolonien von wurzelbrütigen Gehölzen (Ausläufer, Absenker)	subalpin	Höhenstufe zwischen der natürlichen Obergrenze des Laub- oder Mischwaldes (etwa 1200 bis 1400 m) und der natürlichen Baumgrenze (etwa 1800 bis 1900 m, stellenweise bis 2250 m)
Population	Kollektiv von Organismen einer Art in einem bestimmten Areal (potentielle Fortpflanzungsgemeinschaft)		
postglazial	nacheiszeitlich	Sukzession	die im Laufe der Zeit erfolgenden Veränderungen der Vegetation, die sich im Wechsel der Pflanzengesellschaften äußern
Provenienz	Herkunft, Ursprung		
Refugium	Zufluchtstätte		
Ressourcen	natürliche Hilfsquellen (Boden, Wasser, Luft, Tier- und Pflanzenwelt)	Symbiose	Zusammenleben verschiedener Lebewesen zu gegenseitigem Nutzen
rezent	gegenwärtig lebend	Synergismus	Form des Zusammenwirkens von Substanzen oder Faktoren, die sich gegenseitig fördern. Die Gesamtwirkung ist daher größer, als die Summe der Einzelwirkungen wäre
Rhizom	Wurzelstock oder Erdsproß (verdickte Sproßachsen mit meist kurzen Internodien)		
Rote Liste	Zusammenstellung ausgestorbener und gefährdeter Pflanzen oder Tiere. Das erste weltweite »Rotbuch« bedecktsamiger Pflanzen wurde 1970 veröffentlicht, seither intensive Bearbeitung von Roten Listen/Büchern verschiedener Organismengruppen auf regionaler und Länderebene	Taxa	Sippen; systematische Einheiten beliebiger Hierarchiestufe (Art, Gattung, Familie, Ordnung, Klasse)
		Triften	Grünland (Weiden) mit Trockenrasencharakter
		Trockenrasen	von Gräsern bestimmte, meist lückige Rasen an trockenen Standorten
		trophisch	auf Ernährung bezogen
		Ubiquist	Allerweltspflanze oder -tier
Ruderalfluren	(lat. rudus = Schutt, Ruine, Mörtelmasse): Pflanzengesellschaften auf Bauschutt, Müll, überdüngten Wegrainen und ähnlichen trockeneren Standorten. Neben heimischen Pflanzenarten (z. B. Brennessel) zeichnen sich Ruderalgesellschaften durch einen hohen Anteil von durch den Menschen eingeschleppten Arten aus: Nachtkerze, Reseda, Kanadische Goldrute, Buddlejasträucher usw.	Waldgrenzstandort	Standorte, an denen Wald natürlicherweise in waldfreie Vegetation übergeht, bestimmende Faktoren können z. B. Nässe, Trockenheit, Kälte, Steilheit des Geländes sein
		Xerobromion, Xerobrometum	(griech. xaros = trocken, lat. Bromus = Trespe); Trespen-Volltrockenrasen
		xerophil	trockenliebend (-ertragend)
		xerotherm	trockenwarm
		xerothermophil	(griech. xeros = trocken; terhme = Wärme; philein = lieben) Trockenheit und Wärme liebend
Ruderalpflanzen	Pflanzen, die sich mit Vorliebe an Gebäuden oder im engeren Einwirkungsbereich des Menschen ansiedeln	zoochore Art	Pflanze, deren Samen durch Tiere verbreitet werden
Saum	Vegetationstyp, dessen Struktur von hochwüchsigen Stauden bestimmt wird, »säumt« Waldränder, Bestandteil von Vegetationskomplexen natürlicher Waldgrenzstandorte (Buschwald – Strauchmantel – Staudensaum – Trockenrasen/Felsflur)		
saurer Regen	Regenwasser mit niedrigem pH-Wert durch Säure. pH 6 bis 5: sauberer Regen; unter pH 5: tödlich für Fische; unter pH 4: »saurer Regen«; pH 3: Essig		
Silikate	Salze der Kieselsäure		
Stauden	ausdauernde, überwinternde Kräuter und Gräser (perennierende Pflanzen)		

Anhang

Wichtige Kontaktadressen zu Fragen des Arten- und Biotopschutzes

Bundesrepublik Deutschland
Bundesministerium für Umwelt, Naturschutz und Reaktorsicherheit
Postfach 120629
53048 Bonn

Bundesamt für Naturschutz
Konstantinstraße 110
53179 Bonn

Baden-Württemberg
Ministerium für Umwelt
Kernerplatz 9
70182 Stuttgart

Bayern
Bayerisches Staatsministerium
für Landesentwicklung
und Umwelt
Rosenkavalierplatz 2
81925 München

Berlin
Senator für Stadtentwicklung
und Umweltschutz
Lindenstr. 20–25
10969 Berlin

Brandenburg
Ministerium für Umwelt, Naturschutz
und Raumordnung
Albert-Einstein-Straße 42–46
14473 Potsdam

Bremen
Senator für Umweltschutz
Große Weidestraße 4–16
28195 Bremen

Hamburg
Umweltbehörde
Steindamm 22
20099 Hamburg

Hessen
Ministerium für Umwelt
Dostojewskistraße 8
65187 Wiesbaden

Mecklenburg-Vorpommern
Ministerium für Natur und Umwelt
Schloßstraße 6–8
19053 Schwerin

Niedersachsen
Niedersächsisches Umweltministerium
Archivstraße 2
30169 Hannover

Nordrhein-Westfalen
Minister für Umwelt, Raumordnung
und Landwirtschaft
Roßstraße 135
40476 Düsseldorf

Rheinland-Pfalz
Ministerium für Umwelt und Gesundheit
Bauhofstraße 4
55116 Mainz

Saarland
Ministerium für Umwelt
Hardenbergstraße 8
66119 Saarbrücken

Sachsen
Ministerium für Umwelt und
Landesentwicklung
Ostra-Allee 23
01067 Dresden

Sachsen-Anhalt
Ministerium für Umwelt und Naturschutz
Pfälzer Straße 1
39106 Magdeburg

Schleswig-Holstein
Ministerium für Natur, Umwelt
und Landesentwicklung
Grenzstraße 1–5
24149 Kiel

Thüringen
Thüringer Umweltministerium
Richard-Breslau-Straße 11a
99094 Erfurt

Österreich
Bundesministerium für Umwelt,
Jugend und Familie
Radetzkystraße 2
A-1011 Wien

Schweiz
Eidg. Departement des Innern
Inselgasse 2
CH-3003 Bern

Luxemburg
Ministre de l'Environement
Rue de la Prague, 5A
L-2918 Luxembourg

In allen Ländern gibt es noch Landesämter, Anstalten, Fachstellen und Institute zu speziellen Fragen des Biotopschutzes, des Artenschutzes, der Ökologie und des Naturschutzes. Anfragen werden von den genannten Stellen weitergeleitet, oder man erhält eine Auskunft mit der entsprechenden Adresse. Eine zentrale Anlaufstelle für Fragen der Ökologie, des Naturschutzes und der Umweltvorsorge ist auch das

Umweltbundesamt
Bismarckplatz 1
14193 Berlin

Auskunft darüber, ob eine Naturschutzmaßnahme der Genehmigung bedarf, geben die unteren Naturschutzbehörden der Landratsämter und der Stadtkreise. Zur Vermittlung von Grundlagenwissen zu Fragen des Arten- und Biotopschutzes, der Landschaftspflege und der Umweltvorsorge wurden in verschiedenen Bundesländern Akademien und Umweltbildungsstätten eingerichtet. Interessenten können dort die jeweils aktuellen Programme direkt anfordern.

Anhang

Deutschland
Hier die in der bundesweiten Arbeitsgemeinschaft der Bildungsstätten im Natur- und Umweltschutz (BANU) zusammengeschlossenen Institutionen:

Akademie für Natur- und Umweltschutz
Baden-Württemberg
Kernerplatz 9
70182 Stuttgart

Akademie für Natur und Umwelt
Schleswig-Holstein
Karlstraße 169
24537 Neumünster

Akademie für Naturschutz
und Landschaftspflege bei der
Thüringer Landesanstalt für Umwelt
Prüssingstr. 25
07745 Jena

Bayerische Akademie für Naturschutz
und Landschaftspflege
Seethaler Straße 6
83410 Laufen/Salzach

Landeslehrstätte für Naturschutz
und Landschaftspflege
»Oderberge Lebus«
15326 Lebus

Landeslehrstätte für Umwelt
und Naturschutz
Müritzhof beim Nationalparkamt
Mecklenburg-Vorpommern
Am Teufelsbruch 1
17192 Waren/Müritz

Landesumweltakademie
Sachsen-Anhalt e.V.
Schloßstraße 1
06642 Nebra/Unstrut

Naturschutzzentrum Hessen e.V.
Friedenstraße 38
35578 Wetzlar

Naturschutzzentrum
Nordrhein-Westfalen
Leibnizstraße 10
45659 Recklinghausen

Norddeutsche Naturschutzakademie
Hof Möhr
29640 Schneverdingen

Internationale Naturschutzakademie
Insel Vilm
Außenstelle des Bundesamtes
für Naturschutz
18581 Lauterbach (Rügen)

Schweiz
Schweizerisches Zentrum
für Umwelterziehung
des WWF
CH-4800 Zofingen

Österreich
Arbeitsgemeinschaft Umwelterziehung,
Lehrerservice
Brockmanngasse 53
A-8010 Graz

Oberösterreichische Umweltakademie
beim Amt der o. Ö. Landesregierung
Stockhofstraße 32
A-4020 Linz

Niederösterreichische Umweltakademie
Akademie für Umwelt und Energie
Schloßplatz 1
2361 Laxenburg

*Natur- und Umweltschutzverbände
und andere Organisationen*

Bund für Umwelt
und Naturschutz
Deutschland (BUND)
Im Rheingarten 7
53225 Bonn

Deutsche Umwelthilfe e.V.
Güttingerstraße 19
78315 Radolfzell am Bodensee

Deutscher Naturschutzring
Postfach 320210
53205 Bonn

Stiftung Europäisches Naturerbe
Güttingerstraße 19
78315 Radolfzell am Bodense

WWF Deutschland
Hedderichstraße 110
60596 Frankfurt

Schweiz
Schweizer Vogelschutz (SVS)
Postfach
CH-8036 Zürich

Schweizer Bund für Naturschutz
Wartenbergstraße 22
CH-4020 Basel

WWF Schweiz
Postfach
CH-8027 Zürich

Österreich
Österreichischer Naturschutzbund
Arenbergstraße 10
A-5020 Salzburg

Stiftung Europäisches Naturerbe
Brockmanngasse 53
A-8010 Graz

Luxemburg
Natura
6 Boulevard Roosevelt
L-2450 Luxembourg

Mouvement Écologique
6 rue Vauban
L-2663 Luxembourg

*Bei Fragen zum internationalen
Biotopschutz*

Stiftung Europäisches Naturerbe,
Euronatur
Rue Philippe le Bon 64
B-1040 Bruxelles

WWF International
Av. du Mont Blanc
CH-1196 Gland

Literatur

Akademie für Natur- und Umweltschutz Baden-Württemberg (1992): *Biotopschutz – Zauberformel zu Rettung der Natur?!* Stuttgart.

Bayerisches Staatsministerium für Landesentwicklung und Umweltfragen (1990): *Arten- und Biotopschutzprogramm.* München.

Bayerisches Staatsministerium für Landesentwicklung und Umweltfragen (1992): *Mager- und Trockenstandorte.* München.

Blab, J. (1986): *Grundlagen des Biotopschutzes für Tiere.* Greven.

Blab, J. (Hrsg.) u. a. (1984): *Rote Listen der gefährdeten Tiere und Pflanzen in der Bundesrepublik Deutschland.* Greven.

Briemle, G.; Kunz, H.-G.; Müller, A. (1986): *Zur Mindestpflege der Kulturlandschaft insbesondere von Brachflächen aus ökoloigscher und ökonomischer Sicht.* Veröff. Naturschutz Landschaftspflege Baden-Württemberg. Karlsruhe.

Eber, G.; Rennwald, E. (1991): *Die Schmetterlinge Baden-Württembergs. Band 1: Tagfalter.* Stuttgart.

Ellenberg, H. (1986): *Vegetation Mitteleuropas mit den Alpen in ökologischer Sicht.* Stuttgart

Faust, B.; Hutter, C.-P. (1988): *Wunderland am Wegesrand.* Stuttgart und Wien.

Harnischmacher, M. (1988): *Möglichkeiten und Durchführung extensiver Nutzungs- und Pflegeformen auf Trockenhängen der Südlichen Frankenalb aus der Sicht des Naturschutzes.* In: Schriftenr. Bayer. Landesamt für Umweltschutz. München.

Haupler, H.; Schönfelder, P. (1988): *Atlas der Farn- und Blütenpflanzen der Bundesrepublik Deutschland.*

Heydemann, B.; Müller-Karch, J. (1980): *Biologischer Atlas Schleswig-Holstein.* Neumünster.

Hölzinger, J. (1987): *Die Vögel Baden-Württembergs. Gefährdung und Schutz.* Artenschutzprogramm Baden-Württemberg. Stuttgart.

Huber, W. (1992): *Thesen zum Felsenklettern – Konfliktmanagement Naturschutz und Freizeitgestaltung.* Kornwestheim.

Hutter C.P.; Thielcke, G.; Herrn, C.-P.; Faust, B. (1986/1989): *Naturschutz in der Gemeinde.* Stuttgart und Wien.

Hutter C.P.; Bender, K. (1988): *Natur und Landschaft in Steinheim a. d. Murr.* Stuttgart und Wien.

Hutter C.-P. (Hrsg.); Briemle, G.; Fink, C. (1993): *Wiesen, Weiden und anderes Grünland.* BiotopBestimmungsBücher Band 1. Stuttgart und Wien.

Hutter C.-P.; Link, F.G. (1992): *Wunderwelt Acker und Feld.* Stuttgart und Wien

Hutter C.-P. (1994): *Schützt die Reptilien.* Stuttgart und Wien.

Kaule, G.(1986): *Arten- und Biotopschutz.* Stuttgart.

Knapp, H.-D. (1979, 1980): *Geobotanische Studien an Waldgrenzstandorten des hercynischen Florengebirges.* Teil 1–3. Flora 168, 169.

Knapp, H.-D. (1988): *Ökogeographisches Verhalten und Gefährdung von Orchideen xerothermer Standorte in Mitteleuropa.* Teil 1: Chorologisches Verhalten. Teil 2: Standörtliches und soziologisches Verhalten. Arch. Naturschutz und Landschaftsforschung. 26.

Knapp, H.-D. (1988): *Xerotherme Säume und Buschwälder an natürlichen Waldgrenzstandorten.* In: Barkman, J. J.; Sykora, K. V. (Eds.): Dependent Plant Communities. The Hague.

Knapp, H.-D.; Jeschke, L; Succow, M. (1986): *Gefährdete Pflanzengesellschaften auf dem Territorium der DDR.* Berlin.

Korneck, D.; Sukopp, H. (1988): *Rote Liste der in der Bundesrepublik Deutschland ausgestorbenen, verschollenen und gefährdeten Farn- und Blützenpflanzen und ihre Auswertung für den Arten und Biotopschutz.* Schr.-R. für Vegetationskunde. Bonn-Bad Godesberg.

Kratochwill, A.; Schwabe, A. (1984): *Trockenstandorte und ihre Lebensgemeinschaften in Mitteleuropa.* In: Ökolsystem III. Sonderdr. Ökologie und ihre biologischen Grundlagen. Inst. für chem. Pflanzenphysiologie der Univ. Tübingen. Tübingen.

Link, O. (1954): *Der Weinberg als Lebensraum.* Öhringen.

Mattern, H. (1983): *Unsere Wacholderheiden – Naturschutz und Schäferei.* Band 17. Deutsche Schafzucht.

Meusel, H.; Jäger, E. u. a. (Hrsg.) (1968, 1978, 1993): *Vergleichende Chorologie der zentraleuropäischen Flora.* Band 1–3. Jena.

Nikfeld, H. (1986): *Rote Listen gefährdeter Pflanzen Österreichs.* Grüne Reihe des Bundesministeriums für Gesundheit und Umweltschutz Österreichs. Band 5. Wien.

Oberdorfer, E. (1983): *Pflanzensoziologische Exkursionsflora.* Stuttgart.

Oberdorfer, E.: *Süddeutsche Pflanzengesellschaften.* Teil I bis III. Stuttgart.

Österreichisches Bundesinstitut für Gesundheitswesen (1989): *Umweltbericht Vegetation.* Wien.

Quinger, B. (1992): *Landschaftspflegekonzept Bayern. Teilband 2: Kalkmagerrasen.* München.

Rauschert, S. u. a. (1978): *Liste der in der Deutschen Demokratischen Republik erloschenen und gefährdeten Farn- und Blütenpflanzen.* Berlin.

Ringler, A. (1987): *Gefährdete Landschaft: Lebensräume auf der Roten Liste. Eine Dokumentation in Bildvergleichen.* München.

Rothmaler, W. (1988): *Exkursionsflora für die Gebiete der DDR und der Bundesrepublik Deutschland.* Band 3: Atlas der Gefäßpflanzen. Berlin.

Rothmaler, W. (Hrsg.) (1990): *Exkursionsflora von Deutschland.* Band 2: Gefäßpflanzen. Berlin.

Runge, F. (1980): *Die Pflanzengesellschaften Mittleuropas.* Münster.

Ruthsatz, B. (1979): *Die Pflanzengesellschaften Mitteleuropas.* Münster

Schiefer, J. (1981): *Bracheversuche in Baden-Württemberg.* Beihefte zu den Veröff. Naturschutz und Landschaftspflege Baden-Württemberg. Karlsruhe.

Schweizerischer Bund für Naturschutz (Hrsg.) (1978): *Tagfalter und ihre Lebensräume – Arten, Gefährdung, Schutz.* Basel.

Succow, M.; Freude, M.; Jeschke, L.;

Knapp, H.-D. (1992): *Unbekanntes Deutschland*. München.
Straßenbauverwaltung Baden-Württemberg (1991): *Grün an Straßen – Ökologische Pflege der Straßenböschungen in Baden-Württemberg*. Schriftenreihe der Straßenbauverwaltung Bad-Württ. Heft 3. Stuttgart.
Umweltministerium Baden-Württemberg (1992): *Biotope in Baden-Württemberg. Heft 1: Binnendünen und Sandrasen*. Karlsruhe.
Umweltministerum Baden-Württemberg (1992): *Leben – Überleben: Warum Biotopschutz so wichtig ist*. Stuttgart.
Umweltbundesamt Österreich (1989): *Biotoptypen in Österreich – Vorarbeiten zu einem Katalog*. Wien.
Wegener, U. (Hrsg.) (1991): *Schutz und Pflege von Lebensräumen*. Naturschutzmanagement. Jena.
Willmanns, O. u. a. (1989): *Die Kaiserstuhlgesteine und Pflanzenwelt*. Stuttgart.
Wolf, R.; Hassler, D. (Hrsg.) et. al (1993): *Hohlwege – Entstehung, Geschichte und Ökologie der Hohlwege im westlichen Kraichgau*. In Beih. Veröff. Naturschutz und Landschaftspflege Bad.-Württ., Karlsruhe.
Wolf, R. (1984): *Heiden im Kreis Ludwigsburg*. Beih. Veröffentl. Naturschutz und Landschaftspfl. Bad.-Württ. Karlsruhe.

Der Herausgeber

Claus-Peter Hutter (Jahrgang 1955) ist Dipl.-Verwaltungswirt. Er hat an verschiedenen ökologischen Untersuchungsprogrammen mitgewirkt und zahlreiche regionale und internationale Modellprojekte für den praktischen Naturschutz konzipiert sowie gezielte Biotopschutz- und Artenhilfsprojekte umgesetzt.
Seit 1987 ist C.-P. Hutter Leiter der *Akademie für Natur- und Umweltschutz* des Landes Baden-Württemberg. In dieser Funktion und als Präsident der *Stiftung Europäisches Naturerbe* setzt er sich international für die gesellschaftliche Etablierung ökologischer Themen ein. So begründete er die ersten Umwelt-Städtepartnerschaften in Europa und machte mit der weit beachteten Aktion *Natur ohne Grenzen* auf die internationale Naturraumvernetzung und die Verletzlichkeit von Biotopstrukturen aufmerksam.
C.-P. Hutter gilt als einer der erfolgreichsten Naturschützer bei der Suche nach neuen Wegen für die Lebensraumbewahrung. Er ist Autor zahlreicher Publikationen zum Natur- und Umweltschutz.

Die Autoren

Reinhard Wolf (Jg. 1950) ist Dipl.-Geograph und seit 1987 Leiter der Bezirksstelle für Naturschutz und Landschaftspflege Karlsruhe. Neben der Begutachtung von geplanten Eingriffen in Natur und Landschaft sowie der Ausarbeitung von Vorschlägen für deren Vermeidung bzw. deren Ausgleich gehört unter anderem die fachliche Vorbereitung und Betreuung von Naturschutzgebieten, die Organisation von Landschaftspflegemaßnahmen und Extensivierungsverträgen zu seinem Aufgabenbereich.
Langjährige Erfahrungen im praktischen Biotopschutz haben Reinhard Wolf zu einem exzellenter Kenner von Trockengebieten gemacht. Er kennt somit aus eigener Anschauung die Gefahren, die unseren Wacholderheiden, Sanddünen, Magerrasen oder Hohlwegen drohen, und er weiß um die vielfältigen Probleme, die damit verbunden sind. Der Autor zahlreicher Publikationen will in diesem Buch sein Wissen und seine Beobachtungen weitergeben.

Dr. Hans-Dieter Knapp (Jg. 1950) ist Dipl.-Biologe mit den Schwerpunkten Pflanzengeographie, Vegetationskunde, Landschaftsökologie und Naturschutz. In zahlreichen Studien befaßte er sich mit der Vegetation natürlicher Waldgrenzstandorte sowie mit Gefährdung, Schutz und Pflege von Trockenrasen. Er gehörte Anfang der siebziger Jahre zu den Initiatoren der ersten Roten Listen in Ostdeutschland und ist zusammen mit L. Jeschke und M. Succow Autor der *Gefährdeten Pflanzengesellschaften auf dem Territorium der DDR*. Als freiberuflicher Biologe wirkte er sieben Jahre für Umweltaufklärung und erstellte landschaftsökologische Gutachten. Er ist Mitinitiator und Bearbeiter des Nationalparkprogramms im Osten Deutschlands, mit dem 1990 rund 4,5 % der Fläche in Großschutzgebieten gesichert wurden. Bei Entwicklung von Schutzgebieten in Georgien und in der Mongolei ist er als Berater tätig. Seit Juni 1990 ist H. D. Knapp mit dem Aufbau der Internationalen Naturschutzakademie Insel Vilm, einer Außenstelle des Bundesamtes für Naturschutz, beschäftigt. Seit 1992 ist er deren Leiter.

Dank

Allen, die zum Gelingen dieses BiotopBestimmungsBuches beigetragen haben, gilt an dieser Stelle herzlicher Dank. Ganz besonders danken wir dem Vorsitzenden der Stiftung Naturschutzfonds Baden-Württemberg, Minister Harald B. Schäfer, dem Geschäftsführer der Stiftung, Dr. Eberhart Heiderich, sowie den Mitgliedern des Stiftungsrates für die Unterstützung und Förderung des Projekts. Für die wissenschaftliche Beratung und vielfältige Unterstützung gilt unser herzlicher Dank Dr. Jürgen Marx, Leiter des Referats Naturschutz, Landschaftspflege, Artenschutz bei der Landesanstalt für Umweltschutz Baden-Württemberg, Dr. Uwe Kozina, Leiter der Arbeitsgemeinschaft Umwelterziehung (Graz), Prof. Dr. Gerhard Thielcke (Radolfzell) und Biol. Karin Blessing.
Für die Erstellung der Grafiken und Zeichnungen danken wir Dipl.-Biol. Wolfgang Lang (Waiblingen) und für die zahlreichen Aufnahmen den im Abbildungsverzeichnis genannten Bildautoren. Für das weit über die Verlagsbetreuung hinausgehende Engagement gilt unser herzlicher Dank Verlagsleiter Roman Hocke, den Verlegern Gunter Ehni und Hansjörg Weitbrecht sowie dem Projektteam Barbara Honner, Bärbel Strasser und Annette Ziegler. Für ihr Engagement beim Vertrieb des Buches danken wir herzlich Margit Prawitt.

Stichwortverzeichnis

Abbaustellen 86
Abraumhalden 90
Abtragung 23
Ackerbau 29
Ackerbrachen 52
Ackerrandstreifen 94
Adonisröschen 26
Adonisröschen-Fiederzwenken-Wiesensteppe 99
Affen-Orchis 100
Agrarfläche 94
Agrarproduktion 14
Albhochfläche 43
Alblandschaft 42
Allerweltsflächen 44
Allerweltspflanzen 28
Alpen 23, 26
Alpenanemonen-Calluna-Heide 98
Alpenaster-Blauschwingel-Felsrasen 99
Alpenbärlapp-Borstgrasrasen 99
Alpenhabichtskraut-Beerstrauchheide 98
Altmark 103, 104
Altmühltal 56
Altsiedellandschaften 20
anthropogener Kalkmagerrasen 63
Aridität (Trockenheitsfaktor) 10
Arnika-Calluna-Heide 98
Arteninventar 92, 118
Artenschutz-Management 28
Atlantikum 13
Ausblasungssenken 37
Ausgangsgestein 24

Baar 42
Baden-Württemberg 34, 121
Baltikum 11, 34
Banngebiete 110
Basalt 56
basiphile Trockenrasen 99
bäuerliche Landwirtschaft 14
Bayern 19, 103, 105
Beckenlandschaften 9, 12
Berg-Wohlverleih 102
Bergbaulandschaften 90
Bergwerkshalden und Schwermetallfluren 90
Besenginstergebüsch 98
Besiedlungsprozeß 20
Besucherlenkung 49, 121
Bewaldungsprozeß 22

Bienen-Ragwurz 100
Binnendünen 36, 50, 112
Binnenland 36
Biodiversität 26, 57, 63
Biosphärenreservate 111
Biotop-Verbundsystem 110
Biotopschutz 110, 112
Biotopschutzgesetz 112
Biotoptypen 112, 129
Blaugras-Buchenwälder 62
Blaugrasrasen 62
Blauschillergrasflur 99
Blauschwingel-Calluna-Heide 98
Blauschwingel-Silbergrasflur 99
Blockschutthalden 58
Blutstorchschnabel-Hirschwurzsaum 99
Blutstorchschnabel-Waldkleesaum 99
Bocks-Riemenzunge 39, 100
Bodenentnahmestellen (Abbaustätten) 86
Bodensee 23
Böhmen 34
Böhmisches Becken 32, 64
Böhmisches Mittelgebirge 56, 64, 104
Brandenburg 34, 52, 68, 103, 105
Brandgans 48
Braunkohle-Bergbaufolgelandschaften 52
Brocken-Küchenschelle 103
Bronzezeit 68
Buchenwald 10
Burgenland 74, 112
Burgmauer 124
Burgruinen 84
Buschwald 17, 29

Calluna-Dünenheide 98
Calluna-Zwergstrauchheide 68

Dachbegrünung 88
Deutscher Enzian 38
Deutschland 111, 129
Diabas 56
Donau 23, 56
Donau-Isar-Hügelland 52
Dreifelderwirtschaft 33
Dünen 17, 32
Dünenbepflanzung 48
Dünenbildung 36
Dünengebiete 17
Dünengehölze 36
Dünger 44, 92

EG-Richtlinien 111
Eichen-Hainbuchen-Lindenwälder 28
Eichenmischwälder 13
Eichenwaldzone 26
Eichsfeld 62
Eiderente 48
Eifel 34, 68
Einheitsflächen 30
Eiszeit 22
Elbhügelland 104
Elsbeer-Eichenbuschwälder 62, 98
Enzian-Schillergras-Halbtrockenrasen 99
Erfolgskontrolle 120
Erzgebirgstäler 56
Erzgebirgsvorland 68
Eutrophierung 48, 53
Extensivnutzung 31
Extremstandorte 66

Feder-Kiefern-Trockenwald 98
Federgras 26, 64
Federgras-Halbtrockenrasen 99
Federgras-Steppenbereich 9
Federgras-Trockenrasen 64, 99
Feld-Gras-Wirtschaft 29
Feldhamster 65
Fels 21, 130
Felsbirnen-Felsmispel-Gebüsch 62
Felsenbiotope 130
Felsenkletterei 55, 57
Felsflure 17, 19, 26
Felsrasen auf sauren Gesteinen 56
Felsspalten 99
Felsstandort auf Kalk 54
Fiederzwenke-Wiesensteppe 64
Finger-Küchenschelle 104
Fingerkraut-Haargras-Steppenrasen 99
Flechten-Calluna-Heide 98
Flechten-Kiefernwald 98
Flora-Fauna-Habitatrichtlinie 111
Flurbereinigungsverfahren 75, 106, 113
Formenmannigfaltigkeit 26
Forstverwaltung 110
Franken 19, 32, 34, 80
Frankenwald 56
Fränkische Alb 19, 32, 54, 62, 70, 72
Frankreich 100
Freilandreservat 112
Freischneidegeräte 117
Freizeitnutzung 107
Frühlings-Küchenschelle 103

Gebirgsvorländer 14
Gefährdete Pflanzengesellschaften 98
Gehölzsukzession 39
Geißklee-Eichen-Felswand 98
Geißklee-Zwergmispelgebüsch 98
Gelbe Alpen-Küchenschelle 103
Gelenkte Sukzession 108
Gemeinde 124
Genfer See 34
Genfer Seegebiet 80
geologische Faktoren 23
geomorphologische Faktoren 23
geröllhaldenähnliche Steinansammlungen 76
Gesteinsschuttfluren 99
Gestreifte Heideschnecke 112
Gewöhnliche Küchenschelle 22, 104, 105
Gifte 92
Gips 66
Gipskeuper 25
Glaziallandschaft 12
Gletschervorstöße 12
Glockenblumen-Wickensaum 99
Granit 56, 66
Graslilien-Calluna-Heide 98
Grasnelken-Schwermetallflur 99
Graudüne 50
großflächige Trockenbiotope 31
Großmaschinen 113
Grundwasserbildung 53
Grundwasserspiegel 25
Grundwasserstand 25

Haarginster-Calluna-Heide 98
Habichtskraut-Pfingstnelkenflur 99
Hainwachtelweizensaum 99
Halbtrockenrasen 26, 28, 40, 94
Halbwüsten 26
Hartholz-Auewälder 14
Harz 23, 56, 68
Hasel-Kiefernwälder 12
Havelland 64, 105
Hegau 56
Heide 34, 42, 68, 112
Heideböden 68
Heidegebiete 42, 107
Heidekraut-Felsbirnen-Felsgebüsch 98
Heidemoore 37
Heilbronn 113
Helme-Unterunstrutgebiet 64
Helmknabenkraut 39, 40

Herzblatt-Blaugrasrasen 62
Herzblatt-Blaugras-Halbtrockenrasen 99
Hessen 19, 32
Hessisches Bergland 62
Heugewinnung 39
Hochgebirge 54
Hudewälder 15
Humidität (Feuchtigkeitsfaktor) 10
Hutungslandschaft 38

IBAs (important bird areas) 111
Intensive Nutzung 31

Jagst 54
Jagsttal 72, 80
Jurakalkfelsen 19

Kaiserstuhl 74
Kalk-Buchenwälder 10
Kalkalpen 62
Kalkberge des Alpenvorlandes 62
Kalkbuchenwälder 38
Kalkfelsen 27
Kalkgebiete 70
Kalkgestein 10, 24
Kalkhügelland 19, 28, 32, 39
Kalkmagerrasen 6, 38, 112
Kalkmagerweiden 70
kalkreiche Lehmböden 10
Kalkstein-Steilhänge 28
Kalksteinbrüche 54
Kalktriften 34
Kältegrenze 15
Kaltzeiten 11
Kamptal 56
Karpaten 9, 26
Kaschubenwickensaum 99
Keuperlandschaft 44
Kiefern-Birken-Espenwälder 12
Kiefern-Felsheidewand 98
Kiefern-Felswälder 19
Kiesgruben 33, 52, 86
Kirchenruinen 84
Klettern 130
Klimabedingungen 25, 28, 102
Klimaoptimum 14
Klimazone 8
Kocher 54
Kochertal 72, 80

Kontinentale Steppenrasen (Federgrassteppe) 64, 105
Kontinentalklima 9
Krähenbeeren-Dünenheide 98
Krähenbeeren-Zwergstrauchheiden 66
Kraichgau 74
Kratzdistel-Bergklee-Halbtrockenrasen 99
Kremstal 56
Kreuzblümchen-Blaugras-Halbtrockenrasen 62, 99
Kreuzblümchen-Borstgrasrasen 99
Kriechweiden-Wacholdergebüsch 98
Krimgebirge 9
Küchenschelle 22, 26, 94, 103
Kulturgeschichte 20
Kulturlandschaft 33
künstliche Trockenstandorte 32
Kurische Nehrung 36
Küstendünen 51
Küstendynamik 51
Küstenschutz 49
Kyffhäuser 19, 62, 64, 104

Landnutzung 92
Landnutzungsformen 33
Landschaftspflege 42, 119
Landschaftswandel 95
Landschaftswasserhaushalt 14
Lausitz 103
Lehmgrube 86
Leimkraut-Heilwurzsaum 99
Leimkraut-Rauhblattschwingelrasen 99
Lobby 117
Löß 25, 74
Lößhohlwege 74
Lößlandschaften 19
Lößwände und –böschungen 74
Lüneburger Heide 32

Magdeburger Börde 74
Magerböschungen 82
Magerwiesen 6, 40
Mahd 39
Mähgut 125
Mähwiesen 21, 39
Mainfranken 62
Mainfränkisches Trockengebiet 64
Mainzer Sand 36, 52
Mansfelder Hügelland 64
Mark Brandenburg 34, 50, 104

Markgräflerland 80
Mauereidechse 113, 124
Mauereidechsen-Population 124
Mauern 124
Mauerpfeffer-Blauschwingel-Felsrasen 99
Mauerrautenflur 99
Mauersegler 57
mechanisch bedingte Waldgrenze 15
Mecklenburg 34
Mecklenburg-Vorpommern 68, 103, 104
mecklenburgische Küste 48
Mediterranklima 8
Meeresküste 26
Mesobrometum 40
mineralischer Dünger 29
Minimumfaktor 15
Mitarbeiterschulung 126
Mittelasien 105
mitteldeutsches Trockengebiet 19, 32, 34, 64
mitteleuropäisches Binnenland 36
Mittelgebirge 23, 54
Mittlere Wärmezeit 13
mittleres Maintal 52
Modellprojekt 124
Moorlandschaften 13
Mosel 21
Moselgebiet 80
Moseltal 56
Münchener Schotterebene 64
Muschelkalkgebiet 62
Muschelkalklandschaften 38, 39, 72
Muschelkalksteilhänge 39

Nachwärmezeit (Subatlantikum) 14
Nadelwaldzone 10
Nahegebiet 80
Nahetal 56, 64
Nährstoffmangel 29
Naßgrenze 15
Nationalpark Vorpommersche Boddenlandschaft 36, 48
natürliche Trockenstandorte 15
natürliche Waldgrenzstandorte 56, 67
natürliche Zwergstrauchheiden 66
Naturschutzbehörde 111
Naturschutzbund 129
Naturschutzgebiet 110, 111
Naturschutzpolitik 112
Naturstein-Trockenmauern 78
Natursteingemäuer 124
Neckar 21, 54

Neckarland 121
Neckartal 72, 80
Neusiedler See 112
Niederlausitz 32, 50, 68
Niederösterreich 32, 34, 64, 80
Niedersachsen 103, 104
Niederschlagsmenge 8
Niederschlagswasser 95
niederwüchsige Trockenrasen 94
Norddeutsches Tiefland 32, 103
Nördliches Harzvorland 32, 64
Nördlingen 42
Nordschweiz 20
Nordseeinseln 32, 103
nordwestdeutsches Altmoränengebiet 69
Nutzungsänderungen 100

Oberer Buntsandstein 39
Oberlausitz 56
Oberrhein 34
Oberrheinebene 52
Oberrheingebiet 56
Odergebiet 64
Odermenningsaum 99
Ödland 106
Öffentlichkeitsarbeit 120
Ohnhorn 100
Öko-Transfer 9
ökologische Vernetzung 130
Orchideen-Blaugrastrockenrasen 62
Orchideen-Buchenwald 28
Orchideen-Halbtrockenrasen 39, 40, 72, 102
Orchideen-Trespen-Halbtrockenrasen 99
Orchideen-Trockenrasen 39
Ost-Brandenburg 50
Ostalpenrand 19, 32
Ostdeutschland 104
Österreich 111
osteuropäische Steppengebiete 31, 112
Ostholstein 104
östliche Mark Brandenburg 32
Ostseeküste 32, 36
Ostseeraum 26
Ozeanitätsgrenzen 28

Pannonisches Becken 19, 64
Pegnitzbecken 52
Pflanzenbehandlungsmittel 94

pflanzengeographische Elemente 26
pflanzengeographische Situation 26
Pflegemaßnahmen 117, 119, 129
Phonolith 56
Pionierfluren 99
Pionierstandorte 48
Pioniervegetation 8
Plaggen 68
Pleistozän 11
Pollenanalyse 11
Pommern 34
Porphyr 19, 56, 66
Postglazial 12
Prignitz 103
Primärdünen 48
Purpurknabenkraut 39
Pußzta 112

Ramsar-Konvention 111
Rechtsverordnung 110
Rednitzbecken 52
Reliefbedingungen 10
Reliktstandorte 63
Rhein 21, 23
Rhein-Main-Trockengebiet 105
Rheinhessen 34, 80
Rheinisches Schiefergebirge 56, 68, 80
Rheinland 100
Rheinland-Pfalz 34, 103
Rhön 34, 38, 56, 117
Rhône 23
Rhônetal 21, 34, 80
Ries 42
Rodung 20
Rosen-Zwergmispel-Felsgebüsch 98
Rotbuch 96
Rote Listen 96
Ruinen 84

Saalegebiet 32, 80
Saaletal 54
Sachsen 104
Sandbänke 24
Sanddünen 36
Sandergebiete 68
Sanderlandschaften Norddeutschlands 17
Sandgebiet 44
Sandgrube 86
Sandlandschaft 44
Sandmagerrasen 32, 34, 50, 52

Anhang

Sandnelken-Kiefernwald 98
Sandüberwehung 48
Sandwüsten 36
Schadstoffausstoß 94
Schafbeweidung 20, 22, 52, 70, 117
Schäferei 42, 117
Schäferschippe 42
Schafschwingelrasen 99
Schafweiden 42, 70, 95, 117
Schiefer 66
Schillergras 38
Schillergras-Wacholdergebüsch 98
Schillergrasfluren 50
Schleswig-Holstein 103, 104
Schloßruinen 84
Schneeheide-Kiefernwald 98
Schotter- und Sandbänke in Flußauen 60
Schotterbänke 18
Schutzziele 126
Schwäbische Alb 19, 32, 34, 40, 54, 62, 70, 72, 117
Schwalbenwurz-Eichen-Buschwald 98
Schwarzwald 34, 42, 68
Schwarzwurzel-Eichen-Trockenwald 98
Schweiz 38, 111, 129
Schweizer Jura 19, 32, 54, 62, 70, 72, 117
schwermetallhaltige Standorte 90
Schwingel-Haargras-Steppenrasen 99
Seeregenpfeifer 48
Seesandflächen 68
Selektiv-Herbizide 30
Serpentinenstreifenfarn-Felsflur 99
Sicherungsmaßnahmen 119
Silbergras-Kiefernwald 98
Silbergrasflur 50
Silikatgestein 99
sommerwarme Trockengebiete 64
Sonnenröschen-Blaugras-Halbtrockenrasen 62, 99
Spitzorchis 100
Standortbedingungen 15
Standortveränderungen 100
Staudenflure 17
Steinbrech-Silikatschotterflur 99
Steinbruch 33, 86
Steinriegel 76, 112
Steppengebiete 6
Steppenheide 27
Steppenheidewälder 20, 27
Steppenpflanzen 19
Steppenrasen 112

Stickstoff 29
Strandhafer-Helmdüne 99
Strandhafer-Weißdünen 48
Straßenbauer 124
Straßenböschungen 124
Straßenmeisterei 124
Straußgras-Sandröschenflur 99
subatlantische Calluna-Heide 98
Südwestdeutschland 100
Sukzession 52, 108, 117, 118, 119
Sukzessionsstadium 52

Tauber 54
Taubertal 40, 72, 80
Thayatal 56
thermophile Waldsäume 99
Thüringen 19, 32, 34, 100, 104
Thüringer Becken 32, 62
Thüringer Buntsteinland 52
Thüringer Schiefergebirge 56, 68
Thüringisch-fränkisches Grabfeld 32
Thüringische Rhön 38
Thymian-Blauschwingel-Felsrasen 99
Tieflandebene 9
trockener Waldtrauf 44
Trockengrenze 15
Trockenmauern 113
Trockenrasen 17, 26, 99
Trockenrasen-Orchideen 102
Trockenstandorte Mitteleuropas 6, 9, 15
Trockentäler 24
Truppenübungsplätze 33, 50
Tundra 12
Tundrenlandschaft 12
Tundrenzone 10

Uckermark 32, 64
Umweltverschmutzung 94
Unterelbe 104
Unterschutzstellungsverfahren 112
Unterunstrutgebiet 80
Usedom 48

Vegetationsgeschichtsforschung 11
Vegetationsverarmung 97
Vegetationszeit 9
Vegetationszerstörung 100
Vegetationszonen 10
Versalzungsgrenze 15

vertikale Zonierung 10
Vertragsnaturschutz 120
Verwitterungslehme 54
Viehweiden 21
Violette Schwarzwurzel 105
Vogelfuß-Silbergrasflur 99
Vordüne 37

Wachau 20, 56, 80
Wacholder 42
Wacholderheide 6, 42, 70, 98
Waldauflichtung 26, 32
Waldgeschichte 11
Waldgrenze 10
Waldgrenzstandorte 5, 19, 26, 62
Waldrodung 22
Waldsteppe 9
Waldstreu 68
Waldtrauf 44
Waldwickensaum 99
Waldwindröschen-Kiefern-Eichen-Buschwald 98
Waldzerstörung 32
Wanderdünen 36
Wanderschäfer 42
Wärmebedürftigkeit 34
Wärmezeit (Subboreal) 14
Wasserhaushalt 25
Wassermangel 9
Wegesrand 124
Wehrlose Trespe 33
Weideflächen 42
Weiderasen 38, 52
Weidewirtschaft 32, 34
Weinbau 32
Weinbaugebiete 34, 100
Weinberge 34, 39, 80, 112
Weinbergumlegungen 113
Weingärten 112
Weinreben 34
Weinviertel 19, 74
Weißdünen 36, 48
Werrabergland 62
West-Mecklenburg 104
Wiesen-Küchenschelle 104
Wiesenhafer-Halbtrockenrasen 99
Wiesenland 95
Wiesenstandorte 20
Wiesensteppenbereich 9
Wiesenwachtelweizensaum 99
Wimperfarn-Felsflur 99

Windsheimer Bucht 64
Windsystem 8
Winterlindenwald 9
Wirkfaktoren 25
Wirtschaftsform 29
Wirtschaftswälder 95
Wolfsmilch-Calluna-Heide 98
Wüstensteppen 26

xerothermer Saum 27
Xerothermstandorte 64

Zeigerpflanze 11, 103, 105
Zentralalpen 32
Zentralalpentäler 64
Zentralböhmen 56
Ziesel 65
Zittauer Gebirge 56
zonale Abfolge 10
Zwergkirschen-Trockengebüsch 98
Zwergstrauch-Kiefernwald 98
Zwergstrauch-Wacholdergebüsch 98
Zwergsträucher 10, 66
Zwergstrauchheide 17, 32, 66, 68
Zwergstrauchtundren 66

Bildnachweis

Arndt: 34 o.r., 39 o., 52 o.l., 52 u., 64, 72 u.l.
Bäuerle: 6, 71 m.l.
Bahr: 10, 75 o.
Blessing: Umschlag (3)
Dittes: 76 o.
Frey: 52 o.r.
Göthel: Vorsatz, 4/5, 9, 13 l., 65 m.r., 73 u.l., 78 m., 80 m.l., 97
Hildebrand: 8 r., 12, 51 u., 71 u.r., 88 o., 91
Holzhausen: 77 o., 93, 109, 129
Hutter: Umschlag (1), 11, 30 l., 34 o.l., 34 u., 55 o.r., 61 u., 65 u.l., 73 u.r., 76 u., 77 u., 79 m., 80 o., 80 u.r., 81 o.l., 81 u., 83 u., 84, 88 u., 92, 107 o., 123 o.l., Umschlagrückseite (3, 4)
Knapp: 17 u., 49 u.l., 53 o., 103, 120
König: 17 o., 44 r., 58 u.l., 67 u., 79 u., 81 o.r., 85 m.r., 89 o.
Lang: 49 u.r., 51 o.r., 67 o., 73 o.l., 83 o., 83 m., 86 u., 87 o.
Limbrunner: 19, 20, 23, 29, 30 r., 33, 39 u., 48 u.r., 49 o., 54 o., 60, 61 o., 68, 69 o., 69 u., 70, 74 o., 75 u., 78 o., 79 o., 85 m.l., 86 o., 87 u., 89 u.r., 107 u., 110, 111, 113, 128
Natterer: 37, 48 o., 51 o.l., 106
Preiß: 47, 57, 62 o., 63 o., 66 o., 66 r.
Rastätter: 24, 25, 48 l.
Schreiner: 32, 69 r.
Silvestris: 90 m. (Pollin), 90 u. (Skibbe)
Stiftung Europäisches Naturerbe: 18 (Schneider-Jacoby), 26 (Schneider-Jacoby)
Umweltbild: 2/3 (Möbus), 7 (Imgram), 50 (Möbus), 55 o.l. (Möbus), 56 u. (Kalden), 57 o. (Kalden), 58 o. (Möbus), 58 u.r. (Möbus), 62 u.l. (Möbus), 62 u.r. (Möbus), 63 u. (Möbus), 66 u.l. (Möbus), 69 m.l. (Möbus), 71 u.r. (Möbus), 73 o.r. (Möbus), 74 u. (Ragée), 85 o.l. (Kalden), 85 u.r. (Mastmann), 101 (Möbus), 123 o.r. (Möbus)
Vanwittembergh: 22 o.
Vogt: 56 o.
Wolf: Umschlag (2), 1, 8 l., 21, 22 u., 38, 40, 41, 43, 44 l., 54 u., 55 u., 59, 65 o.l., 65 u.l., 71 o., 71 u.l., 78 u., 82, 85 o.r., 85 u.l., 90 o., 118, 121, Umschlagrückseite (1, 2)
Wüstenberg: 13 r., 27, 35, 45, 89 u.l., 125

Wir brauchen die Natur – die Natur braucht uns!

Unter diesem Motto fordert die »Stiftung Naturschutzfonds« beim Umweltministerium alle Bürger Baden-Württembergs auf, sich für den Naturschutz zu engagieren. Jeder einzelne kann die Natur durch sein eigenes Verhalten, insbesondere durch Rücksicht auf Landschaft, Tiere und Pflanzen schonen. Damit ist es jedoch auf lange Sicht nicht getan. Gerade in unserem dicht besiedelten Land kommt es darauf an, jedes kostbare Stück Natur zu erhalten. Durch den Ankauf von Grundstücken für Zwecke des Naturschutzes, durch Forschungen und Maßnahmen zum Schutz der natürlichen Umwelt und zur Pflege der Landschaft, durch wirkungsvolle Öffentlichkeitsarbeit. Das alles kostet Geld – Geld, das Sie investieren sollten, damit bedrohte Tiere und Pflanzen überleben, damit die Natur um uns bunt und lebendig bleibt. Tragen auch Sie durch Ihre Spende dazu bei – wir alle und vor allem unsere Kinder und Enkel profitieren davon!

*Die Spendenkonten
der Stiftung Naturschutzfonds:
Baden-Württ. Bank AG Stuttgart
Nr. 1 054 099 500 (BLZ 600 200 30)
Landesgirokasse Stuttgart
Nr. 2 828 888 (BLZ 600 501 01)
Postbank Stuttgart Nr. 10 100 706
(BLZ 600 100 70)
Diese Spenden sind steuerbegünstigt.*

**Stiftung Naturschutzfonds
beim Umweltministerium
Baden-Württemberg
Postfach 103439
70029 Stuttgart**

BIOTOP-BESTIMMUNGS-BÜCHER

Claus-Peter Hutter (Hrsg.)
Gottfried Briemle · Conrad Fink
Wiesen, Weiden und anderes Grünland
152 Seiten mit zahlreichen farbigen Abbildungen
ISBN 3 522 72010 5

Noch nie wurden Wiesen und andere Grünflächen so umfassend dargestellt wie mit diesem Biotopbestimmungsband. In fesselnden Texten und einmaligen Dokumentaraufnahmen werden die unterschiedlichsten Ausprägungen der Wiesen, Weiden, deren Tier- und Pflanzenwelt, Nutzungen, Gefährdungen und erforderliche Schutz- und Erhaltungsmaßnahmen erläutert.

Claus-Peter Hutter (Hrsg.)
Alois Kapfer · Werner Konold
Seen, Teiche, Tümpel und andere Stillgewässer
152 Seiten mit zahlreichen farbigen Abbildungen
ISBN 3 522 72020 2

Was unterscheidet einen See von einem Teich? Was ist ein Tümpel? Wie entstanden die verschiedenen Stillgewässer? Zu diesen und anderen Fragen gibt dieser Biotopbestimmungsband konkrete Antworten. Erstmals wurden für die Stillgewässer – wie für die Biotoptypen der anderen Bände – spezielle Erkennungs-Steckbriefe entwickelt.

BiotopBestimmungsBücher:
– *gefördert von der „Stiftung Naturschutzfonds"*
– *Aktionsbücher, empfohlen von der „Deutschen Umwelthilfe e. V."*

Weitbrecht

Standardwerke zum praktischen Naturschutz

Gerhard Thielcke · Claus-Peter Hutter
Claus-Peter Herrn · Rudolf L. Schreiber
Rettet die Frösche
126 Seiten mit zahlreichen farbigen Abbildungen
ISBN 3 522 30430 6

Rettet die Frösche ist ein Buch, das Mut macht. Es verdeutlicht, was jeder einzelne zur Rettung der Amphibien und damit eines wesentlichen Teils der heimischen Natur tun kann. Dazu gibt ein umfassendes Aktionsprogramm praktische Tips und wertvolle Handlungsanleitungen für die Natur im Garten ebenso wie im Rahmen eines Naturschutzprogrammes.

Robert Ripberger · Claus-Peter Hutter
Schützt die Hornissen
126 Seiten mit zahlreichen farbigen Abbildungen
ISBN 3 522 30450 0

Schützt die Hornissen vermittelt in Text und faszinierenden Dokumentaraufnahmen eine Fülle von Informationen über Biologie und Lebensweise der Hornissen und anderer sozialer Faltenwespen. Ein ausführlicher Bestimmungsteil und viele Tips und Ratschläge sollen den Umgang mit dieser zu Unrecht gefürchteten Tiergattung erleichtern. Ein Buch, das konkret Vorbehalte abbaut.

Claus-Peter Hutter
Schützt die Reptilien
120 Seiten mit zahlreichen vierfarbigen Abbildungen
ISBN 3 522 30460 8

Schützt die Reptilien zeigt alle in Mitteleuropa vorkommenden Reptilienarten und hilft gezielt beim Erkennen und Bestimmen. Der umfassende Bestimmungsteil enthält detaillierte Steckbriefe, die in Wort und Bild Auskunft geben zu Lebensweise, Verhalten, Lebensraum, Nahrungserwerb und Fortpflanzung aller Reptilienarten in Deutschland, Österreich, der Schweiz und den angrenzenden Gebieten.

Weitbrecht

– *gefördert von der „Stiftung Naturschutzfonds"*
– *Aktionsbücher des „Bundes für Umwelt- und Naturschutz" (BUND)*
– *empfohlen von der „Deutschen Umwelthilfe e.V."*